Arne Hoffmann

Romantischer
Sex

Für die, die schon alles erlebt haben

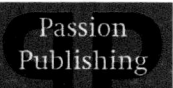

Passion
Publishing

Arne Hoffmann

Romantischer
Sex

Für die, die schon alles erlebt haben

Impressum

Passion Publishing Ltd.
Postfach 11 28
D-53621 Königswinter
info@passion-publishing.de

© 2010 Passion Publishing Ltd.

Autor: Arne Hoffmann
Satz und Layout: Ralph Handmann
Titelbild: Irina Chirkova © fotolia.de
Umschlagentwurf: Ralph Handmann

Printed in Germany

Vertrieb: VSB, Georg-Westermann-Allee 66,
38104 Braunschweig

ISBN: 978-3-939907-29-9
VSB-Titelnummer: 3000236

Bestellhotline: 01805/708709
Bestellfax: 0531/708601

bestellung@passion-publishing.de

Inhalt

Vorwort

Wenn man den Medien glauben darf, existiert beim Sex heutzutage vor allem *ein* starker Trend: mehr, wilder, ausgefallener. Immer häufiger, so berichtete kürzlich die Zeitschrift STERN, sähen schon Kinder zusammen mit ihren Eltern Hardcore-Pornos mit Gangbangs, Analverkehr und Lesbensex. „Die wissen alles, wirklich alles über sexuelle Praktiken", zitiert das Magazin den Sozialpädagogen Thomas Rüth aus Essen. „Aber wenn wir denen etwas über Liebe erzählen, über Zärtlichkeit, dann verstehen die überhaupt nicht, wovon wir reden." Manche versuchten, die in den Erotikfilmen gesehenen Szenen am nächsten Tag nachzuspielen.

Ariadne von Schirach machte diese Entwicklung zum Thema ihres Bestsellers „Der Tanz um die Lust". Darin analysiert sie eine zunehmende Pornographisierung unserer Gesellschaft, die dazu führt, dass der Einzelne unter einen immensen Druck zur unablässigen Selbstoptimierung gerate, einem Zwang zum Sexappeal, der letztlich in Frustration und Überforderung endet. Ironischerweise, so stellt sie fest, erleben die Menschen in dieser Gesellschaft immer weniger *realen* Sex, und die Geburtenrate sinkt. Auch die amerikanische Feministin Naomi Wolf beklagt eine Durchpornographisierung unseres Denkens, wobei sie erkennt, dass das Problem keineswegs darin besteht, dass Pornos Männer zu Vergewaltigern machen, wie der Alice-Schwarzer-Flügel der Frauenbewegung jahrzehnte-

lang behauptet hatte. „Im Gegenteil: Der Ansturm der Pornographie ist dafür verantwortlich, männliche Lust in Bezug auf echte Frauen abzutöten und immer weniger Frauen als ‚pornowürdig' zu betrachten. Weit davon entfernt, pornowütige junge Männer abzuwehren, machen sich junge Frauen darüber Gedanken, dass sie als Wesen aus Fleisch und Blut nicht deren Aufmerksamkeit erlangen, geschweige denn aufrechterhalten können. Zum ersten Mal in der Menschheitsgeschichte haben die Macht und der Reiz dieser Bilder inzwischen den Reiz von echten nackten Frauen ersetzt. Heute sind echte nackte Frauen nur schlechter Porno. Zu Beginn des neuen Jahrtausends ist eine Vagina, die früher einen ziemlich hohen ‚Tauschwert' hatte, wie Marxisten es formulieren würden, nicht mehr genug. Sie wird auf der Skala der Reize kaum mehr registriert."

Offenbar als Lösungsvorschlag erwähnt Wolf eine Bekannte aus Jerusalem, eine orthodoxe Jüdin, die ihre Jeans und ihr T-Shirt zugunsten langer Röcke und einem Kopftuch eingetauscht hat. Nur ihr Ehemann solle ihr Haar sehen dürfen. Wolf berichtet: „Und ich dachte daran, dass unsere Männer den ganzen Tag über nackte Frauen sehen – ob in der Reklame am Times Square oder im Internet. Ihr Mann aber hat nicht einmal das Haar einer anderen Frau gesehen. Sie muss sich so *heiß* vorkommen."

Hier weicht meine Meinung allerdings doch von der Naomi Wolfs ab. Ich halte es für keine gute Idee, Frauen in Ganzkörperverhüllungen zu stecken, und ich halte auch nichts von einer Zensur erotischer Bücher und Bilder. Schließlich habe ich selbst schon Ratgeber zu den unterschiedlichsten sexuellen Spielarten geschrieben und werde das auch weiterhin tun. Es gibt nun einmal Menschen, denen wilde und offenherzige Sexualität Spaß macht, die damit umgehen können, die sich auch gerne ausführlich informieren möchten, bevor sie Entscheidungen in diesem Bereich treffen, und die kein bisschen unter der starken Sexualisierung unserer Gesellschaft leiden. Wenn sich jemand an Vanilleeis überfrisst oder er so viel davon in sich hereinstopft, dass er sich übergeben muss, kommen wir auch nicht auf die Idee, Vanilleeis zu verbieten. Aber wir können dem Betreffenden den Vorschlag machen, öfter mal etwas anderes zu essen, was insgesamt gesünder für ihn wäre.

So ist es auch mit dem Sex. Wenn Sie den Eindruck haben, dass Sie mit dem von Pornos geprägten Ideal unserer Gesellschaft nicht mehr mithalten können – egal ob Sie weiblich oder männlich sind – dann besteht vielleicht die einzig sinnvolle Reaktion darin, etwas anzubieten, was Pornos nicht bieten können: emotionale Nähe und Zuwendung zum Beispiel statt einer Schnellstraße zum Orgasmus.

Anne West, die man wohl mit Fug und Recht als Deutschlands Sexexpertin Nummer eins bezeichnen kann, hat dies sehr gut erkannt. „Was haben wir nicht alles hinter uns gebracht", fragt sie rhetorisch in ihrem Ratgeber „Der Venus-Effekt" (Knaur 2006). „Hysterisch im Netz geflirtet, strebsam durchs Kamasutra geturnt, One-Night-Stands wie eine Pizzaliefer-ung abonniert, offene Beziehungen zelebriert, auf der Suche nach dem Kick von S bis M herumgemacht – zum Glück ist endlich Schluss mit dem Oversexkill. Das Gegenmittel heißt Romantik – und die hat zurzeit ihr ganz großes Comeback, beobachtet auch die Forschung. (...) Angela Brookman, Wissenschaftlerin am Sexologischen Institut Hamburg (SEIN), bestätigt, was wir tief im Herzen immer ahnten: ‚Die Sehnsucht nach Romantik ist unübersehbar, es ist eine natürliche Reaktion auf die wachsende Technologisierung des Alltags. Mehr als jeder Zweite wünscht sich einen Partner mit Sinn für Romantik – das ist sogar wichtiger als erotische Ausstrahlung. Und die Kluft zwischen romantischen Vorstellungen von Frauen und Männern wird immer geringer. (...)' Auch der Blick in Kontaktanzeigen zeigt: ‚romantisch' gehört zu den meistbenutzten Entscheidungskriterien. ‚Romantik galt lange Zeit als Gefühlsduselei', so Brookman, ‚aber inzwischen ist sie längst nicht mehr peinlich. Im Gegenteil: der gemeinsame Wunsch nach mehr Romantik kann zu glücklicheren Beziehungen führen.'"

Sehr viele Menschen haben also selbst längst erkannt, dass es ihnen nicht gut tut, wenn sie Sexualität ausschließlich auf immer ausgefallenere Spielzeuge und Stellungen reduzieren. Auch als Psychologen der Universität Bochum für eine Studie zum Thema „Romantische Beziehungen" einen Wunschzettel der Lebensziele erfragten, standen eine glückliche, lange andauernde Liebe sowie Treue und Geborgenheit ganz oben auf der Liste. Eine interessante Nebenerkenntnis, die uns in einem späteren Kapitel noch beschäftigen wird, bestand darin, dass man diesem Wunschzettel zufolge von einem „typisch weiblichen" oder „typisch männlichen" Liebesstil nicht sprechen kann. Für beide Geschlechter hatte die romantische Liebe den Vorrang.

„Deutsche setzen im Bett auf Gefühl" meldete am 8. September 2006 auch der Berliner „Tagesspiegel". In einer repräsentativen Umfrage der GfK Marktforschung hatte zuvor eine weit überwiegende Mehrheit der Befragten angegeben, dass für sie Liebe und Gefühl beim Sex am wichtigsten seien. Vor allem Frauen waren mit 80 Prozent dieser Ansicht. Aber die Männer schienen dem kaum nachzustehen. Knappe 28 Prozent von ihnen erklärten sogar, dass für sie die Befriedigung des Partners das Wichtigste beim Sex sei.

Es schien mir also höchste Zeit, einen Ratgeber auch zu diesem Thema zu schreiben und mich darin den wesentlichen Fragen zu widmen. Was genau bedeutet „romantischer Sex" überhaupt? Wodurch hebt er sich von anderen Spielarten ab? Wie kann ich eine größere Intimität zu meinem Partner herstellen? Mit welchen Ideen kann ich meinen eigenen Sex würzen, damit er romantischer wird? Woher um Himmels willen bekomme ich die nötige Zeit dafür? Und wie kann ich meinen Partner dazu bewegen, ein wenig romantischer zu sein?

Dabei war es mir ein Herzensanliegen, nicht nur auf meine ganz persönlichen Erfahrungen im Bereich romantischer Liebe zurückzugreifen. Stattdessen habe ich, um so viele Facetten wie möglich zu beleuchten und so viele Tipps wie möglich zu sammeln, ganze Regale an deutscher und internationaler Literatur zu diesem Thema durchforstet. Diese werde ich im Verlauf dieses Ratgebers immer wieder heranziehen. Das entsprechende Quellenverzeichnis finden Sie im Anhang dieses Buches, so dass Sie Ihr Interesse bei bestimmten Fragen gezielt vertiefen können.

Ein letzter Hinweis: Ich verwende in der Regel Formulierungen wie „Ihr Partner" statt „Ihr/e PartnerIn" oder „Ihr Partner/Ihre Partnerin". Das ist aber nur der besseren Lesbarkeit geschuldet; natürlich sind beide Geschlechter gemeint.

Ich wünsche Ihnen viel Spaß beim Lesen!

Arne Hoffmann

Was ist überhaupt „romantischer Sex"?

Zu Beginn dieses Buches liegt für viele Leser vermutlich die Frage nahe, was die Formulierung „romantischer Sex" eigentlich bedeutet. Sex wie im Liebesroman oder in der Hollywood-Schnulze? Sex wie im achtzehnten Jahrhundert? Gegen welche Formen von Sex hebt sich die romantische Variante ab, was macht sie anders und für viele besser?

Steve und Sharon Biddulph haben in ihrem Erfolgstitel „Wie die Liebe bleibt" (Beust 2003) drei zentrale Thesen aufgestellt: Romantische und sexuelle Liebe sind zwei Seiten einer Medaille. Romantische Liebe heißt, den anderen wie einen Fremden zu behandeln, ihn also nicht für selbstverständlich zu halten, sondern sich immer wieder neu um ihn zu bemühen. Und: Romantische Liebe bedeutet, das Schöne wahrzunehmen. Das ist ein guter Ausgangspunkt. Aber romantischer Sex kann noch ein paar andere Dinge mehr bedeuten. Ich habe einmal ein paar Kriterien zusammengestellt:

♥ Romantischer Sex beinhaltet echte Gefühle, Verbundenheit, Vertrautheit und Intimität. Wenn man in diesem Zusammenhang von Geschlechtsverkehr spricht, würde man eher Formulierungen wie „miteinander Liebe machen" oder „einander lieben" verwenden, statt „Sex haben" oder gar „jemanden ficken". Es geht nicht um eine bedeutungslose Nummer zwischendurch mit einer lockeren Bekanntschaft, einfach nur weil diese besonders attraktiv ist oder einen besonders heißen Luxuskörper besitzt, sondern um tiefergehende Wahrheiten. Damit widersetzt sich romantischer Sex der zunehmenden Pornographisierung unserer Gesellschaft, bei der oft nur noch Menschen mit Traumfiguren und perfekten Maßen zu zählen scheinen.

♥ Daraus folgt, dass sich romantischer Sex auch dem immer stärker werdenden Narzissmus unserer Gesellschaft entzieht. Immer öfter stößt man auf Menschen, die offenbar am liebsten ihr eigenes Spiegelbild vögeln würden: Sie haben sich durch Fitnessstudio, Solarium oder Schönheitsoperationen einen Traumkörper erkämpft, sind topgestylt, haben sich die unterschiedlichsten Stellungen und erotischen Finessen erarbeitet –

aber bei all dem scheint es weit mehr um eine Bestätigung des eigenen Egos zu gehen als darum, dem Partner Liebe zu geben. Sex wird dabei entweder zu einer Art „Selbstbefriedigung zu zweit" oder zu einer Art Leistungssport, und Partner, die dabei nicht mithalten können, werden ausgesiebt. Bei romantischem Sex steht im Vordergrund, einem geliebten Menschen etwas Gutes zu tun, ohne sofort im Hinterkopf zu haben, was man dafür zurückerhält. Auch Frauen, die keine Superfigur besitzen, und Männer, die weder Muskelpracht noch Sixpack ihr Eigen nennen, können bei romantischem Sex durch die vielzitierten „inneren Werte" glänzen. Wichtig ist herauszufinden, was seinem Partner etwas bedeutet und dann Zeit und Mühe zu investieren, um ihm genau das zu geben. Und das tut seine Wirkung auch im Bett: Ein langes, phantasievolles, emotional wirklich berührendes Vorspiel mit jemandem, der vom äußeren Erscheinungsbild her eher durchschnittlich ist, dürfte in der Regel zu intensiveren Orgasmen führen als langweiliger Drei-Minuten-Sex mit einer Schönheit.

♥   Romantischer Sex lässt sich Zeit. In unserer Gesellschaft geht alles immer schneller und schneller. Früher setzte man sich eine Stunde hin und schrieb einen Liebesbrief, heute simst man sich in der Frühstückspause ein paar Abkürzungen zu. Statt sich Zeit für ein genussvolles Mahl zu nehmen, wirft man sich auf dem Nachhauseweg Snacks und Fast Food ein. Multitasking – also mehrere Dinge gleichzeitig zu erledigen – wird zum Gebot der Stunde. Diese allgegenwärtige Hektik wirkt sich sogar auf den Freizeitbereich aus: Im Stile von Musik-Videoclips werden Filme und Fernsehsendungen immer schneller geschnitten, Szenen gehen einander über oder sind wie beim Splitscreen-Verfahren in Serien wie „24" sogar gleichzeitig zu sehen. Davon bleibt auch der Sex nicht unberührt – was sich zum Beispiel daran zeigt, dass in den letzten Jahren mehrere Ratgeber zum Thema „Quickies" auf den Markt geworfen wurden und offenbar problemlos ihre Leser fanden. Ein Quickie kann sehr nett sein, aber wenn er zur Mode gerät, dann entwickelt sich eine Kultur der Fast-Food-Erotik. Sollte dieser Trend sich so fortsetzen, wird Sex irgendwann zu einer Beschäftigung, die man auch eher „nebenher" erledigt und bei der man gleichzeitig versucht, Radio zu hören, fernzusehen oder Zeitung zu lesen. Romantischer Sex stemmt sich dem entgegen; er nimmt sich bewusst wieder Zeit für die Liebe, damit sie wachsen und blühen kann. Dabei ist er frei von Ablenkungen: Wenn man sich mit seinem Partner für ein paar Stunden der Zweisamkeit zurückgezogen hat, beantwortet man zwischendurch nicht mal eben den einen oder anderen Anruf per Handy ... Im Gegensatz zum Rest unseres Lebens fühlt sich romantischer Sex wie eine Zeitlupe an: schier endlos ausgedehnter Genuss statt eine Aufgabe mehr, die man möglichst zügig hinter sich zu bringen hat.

♥   Da sich der reine Geschlechtsverkehr selbst nicht endlos ausdehnen lässt, bedeutet das automatisch: Bei romantischem Sex spielen ein langes Vorspiel und eine entsprechend lange Zeit des Nachglühens eine besondere Rolle.

♥   Romantischer Sex ist kreativ – manchmal so grenzenlos kreativ, dass einige der Ideen, die dabei entstehen, auf Außenstehende geradezu albern wirken, von den Liebenden selbst aber sehr genossen werden. Hier macht sich ein kindlich-verspielter Aspekt bemerkbar sowie die Bereitschaft, sich vor dem anderen ganz ungeschützt zu zeigen.

♥   Romantischer Sex findet häufig an einem entsprechend ausgewählten oder gestalteten Schauplatz statt. Wenn man ohnehin fast im Vorübergehen miteinander vögelt, ist es egal, ob man das im Flur tut oder im altvertrauten Ehebett, so wie die letzten achtzig Mal. Romantischer Sex ist auch in dieser Hinsicht einfallsreicher: Hierbei versucht man entweder, einen Ort zu finden, der die eigenen Emotionen besonders stark in Bewegung versetzt, oder aber in den eigenen vier Wänden einen solchen Ort zu schaffen. Vor allem besonders schöne, eindrucksvolle oder ehrfurchterweckende Naturerlebnisse bringen die Gefühle entsprechend in Wallung – man denke hier nur an die Gemälde Caspar David Friedrichs: der wohl bekannteste Künstler einer ganzen Epoche, der Kunstgeschichtler den Namen „Romantik" verliehen haben. Wenn man an einem eindrucksvollen Ort miteinander Liebe macht, lässt das die Herzen gleich doppelt so schnell schlagen.

♥   Romantischer Sex spricht alle Sinne gleichermaßen an: Gefällige Farben fürs Sehen, sinnliche Musik fürs Hören und sanfte, angenehme Stoffe fürs Fühlen. Edle Gerüche verwöhnen die Nase und angenehmer Geschmack umschmeichelt die Zunge. In einer Welt, die immer virtueller wird, kehrt romantischer Sex wieder zu echtem Genuss zurück. Cybersex und eine Pornographie, die ihre Reize allein über die Augen serviert, können dem wenig entgegenhalten.

♥   Romantischer Sex ist liebevoll und zärtlich statt aggressiv. In den letzten zehn bis zwanzig Jahren ging der Trend in Sachen Erotik immer mehr in eine mindestens latent aggressive Richtung: Erst waren Sadomasochismus und Spiele mit Macht und Unterwerfung schick, dann Gangbangs, bei denen zehn oder mehr Männer buchstäblich auf eine Frau kamen und Mitwirkende beiderlei Geschlechts berichteten, ihre Lust auch aus dem Kitzel der Erniedrigung zu beziehen, der dabei entstand. In manche Sexratgeber schlich sich sogar ein leicht verächtlicher Tonfall gegenüber Mitglieder des anderen Geschlechts ein. Nun habe ich gegen die aggressive Variante des Sex grundsätzlich wenig einzuwenden: Ich habe viel dazu geschrieben und werde das auch weiterhin tun, denn manchmal ist sie genau das, was wir brauchen, um so sehr in Fahrt zu geraten, wie wir das gerne wollen. Aber wie immer, wenn sich die Waage allzu sehr in eine Richtung neigt, erscheint es notwendig, auch in die andere Schale wieder etwas hineinzulegen, bevor die Waage kippt. Wenn man den Eindruck hat, außer SM-Phantasien kaum noch etwas anderes serviert zu bekommen, wird man ihrer doch ein wenig überdrüssig, und es scheint an der Zeit, auch die Kunst der betont sanften Zuwendung wieder so sehr zu feiern, wie sie es verdient.

♥   In ihrem Ratgeber „The Complete Idiot´s Guide to Being Sexy" (Macmillan 2001) unterteilt die Sexualpädagogin Sari Locker die Ausstrahlung von Menschen in vier verschiedene Typen: Romantisch, sportlich-natürlich, kokett und offensiv erotisch. Das illustriert sie unter anderem am Stil, sich zu kleiden. Romantikerinnen erkennt man demnach zum Beispiel an Seidenblusen, Sommerkleidern mit Blumenmustern und langen, fließenden Röcken. Beliebt ist ein Kleidungsstil, der an vergangene Jahrzehnte erinnert, und Farben wie Rosa und Lavendel. Männliche Romantiker bevorzugen Kaschmirpullis, maßgeschneiderte Anzüge, Kleidung aus Cord oder Wolle und Farben wie grün, hellblau, blassgelb und braun. Romantischer Stil muss nicht kitschig oder zuckersüß sein, er ist nur mehr „Gilmore Girls" als „Sex in the city" – ein Angebot für Leute, die keine Manolo Blahniks brauchen, um glücklich zu werden.

♥   Romantischer Sex bedeutet letztlich für jeden etwas anderes. Schreiben Sie doch einmal auf, was er für *Sie* bedeutet, woran *Sie* denken müssen, wenn Sie diesen Begriff hören. Am besten tun Sie das vor der Lektüre dieses Buches (damit Ihre Gedanken noch unbeeinträchtigt sind) und danach (vielleicht sind Sie auf einige neue Ideen gekommen). Bitten Sie dann doch einmal Ihren Partner, dasselbe zu tun, und tauschen Sie danach Ihre Papierbögen aus. Vielleicht helfen Ihnen auch folgende Fragen bei der Orientierung: Was war der romantischste Sex, den Sie je in Ihrem Leben hatten (nicht notwendigerweise miteinander)? Was hat ihn so perfekt gemacht? Wo fand er statt, was trug alles zur Atmosphäre bei, wie sahen die Stunden aus, die dorthin führten, wie die Momente danach? Sie sollten dieses Gespräch nur dann vermeiden, wenn es ein heikles Thema berührt – zum Beispiel wenn Sie den romantischsten Sex mit ihrem Ex erlebten, der immer noch mit Ihnen in Kontakt steht, wobei Ihr Partner nicht ganz frei von Eifersucht ist.

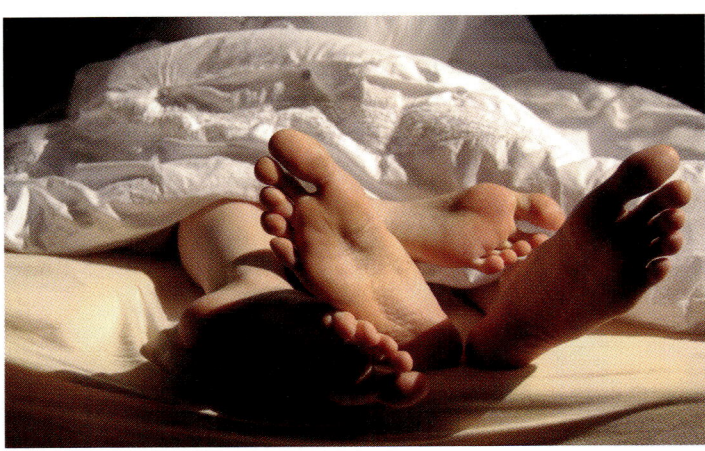

Romantischer Sex – die Basics

Im Verlauf dieses Buches werde ich eine ganze Reihe praktischer Anregungen geben, wie romantischer Sex in die Realität umgesetzt werden kann – von der Einrichtung einer stimmungsvollen Liebeshöhle bis zu den verschiedensten Finessen beim Küssen. Aber romantischer Sex ist wesentlich mehr als ein bloßes Repertoire von Techniken und dem richtigen Zubehör. Er ist Sex mit Seele. Hier kommt es auf die richtige Einstellung und das daraus folgende Verhalten an. Wenn Sie also romantischen Sex genießen möchten, dann würde ich Ihnen die folgenden Tipps geben:

♥ Richten Sie Ihre Aufmerksamkeit ganz auf Ihren Partner und seine Bedürfnisse. Finden Sie heraus, was für ihn wichtig ist, damit er sich wohlfühlt, und versuchen Sie, ihm diese Dinge zu geben. Da es normalerweise in der Natur des Menschen liegt, sich für „Geschenke" welcher Art auch immer zu revanchieren, dürfte Ihr Partner es Ihnen gleichtun. Nur wenn Ihr Partner stark narzisstisch ausgerichtet ist und erwartet, dass sich sowieso immer und grundsätzlich alles nur um seine Bedürfnisse drehen muss, bekommen Sie hier ein Problem. Dann können Sie zunächst Ihren Partner darauf ansprechen und versuchen, das zu klären. Wenn das trotz mehrerer Anläufe nicht klappt, sollten Sie sich vielleicht fragen, ob gerade Sie als romantische Seele bei diesem Partner in guten Händen sind oder nur ausgenutzt werden.

♥ Es kann natürlich auch sein, dass Sie und Ihr Partner grundsätzlich nicht darüber übereinstimmen, was Sie als romantisch betrachten und was nicht bzw. welchen Stellenwert Romantik in Ihrer Partnerschaft haben soll. Möglicherweise ist Ihr Liebster ein sehr praktischer Typ und er hält vieles von dem, was Sie als romantisch empfinden, für Kitsch. Die radikalste Lösung wäre sicher, sich nach einem neuen Partner umzusehen. Das sollten Sie sich nur dann überlegen, wenn Romantik auf der Liste Ihrer Prioritäten wirklich weit oben steht. Sinnvoller dürfte es in den meisten Fällen sein, einander immer wieder entgegenzukommen: Er lässt sich ein wenig auf Ihre Vorstellungen ein, Sie nehmen gewisse Abstriche in Kauf oder revanchieren

sich bei anderer Gelegenheit damit, *seine* Bedürfnisse zu befriedigen. In einem späteren Kapitel werde ich etwas mehr
auf die vermeintliche Kluft zwischen Männern und Frauen eingehen, was Romantik betrifft.

♥   Möglicherweise kommt es aber auch dazu, dass Sie beide
sich für ein ausgetüfteltes romantisches Stelldichein zusam-
mentun, dessen Konzept noch wirklich bezaubernd gewirkt
hat, als Sie beispielsweise in diesem Buch darüber gelesen
haben. Sobald Sie es aber in die Tat umsetzen, stellen Sie fest,
dass es Sie so ganz und gar nicht anmacht. Vielleicht empfinden Sie es beim konkreten Selbstversuch mehr kitschig als
emotional anrührend, oder es treten unerwartete Störfaktoren
auf, die verhindern, dass Sie sich fallenlassen und dem Augenblick hingeben können. In diesen Fällen wäre es meistens
falsch, einfach die Zähne zusammenzubeißen und durchzu-
halten. Möglicherweise geht es ja Ihrem Partner genauso, und

er hält sich ähnlich wie Sie damit zurück, diese Dinge offen anzusprechen? Aber auch wenn nur einer von Ihnen beiden immer entnervter oder unwirscher wird, können Sie sich den großartigen Sex, zu den die romantischen Momente ja eigentlich hinführen sollten, danach vermutlich schenken. Während es übertrieben wäre, wegen jeder Kleinigkeit ins Nörgeln zu verfallen (das killt die Stimmung garantiert), sollten Sie schon ehrlich ansprechen, wenn ein bestimmtes Szenario sich als so gar nicht nach Ihrer Facon herausstellt. Vielleicht lassen sich die Dinge, die Sie stören, beheben; vielleicht beschließen Sie aber gemeinsam auch, stattdessen auf Altbewährtes zurückzugreifen, dessen Wirkung Sie sich sicher sein können.

♥ Nehmen Sie sich Zeit. Romantischen Sex zu haben, bedeutet, dass Sie sich die eine oder andere Stunde aus der Hektik des Alltags herausschlagen und in diesem Zeitraum nur füreinander da sind. Wenn Sie ein wenig in diesem Buch blättern, werden Sie auf so einige Praktiken stoßen, die äußerst zeitintensiv sind: das besonders ausgedehnte Vorspiel, eine intensive Massage, erotische Dinners und andere Dinge mehr. Das hat seinen Grund. Unter Termindruck funktioniert es nicht, die innersten Gefühle wirklich aufsteigen zu lassen und seinem Partner zu vermitteln, dass er für einen das Wichtigste auf der Welt ist. Wie Sie sich die nötigen Freiräume schaffen können, wird ein eigenes Kapitel behandeln.

♥ Hören Sie Ihrem Partner wirklich und ernsthaft zu. Romantischer Sex ist ein Fenster zu tieferer Intimität; eine Gelegenheit, den anderen mit seinen Sehnsüchten, Vorlieben und Emotionen besser kennenzulernen als zuvor. Hierfür ist es notwendig, dass Sie die Worte Ihres Partners nicht einfach an sich vorbeiziehen lassen, bis Sie endlich wieder an der Reihe sind, über *Ihre* Bedürfnisse zu sprechen, wie das in vielen Beziehungen ja doch mitunter geschieht. Sie sollten auch in der Lage sein, sich ausreichend auf Ihren Liebsten zu konzentrieren und nicht an Überlegungen und Probleme zu denken, die Ihnen noch im Hinterkopf herumschwirren. Wenn Ihnen das nicht so richtig gelingt, beispielsweise weil diese Probleme für Sie besonders groß sind, dann sprechen Sie das Ihrem Partner gegenüber offen an, statt ihn einfach weiter vor sich hin plappern zu lassen.

Der amerikanische Psychotherapeut Carl Rogers hat ein paar Grundregeln des bewussten Zuhörens im therapeutischen Rahmen zusammengestellt, von denen einige mit nur geringer Anpassung auch auf die partnerschaftliche Situation übertragbar sind. Dazu gehören:

- die Bereitschaft, den anderen vollkommen zu akzeptieren und sich in ihn einzufühlen,

- den anderen ausreden zu lassen,

- Blickkontakt halten,

- nicht zu *allem* gleich seine eigene Meinung abzugeben,

- nachzufragen, wenn etwas unklar ist

- auch Gesprächspausen aushalten zu können, statt sie sofort hektisch überbrücken zu wollen: solche Pausen können wichtig sein, um sich zu sammeln oder sich zu spüren.

Versuchen Sie herauszufinden und nachzuspüren, wie es Ihrem Partner emotional geht, wenn er von bestimmten Dingen redet. Fragen Sie im Zweifelsfall nach! Viele von uns haben sich daran gewöhnt, nur über die Sach-Ebene verschiedener Dinge zu sprechen und zu hoffen, dass unser Gegenüber schon erraten wird, welche Emotionen damit für uns verbunden sind. Das ist aber nicht immer so. Wenn Sie glauben, selbst bestimmte Gefühle bei ihm wahrzunehmen, sprechen Sie das aus.

♥ Umgekehrt bedeutet das, dass Sie, wenn Sie reden, keine falsche Scheu zeigen sollten, über Ihre Gefühle zu sprechen. Hier zeigt sich, was *Intimität* zwischen zwei Liebenden wirklich ausmacht: einander innerste Vorgänge mitteilen zu können, die man eben nicht mit allen möglichen *anderen* Leuten teilen würde. Es kann Ihrer Partnerschaft eine besondere Tiefe und Bindung geben, wenn Sie voneinander Dinge wissen, die sonst keiner weiß. Das bedeutet natürlich auch, dass Sie solche Dinge wirklich für sich behalten und nicht bei der nächstbesten Gelegenheit Ihrer besten Freundin oder Ihrem Kumpel davon berichten.

♥ Vieles von dem bisher Gesagten (auf die Bedürfnisse des Partners eingehen, romantischer Sex braucht seine Zeit etc.) bedeutet zusammengenommen, dass sich diese Form der Zweisamkeit nicht erzwingen lässt. Mag sein, dass Sie schon alles bis ins Kleinste für einen wonnevollen Abend ausgetüftelt haben, aber ihr Partner hat am selben Tag am Arbeitsplatz mit enormem Stress zu kämpfen und kommt entweder todmüde oder extrem verärgert oder voller Sorge zu Hause an. So frustrierend das für Sie ist: Trotz all Ihrer Mühe wird er diesen Abend nicht besonders genießen können. Das Beste, was Sie in solch einem Fall machen sollten, ist, Ihre Pläne zu verschieben und sich zu überlegen, was Sie stattdessen tun können, um Ihrem Partner beizustehen. Vielleicht braucht Ihr Liebster oder Ihre Liebste nur eine Gelegenheit, sich gründlich Luft zu machen und loszuschimpfen, vielleicht sorgt ein ganz unromantischer gemeinsamer Spaziergang für einen freien Kopf. Es kann auch sein, dass er bzw. sie überraschend noch an einem Projekt weiterarbeiten muss oder dass er nach dem Essen sofort einschlummert. Dann müssen Sie einen Weg finden, sich alleine zu beschäftigen – denn romantische Zärtlichkeiten, bei denen man nicht mit Herz und Kopf dabei ist, funktionieren nun einmal nicht.

Kann Romantik auch zu eher unschönen Entwicklungen führen? Dieses Buch wäre nicht besonders ehrlich, wenn man hier nicht antworten würde: Doch, das kann durchaus passieren. Zum Beispiel wenn man die Welt irgendwann nicht mehr realistisch betrachtet, sondern nur durch die rosarote Brille der schwärmerischen Verliebtheit. Bezeichnend ist hierfür das Ergebnis einer Langzeitstudie, welche Ted Houston an der Universität Texas durchführte. Er untersuchte drei verschiedene Weisen, die frühe Phase einer Partnerschaft zu erleben:

Schnell und leidenschaftlich, langsam und hindernisreich und genau zwischen diesen Extremen. „Die Paare in der Gruppe, die auf der Schnellspur unterwegs waren", berichtete die L.A. Times am 16. Dezember 2002, „etwa 25 Prozent der Gesamtheit, waren innerhalb weniger Wochen miteinander verflochten, neigten dazu, ihre anfänglichen Probleme zu ignorieren oder zu vergessen und waren innerhalb von Monaten zur Eheschließung bereit. Im Gegensatz dazu brauchten die Paare, die sich in Zeitlupe voran bewegten, durchschnittlich zwei Jahre, um sich einander zu verpflichten." Als man aber nach 13 Jahren den langfristigen Erfolg dieser Partnerschaften überprüfte, lagen die Schildkröten vor den Hasen. Die Zeitung zitierte Ted Houstons Fazit: „Je langweiliger und bedächtiger die Zeit des gegenseitigen Umwerbens verlief, desto besser standen die Aussichten für eine langjährige Ehe. Bei Menschen, die zu Beginn sehr intensive, hollywoodartige Romanzen führten, bestand ein großes Risiko, dass sie später einen Absturz erlebten, und dabei veränderte sich oft ihr Blick auf den Charakter ihres Partners."

Bei aller Begeisterung für das viele Tolle, das mit romantischen Gefühlen verbunden ist, das Flattern im Bauch und das Gefühl von den Beinen gerissen zu werden, so empfiehlt es sich also doch, nicht völlig blind vor Liebe zu werden, sondern immer auch einen Blick auf die Wirklichkeit zu behalten.

Der Wunsch nach Romantik kann sich auch dann als fatal erweisen, wenn man sich die Haltung zulegt, dass das eigene Liebesleben ebenso aufregend und voller Magie sein müsse, wie die Beziehungen, die man in vielen romantischen Filmen zu sehen bekommt – nur um dann von der Partnerschaft in der Wirklichkeit enttäuscht zu sein. Solche Wünsche sind ebenso illusionär wie die Vorstellung, echter Sex solle genauso wild und verwegen sein wie der in Pornos (also frei von Kommunikationsproblemen, Erektionsstörungen und so weiter). Sie *können* Ihr Leben und Ihre Sexualität romantischer machen, aber das erfordert Zeit, Mühe und Anstrengung, kann auch mal schiefgehen und wird Ihre Beziehung wohl kaum ganz und gar in ein Hollywoodmärchen verzaubern.

Das Geheimnis von Intimität und Nähe

Ich möchte noch einmal an etwas bereits Gesagtes anknüpfen und es näher ausführen: Intimität ist ein emotionaler Zustand tiefster Vertrautheit und Verbundenheit. Es handelt sich um eine Verbindung, die man nur mit ganz speziellen Menschen teilt, die einem viel bedeuten, und nicht mit dem Rest der Menschheit. Insofern kann Intimität dazu führen, Nähe auszudrücken oder überhaupt erst herzustellen, und es ist einer der Grundpfeiler von Freundschaft und Liebe. Häufig wird Intimität automatisch mit Sexualität in Verbindung gebracht („mit jemandem intim werden"). Und sie ist ja auch tatsächlich der Boden, auf dem Sexualität häufig gedeiht. Aber Intimität geht weit über die körperliche Ebene hinaus. Intimität bedeutet, dass man eine bewusste Entscheidung trifft, was von seinem Innenleben und seiner persönlichen Sphäre man mit einem anderen Menschen teilen will.

Wenn Sie also mit einem anderen Menschen Intimität aufbauen möchten, dann sollte das zunächst einmal nicht leichtfertig geschehen. Treffen Sie eine bewusste Entscheidung, mit einem bestimmten Menschen Dinge zu teilen, die Sie nicht dem Rest der Menschheit mitteilen würden. Diese Entscheidung kann auf streng rationaler Ebene ablaufen (der Entsprechende hat sich in der Vergangenheit darin bewährt, kleinere Geheimnisse für sich zu behalten) oder auf emotionaler Ebene (Sie spüren ein starkes Gefühl der Nähe und Vertrautheit und würden es gerne verstärken). Wenn Sie diese Entscheidung getroffen haben, dann berichten Sie diesem Menschen von Erfahrungen, Gedanken oder Gefühlen, von denen Sie nicht jedem anderen erzählen würden. Umgekehrt gilt: Wenn Ihnen jemand solche Dinge anvertraut, dann ehren Sie dieses Vertrauen, indem Sie diese Dinge nicht weitertratschen. Je mehr Sie hier von sich preisgeben, desto stärker wird Ihre Verbindung zu diesem Menschen. Allerdings machen Sie sich auf diese Weise auch immer verletzbarer, was immer wieder dazu führt, dass wir am tiefsten von denjenigen Menschen verletzt werden, die wir am liebsten haben. Ein Verrat kann hier geradezu traumatisierend sein und dazu führen, dass Sie in späteren Beziehungen persönliche Geheimnisse zurückhalten, wodurch Sie immer weniger Intimität zulassen. Ich fürchte, kein Ratgeber kann hier die Schule des Lebens ersetzen, mit der man im Laufe der Zeit Antennen dafür entwickelt, welchen Menschen man Geheimnisse anvertrauen kann und welchen nicht.

Welche Wege das Entstehen von Intimität *verhindern* können, erklärt die Partnerschaftsberaterin Dr. Kate Wachs[a]:

♥ Sie unterhalten sich mit Ihrem Partner nur über die Dinge, die Sie beide erlebt haben, und nicht über die Gedanken und Gefühle, die dabei in Ihnen vorgegangen sind.

♥ Sie haben nur auf eine routinierte, unpersönliche Weise miteinander Sex, ohne dabei Ihre Gefühle zur Sprache zu bringen.

♥ Sie versuchen, Intimität zu erzwingen, statt sie im Laufe der Zeit entstehen zu lassen. Beispielsweise fordern Sie von Ihrem Partner, dass er seine Gefühle mit Ihnen teilt, obwohl er das von sich aus noch gar nicht möchte – oder drängen ihn zu Sex, obwohl er noch gar nicht bereit dazu ist.

♥ Sie teilen Ihre persönlichen Geheimnisse mit Hinz und Kunz (oder steigen mit Hinz und Kunz in die Kiste), so dass Ihr Partner in dieser Hinsicht niemand Besonderes mehr ist.

Die Bereitschaft, den Zauber der Intimität aufzugeben, scheint heutzutage irritierend häufig vorhanden zu sein. Wildfremde Leute erzählen uns ihre persönlichsten Geheimnisse in Nachmittags-Talkshows, in Container-Soaps wie „Big Brother" können wir sie beim Duschen, Vögeln und Kotzen besichtigen, und Klamotten, die den ungehinderten Blick auf Bauch, Brüste und den Ansatz der Pobacken freigeben, sind Alltagskleidung geworden. Nachdem dieses sukzessive Entpacken des menschlichen Körpers nicht viel weiter getrieben werden kann, darf es niemanden überraschen, wenn der Trend bald wieder in die umgekehrte Richtung geht und der Einblick in vormals intime Bereiche wieder zu etwas ganz Exklusivem wird – und gerade dadurch besonders reizvoll.

Ein Wort, das im Zusammenhang mit Intimität häufig fällt, ist Nähe. Natürlich geht es hier vor allem um die emotionale Nähe zu einer geliebten Person, um tiefe Verbundenheit und das Gefühl, zueinander zu gehören. Es gibt bestimmte Verhaltensweisen, mit denen Sie Nähe fördern können:

♥ Zeigen Sie ehrliches Interesse an dem, was Ihr Partner tut, und begleiten oder unterstützen Sie ihn dabei. Dazu ist es hilfreich herauszufinden, warum genau Ihr Partner sich gerade für dieses Hobby oder diese Aufgabe begeistert. Was hat diese Leidenschaft mit seinem Charakter oder seinen bisherigen Erfahrungen zu tun? Es kann aber auch gut sein, dass Sie einen ganz anderen Ansatzpunkt entdecken, der dieses Thema plötzlich auch für Sie spannend macht.

♥ Wenn Sie den Eindruck haben, dass Sie Ihrem Partner in dieser Hinsicht vertrauen können, dann weihen Sie ihn in Ihre kleinen Geheimnisse ein – Dinge, über die Sie ungern mit anderen Leuten sprechen würden (z. B. Sorgen, Ängste oder Träume, die Ihnen eigentlich ein wenig albern vorkommen). Falls Sie nicht so genau wissen, worüber Sie dabei sprechen sollten, können Sie ja eine Art Spiel spielen, bei dem jeder dem anderen zehn Fragen stellen darf, deren Antworten ihn sehr interessieren. Natürlich ist es dabei auch erlaubt, Fragen nicht zu beantworten, die einem allzu sehr ins Eingemachte gehen.

♥ Emotionale Nähe kann auch aus körperlicher Nähe heraus entstehen, etwa durch enges Nebeneinander-Sitzen oder gelegentliche liebevolle Berührungen.

♥ Nähe stellt sich oft auch ein, wenn Sie ein Gefühl von „Wir zwei gegen den Rest der Welt" erzeugen. Das kann bedeuten: Wenn Ihr Partner bzw. der Mensch, für den Sie sich interessieren, von anderen angegriffen wird, nehmen Sie ihn in Schutz. Oder: Loben oder bestärken Sie Ihren Partner vor anderen oder machen Sie ihm ein Kompliment. Letzteres kann sich zwischen einem generellen „Hi Schöne!" und einem sehr konkreten „Ich mag deine warmherzige Art wirklich sehr" bewegen. Männer können bei Frauen häufig Punkte sammeln, wenn ihnen auffällt, dass diese etwas an sich verändert haben, sich beispielsweise für eine neue Frisur oder einen neuen Lippenstift entschieden haben.

♥ Sie müssen Ihre Komplimente nicht unbedingt in Worte fassen. Lassen Sie zum Beispiel anerkennend Ihren Blick über Kleidung oder Körper der entsprechenden Person schweifen – bitte nicht so, dass es schmierig wirkt – und zeigen Sie ein beeindrucktes Lächeln oder pfeifen Sie anerkennend, wenn auch vielleicht halb scherzhaft, durch die Lippen.

♥ Tun Sie Ihrem Partner ab und zu einen Gefallen, wenn er gar nicht damit rechnet. Das müssen überhaupt keine großen Dinge sein. Wichtig ist, was Sie damit ausdrücken: Mir ist aufgefallen, was du gerade brauchst oder was dir gut tun könnte, und ich habe mich darum gekümmert.

♥ Rufen Sie Ihrem Partner schöne gemeinsame Erlebnisse in Erinnerung.

♥ Finden Sie Dinge, über die Sie beide lachen können.

♥ Benehmen Sie sich ab und zu miteinander albern oder kindlich. Dabei verlassen Sie Ihre sozialen Rollen als Erwachsene und zeigen sich voreinander ungeschützt.

Es kann natürlich sein, dass Sie mit einem bestimmten Menschen Nähe aufbauen möchten, er aber nicht mit Ihnen. Sie setzen sich beispielsweise dicht neben ihn, berühren ihn hin und wieder und stimmen ihm auffällig oft zu, aber er geht nicht darauf ein und gibt nichts Entsprechendes zurück. Vielleicht rückt er sogar von Ihnen ab. Wie immer können die Gründe vielfältig sein: Er möchte im Moment keine Nähe, beispielsweise weil er vor kurzem einen Vertrauensbruch oder eine andere verletzende Erfahrung durchlebt hat. Er möchte generell schon Nähe, aber nicht unbedingt mit Ihnen (was nicht unbedingt heißen muss, dass er Sie komplett unsympathisch findet). Er ist sich nicht sicher, ob er Ihre Signale richtig interpretiert. Er nimmt Ihre Signale überhaupt nicht bewusst wahr. Weitere Gründe sind denkbar.

Was können Sie in einer solchen Situation tun? Falsch wäre es, einem Menschen emotionale Nähe förmlich aufzwingen zu wollen, wenn er diese sichtlich gar nicht will. In der Regel wird das als aufdringlich empfunden; manche Leute reagieren darauf ähnlich widerborstig wie wenn man ihnen körperliche Nähe aufnötigt. Wenn der Mensch, für den Sie sich interessieren, aber überhaupt keine Kennzeichen dafür zeigt, dass ihm Ihre Annäherungsversuche unangenehm sind, sollte er Ihnen auch keinen Vorwurf machen, wenn Sie eine Zeitlang damit weitermachen. Sollte er Sie so lange in einer unklaren Situation belassen, dass die Sache anfängt, Ihnen auf die Nerven zu gehen, haben Sie wie immer verschiedene Möglichkeiten: Sie können zum Beispiel in einem Gespräch unter zwei Augen ein bisschen mehr Klartext reden: „Ich finde dich sehr nett und würde dich gerne ein bisschen näher kennenlernen. Wollen wir nachher noch einen Kaffee trinken gehen?" Oder Sie nehmen Ihre diversen Annäherungsversuche mehr und mehr zurück und warten ab, ob jetzt von seiner Seite Signale für den Wunsch zurückkommen, Ihnen wieder so nahe sein zu wollen wie zuvor.

Wie ich bereits erklärt habe, kann romantischer Sex unter anderem eine stärkere Ausrichtung auf die Bedürfnisse des Partners bedeuten. Der vielleicht wesentliche Ansatz in diesem Zusammenhang besteht darin, erst einmal herauszufinden, was genau diese Bedürfnisse überhaupt sind. Lucy Sannas Ratgeber „How to Romance the Man You Love" (Prima 1996) enthält hier eine, wie ich finde, sehr hilfreiche Checkliste von Fragen, die sich umgekehrt natürlich auch Männer zu ihrer Partnerin stellen können. Ich halte es für nicht sehr gesund, wenn in einer Beziehung hauptsächlich einer der beiden Partner gibt und der andere nimmt – egal, ob es der Mann oder die Frau ist.

Die Checkliste:

♥ Was hilft ihm/ihr sich zu entspannen? Ein ruhiger Ort, Zeit, um vom Alltagsstress wieder runterzukommen, bequeme Kleidung, Musik, ein Lieblingsessen oder -getränk, eine Massage?

♥ Was hilft ihr/ihm, um sich Ihnen stärker verbunden zu fühlen? Nahe beieinander sitzen, Händchen halten, einander berühren, Augenkontakt, einander füttern?

♥ Was stimuliert seine/ihre Sinne? Der Geruch Ihres Körpers, weiche Haut und sanftes Haar, eine gemütliche Atmosphäre, romantische Beleuchtung, eine bestimmte Musik, essen und trinken, Berührungen, bestimmte Stoffe, Parfüm?

♥ Was erweckt ihr/sein Begehren? Erotisch ansprechende Kleidung, Küsse, erotische Bilder und Geschichten, das Reiben zweier Körper aneinander, das Flüstern aufreizender Worte, einander ausziehen, Tanzen, verschiedene Umgebungen, die Gefahr, „erwischt" zu werden?

♥ Was verhilft ihm/ihr zu Selbstvertrauen? Lob, Aufmerksamkeit, Komplimente?

♥ Was gibt ihr/ihm die Sicherheit, um die Dinge zu bitten, die sie/er gerne haben möchte? Akzeptanz, positive Erwiderungen, Aufmerksamkeit, Ihre Bereitschaft, zuzuhören, ohne zu (ver)urteilen oder Forderungen zu stellen?

♥ Was befriedigt ihn am besten? Verschiedene Arten von Berührung, Küssen, unterschiedliche Stellungen, eine Bandbreite körperlicher Reize?

Ich glaube wirklich, dass mit den Antworten auf diese Fragen der Schlüssel zum Verstehen der romantischen und sexuellen Seele Ihres Partners verbunden ist. Nehmen Sie sich also ruhig einmal zehn oder zwanzig Minuten Zeit um darüber nachzudenken und herauszufinden, ob Sie die Antworten kennen. Falls Sie dabei auf so einige Lücken stoßen: Fragen Sie einfach nach. Es kann gut sein, dass Ihr Partner Ihnen selbst nicht auf jede Frage wie aus der Pistole geschossen die Antwort geben kann. Könnten Sie es, wenn Sie sich sämtliche Fragen selbst vorlegen?

Wenn Sie mit Ihrem Partner im Bett gelandet sind, gibt es eine Reihe von Dingen, die Sie tun bzw. nicht tun sollten, damit er sich dort auch wohlfühlen kann:

♥   Nörgeln Sie nicht an ihm herum. Wenn Sie unbedingt Kritik äußern müssen, weil sie finden, dass bestimmte Dinge gar nicht gehen, tun Sie das lieber zurückhaltend und einfühlsam. Noch raffinierter ist es, ihn dazu zu bringen, sich noch mehr ins Zeug zu legen bei den Dingen, die er *gut* macht. Völlig daneben ist ein Vergleich mit früheren Liebhabern, egal ob er positiv oder negativ ausfällt.

♥   Ermuntern Sie ihn, mit Ihnen neue Sachen auszuprobieren, ohne ihm gleich zu unterstellen, er müsse das aus fragwürdigen Quellen gelernt haben (also etwa durch einen Seitensprung, durch billige Pornos, durch Prostituierte etc.).

♥   Wenn ihm verschiedene Maßnahmen für Safer Sex wichtig sind, also beispielsweise die Verwendung von Kondomen, dann zicken Sie nicht herum.

♥   Wenn Sie unbedingt Ihr Sexleben mit Ihrer besten Freundin oder Ihrem besten Freund durchdiskutieren müssen, dann erzählen Sie Ihrem Partner nichts davon. In vielerlei Hinsicht wäre es vielleicht am besten, Sie würden ganz darauf verzichten. Ihre beste Freundin braucht nun wirklich nicht zu wissen, was die sexuellen Eigenheiten Ihres Lovers sind oder ob er eine Erektionsschwäche hat. Allerdings gestehe ich zu, dass es manchmal hilfreich sein kann, auch bei sexuellen Fragen die Ratschläge eines Menschen zu hören, dem man vertraut und der nicht der eigene Partner ist.

Wovon wir reden, wenn wir über Liebe reden

Vielen Menschen geht es so, dass sie gerne mehr Intimität mit ihrem Partner herstellen und ihre Zuneigung besser ausdrücken möchten, ihnen dafür aber die richtigen Worte fehlen. Egal ob Sie vom Restaurant unterwegs zu Ihrer Wohnung sind, wo Sie gleich miteinander Liebe machen werden, oder ob Sie nach dem Sex eng aneinander gekuschelt daliegen – Sie möchten vermutlich gerne mitteilen, was in Ihnen vorgeht. Sicherlich kann auch eine stillschweigende Verständigung sehr schön sein und eine besondere Nähe und Vertrautheit ausdrücken. Aber gerade wenn die Beziehung noch jung ist, ist die Kommunikation miteinander sehr wichtig. Schweigen kann den Partner verunsichern, weil er es noch nicht interpretieren kann und es möglicherweise als ein Zeichen von Missfallen deutet. Aber worüber soll man sprechen?

Einige Tipps:

♥   Teilen Sie Ihrem Partner einfach mit, welche Gefühle Sie empfinden, welche Emotionen er in Ihnen mit bestimmten Dingen hervorgerufen hat. Wenn Sie zum Beispiel ein bestimmtes fürsorgliches Verhalten von ihm besonders angerührt hat, dann sagen Sie ihm das. Natürlich sollten Sie auch ansprechen, wenn eine seiner Handlungen in Ihnen eher negative Gefühle ausgelöst hat, damit sich das nicht wiederholt. Aber falls Sie auf einen gemeinsamen Liebesabend zusteuern, dann sollten die positiven Rückmeldungen deutlich in der Überzahl sein, damit Ihr Partner sich anerkannt, geschätzt und geborgen fühlt.

♥   Sagen Sie Ihrem Partner, was Sie sich für die Zukunft von ihm wünschen, was Sie beispielsweise gerne einmal ausprobieren möchten. Er kann es in den seltensten Fällen erahnen, wenn Sie es ihm nicht sagen. Aber wenn Sie von Ihren Wünschen sprechen, dann signalisieren Sie damit auch, dass Sie sich eine gemeinsame Zukunft oder zumindest weitere angenehme Erlebnisse vorstellen können, und Sie beide können gemeinsam planen oder träumen, wie schön so etwas sein könnte.

Die amerikanische Website Lovingyou.com hat Ihre Besucher einmal gebeten, jene Sätze einzusenden, die Sie beim Sex besonders gerne von Ihrem Partner hören würden. Das führte zu folgender kleiner Zusammenstellung:

♥   ihren Namen

♥   „Ich liebe dich."

♥   "Ich liebe es, in dir zu sein."

♥   „Wenn ich mir aussuchen dürfte, wie ich sterbe,
     dann wäre dies das letzte, was ich spüren wollte."

♥   „Du bist fantastisch, du bringst mich um den Verstand,
     und ich kann nicht genug von dir bekommen."

♥   „Du bist wunderschön."

♥   „Du fühlst dich wundervoll an."

♥   „Gott, du bist so unglaublich!"

♥   „Ich bin dein Sklave."

♥   „Ich wünschte, jeder Tag könnte wie dieser sein."

Es geht nicht darum, dass Sie diese Sätze auswendig lernen und sie zu Ihrem Repertoire machen, so wie manche Möchtegern-Aufreißer sich kitschige Sprüche erarbeitet. („Dein Vater muss ein Dieb sein, denn er hat die Sterne vom Himmel geholt und sie zu deinen Augen gemacht.") Das Aufsagen formelhafter Redewendungen törnt in solchen Situationen eher ab. Diese Sätze können insofern nur als eine sehr allgemeine Orientierungshilfe dienen. Wichtig ist, dass solche Äußerungen aus Ihnen heraus kommen. Ihr Partner wird vermutlich merken, ob das der Fall ist oder nicht. Wenn Sie sich zum Beispiel normalerweise eher cool geben und plötzlich Formulierungen verwenden, die vergleichsweise schwülstig klingen, dann dürfte das Ihren Liebsten eher irritieren.

Welche Äußerungen würden Sie denn gerne von Ihrem Partner hören, weil sie Sie anmachen oder dazu führen, dass Ihnen warm ums Herz wird? Denken Sie doch mal ein wenig darüber nach und sprechen Sie dann mit Ihrem Partner darüber.

Wie bringe ich meinen Partner zu romantischem Sex? – Er ist ein Mann!

Die neue Frauenbewegung hat mittlerweile schon fast 40 Jahre auf dem Buckel, in der Arbeitswelt stoßen immer mehr Frauen in früher rein männliche Domänen vor und die wenigsten von ihnen tragen heute noch ausschließlich Rock und Bluse. In vielem also scheinen sich die Geschlechter immer mehr einander anzugleichen. Wenn es allerdings um die Romantik geht, dann gilt sie trotz berühmter romantischer Dichter vergangener Jahrhunderte immer noch als ein Terrain, das hauptsächlich den Frauen zugeordnet wird. Das weibliche Geschlecht gilt als das eher gefühlvolle und fürsorgliche, das männliche als das praktische und vernünftige. „Wenn die Liebe ein Geschlecht hat, dann ist es gewiss weiblich und nicht männlich", befand die feministische Theologin Christa Mulack. Möglicherweise findet es der eine oder andere Leser auch überraschend, dass ich als männlicher Autor ausgerechnet zum Thema „romantischer Sex" ein Buch herausgebracht habe. Beim Sex, sollte man schließlich annehmen, stehen die Kerle eher auf den schnellen, harten Fick als mit dem Parfümzerstäuber die Kopfkissen einzusprühen – was ja auch eher lächerlich als erotisierend wirken würde.

Nun braucht man einem Mann ja auch nicht gleich einen Parfümzerstäuber in die Hand zu drücken, wenn man auf Romantik Wert legt. Ich arbeite seit einem knappen Jahrzehnt im Bereich der Geschlechterforschung, und ich bin überzeugt davon, dass sich Männer und Frauen ähnlicher sind als viele glauben. Die Trennung zwischen der „gefühlsseligen" Frau und dem „gefühlskalten" Mann gibt es nicht.

Ein paar aufschlussreiche Fakten:

♥   Männer verlieben sich schneller als Frauen. In einer amerikanischen Studie, in der 700 Paare befragt wurden, zeigte sich, dass 20% der Männer sich schon vor dem vierten Rendezvous verliebt hatten. Hingegen hatten nur 15% der Frauen Amors Pfeil gespürt. Bei der zwanzigsten Verabredung waren sich 45% der Frauen immer noch nicht über ihre Gefühle im

Klaren, verglichen mit lediglich 30% bei den Männern. Diese Ergebnisse wurden durch sehr ähnliche Zahlen des Münchner Max-Planck-Instituts bestätigt. Dort stellte man fest, dass der Mann seine Entscheidung genaugenommen bereits in den ersten Sekunden des Kennenlernens fällt: Wenn ihm seine Intuition sagt „Das ist die Richtige!", wird er unumkehrbar all seine Gefühle auf diese Frau ausrichten. Sie hingegen weiß, dass sie Zeit hat, und die lässt sie sich auch: Während ihr Verehrer schon unaufhaltsam verstrickt ist, wägt sie noch skeptisch prüfend eine Begegnung nach der anderen ab, wobei der Großteil ihrer Entscheidung vom Kopf gesteuert wird. Psychologen führen das darauf zurück, dass eine Frau außer einer romantischen auch eine ökonomische Entscheidung in dem Sinne fällen muss, wie gut der Betreffende als Ernährer geeignet wäre. Insofern überrascht es nicht, dass Frauen in Umfragen viel häufiger als Männer bekunden, jemanden auch dann heiraten zu würden, wenn sie nicht verliebt in ihn wären.[b]

♥ Männer haben die größeren romantischen Ideale. Eine weitere Untersuchung zeigte nämlich sehr deutlich, dass Männer eine wesentlich unpragmatischere Einstellung zur Liebe hatten, sich etwa viel weniger Gedanken über die soziale Position oder das Einkommen ihres möglichen Partners machten. Ihr Motto war: Solange sich zwei Menschen wahrhaft liebten, würden sich alle anderen Probleme schon lösen lassen.[c]

♥ Als die amerikanische Kommunikationswissenschaftlerin Leslie Baxter Paare nach dem Grund für ihre Trennung befragte, antworteten Männer weitaus öfter als Frauen, es habe ihnen in der Beziehung an Romantik gefehlt.[d]

♥ Als Peggy Giordano, Monica Longmore und Wendy Manning von der Bowling Green State University rund 1400 Schülerinnen und Schüler nach ihren Beziehungen befragten, zeigten sich die Jungen emotional weitaus engagierter und sensibler, als vermutlich viele Frauen zuvor geglaubt hatten. So berichteten die jungen Männer von einer großen Unsicherheit im Gespräch mit ihrer Angebeteten und starken Gefühlen ihr gegenüber. Von Coolness und darum, ein Mädchen bloß ins Bett bekommen zu wollen, fehlte jede Spur.[e]

♥ Männer leiden nach einer Trennung definitiv mehr als Frauen. Sie fühlen sich eher einsam, machtlos, niedergeschlagen und ungeliebt und haben große Schwierigkeiten, damit klarzukommen. Während Frauen ihr Leben längst neu ausrichten, klammern sich Männer immer noch an die Hoffnung, dass sie nur das Richtige zu tun oder zu sagen bräuchten, um die alte Harmonie wiederherzustellen. Dieser Zustand kann sich über Jahre hinziehen. Insgesamt kommt etwa die Autorin Kate Fillion unter der treffenden Überschrift „Frauen sind vom Mars, Männer von der Venus" zu dem Schluss, dass es in der Tat die Männer sind, die zuviel lieben: Ihre komplette geistige Verfassung scheint mit ihren Beziehungen zu Frauen abzuhängen. Männliche Singles begehen doppelt so oft Selbstmord wie verheiratete Männer und leiden doppelt so oft unter psychischen Problemen – von Depressionen bis zu Nervenzusammenbrüchen – wie alleinstehende Frauen.[f]

♥ 72% der 16- bis 29jährigen Männer geben zu, beim Erstkontakt mit einer Frau schüchtern zu sein. Zwei von drei Männern haben Sehnsucht nach mehr Verständnis und fänden es klasse, wenn ihre Partnerin zärtlicher zu ihnen wäre. Drei von vieren möchten sich gerne mal wieder richtig verlieben. Die Wirklichkeit sieht anders aus: 38% wünschen sich nichts sehnlicher als dass ihre Frau (bzw. ihre Mutter) endlich aufhören würde, an ihnen herumzunörgeln, und 41% finden es schade, dass ihre Partnerin sich so wenig dafür interessiert, was sie tun, denken und schätzen. Gleichzeitig haben 17% aber auch enorme Schwierigkeiten, ihre Gefühle offen zu zeigen.[g]

♥ Im Januar 2009 wies eine Umfrage des Meinungsforschungsinstituts Emnid im Auftrag des Magazins Reader´s Digest darauf hin, dass Männer romantischer sind als Frauen: „Ich liebe Dich" flüstern einer Studie zufolge 40 Prozent der Männer täglich ihrer Liebsten mindestens einmal ins Ohr. Dasselbe taten nur 32 Prozent der Frauen. Wie die Zeitschrift berichtete, sind 30- bis 39-Jährige besonders romantisch: 47 Prozent von ihnen bekunden sich täglich gegenseitig ihre Zuneigung.[h]

♥ Eine kanadische Studie, die Ende 2004 im renommierten Journal of Sex Research veröffentlicht wurde, zeigte, dass im

Gegensatz zu den beliebten Klischees Männer im Schnitt mit 18 Minuten auf ein genauso langes Vorspiel Wert legen wie Frauen – und mit 18 gegenüber 14 Minuten möchten sie sich sogar mehr Zeit beim Sex selbst lassen. Putzigerweise richtete jeder seine Annahme davon, was sein eigener Partner gerne hatte, weniger nach dessen tatsächlichen Bedürfnissen als nach dem, was allgemein von männlichen bzw. weiblichen Wünschen geglaubt wurde. Professor Byers, der Leiter der Untersuchung, führte dazu aus: „Unseren Klischeevorstellungen zufolge sind Männer jederzeit und überall an Sex interessiert, und zwar nur am Verkehr und Orgasmus und sehr auf die Genitalien fixiert. Und Frauen sind weniger an Sex interessiert, sondern mehr an Liebe und Sinnlichkeit." Wie so oft entsprechen die Klischees über die Geschlechter jedoch keineswegs den Tatsachen.

Aber woran liegt es dann bloß, dass dem männlichen Geschlecht der Ruf anhängt, über ein eher flaches Gefühlsleben zu verfügen? Dafür gibt es mehrere nachvollziehbare Gründe:

♥　Bei vielen Kerlen herrscht die Überzeugung vor: „Ein schwacher Mann kriegt keine Frau!" Und das ist leider nicht nur bloße Einbildung, sondern zeigt ein durchaus richtiges Gespür. Zahllose Untersuchungen belegen, dass Männer richtig liegen, wenn sie der Forderung, mehr Gefühle zu zeigen, nicht so recht trauen. Sobald sie nämlich tatsächlich ihre Ängste und Sorgen offenlegen, werden sie von ihren Partnerinnen allzu schnell als „zu feminin" und „nicht ganz auf der Reihe" betrachtet – statt als stark, ruhig, männlich, selbstsicher und kompetent. Die Familientherapeutin Olga Silverstein erklärt dazu: „Frauen wollen, dass er ein echter Mann ist. Wenn er aber ein Mann ist, dann mögen sie das auch nicht, weil das bedeutet, dass er zu dominant auftritt, und sie haben Angst vor ihm. Sie wollen alle Helden, aber sie wollen warmherzige, sanfte, liebende Helden ... Oh! Was für ein Wunschtraum das doch ist!"[i] Sie können nun einmal nicht beides haben: den unerschütterlichen Fels in der Brandung, der zugleich zutiefst emotional ist, sozusagen Krieger und Minnesänger in einem. Den gibt es nur im Hollywood-Schmachtfetzen. Ein Mann, den es im wirklichen Leben gibt, wird irgendwo ein Schwergewicht besitzen. Und wenn Sie sich für den Krieger als Partner entscheiden, brauchen Sie sich nicht über seine mangelnde romantische Ader zu beklagen.

♥　Es ist kein Wunder, dass in etlichen psychologischen Studien die Frau als das emotional kompetentere Geschlecht ermittelt wurde. Eine vergleichende Analyse etlicher dieser Untersuchungen ergab nämlich, dass diese durchgehend an der weiblichen Werteskala ausgerichtet waren. Selbstenthüllung, das Reden über Einstellungen und Gefühle, wurde als *das* entscheidende Kriterium für Intimität und Nähe ausgewählt. Männer, die dazu nicht bereit oder in der Lage waren, wurden wegen dieser „Unzulänglichkeit" bemitleidet oder kritisiert. Wenn man Männer aber nach ihrer eigenen Werteskala für Nähe und Zuneigung fragt, nennen sie Kriterien wie „gegenseitiges Geben und Nehmen", „einander helfen" und „gemeinsame Aktivitäten". Das ließen viele Psychologen aber nicht gelten. Für sie zeugte nur das Darüber-Sprechen von Reife, übrigens auch auf dem Gebiet der Sexualität, wo Männer ihre Gewogenheit am liebsten zeigen, indem sie „es" einfach tun.

Dass diese unterschiedliche Werteskala vielen kaum bewusst ist, führt immer wieder zu unnötigen Konflikten zwischen den Geschlechtern. In einem Experiment wurden Ehepaare beispielsweise angehalten, ihre Aktivitäten im Haushalt und in der Partnerschaft ebenso niederzuschreiben wie ihre Zufriedenheit mit der Beziehung. Es stellte sich heraus, dass die Frauen am glücklichsten waren, wenn ihre Männer etwas Nettes *sagten*, während für Männer Taten und nicht Worte ausschlaggebend waren. Daraufhin wiesen die Leiter der Studie die Ehemänner an, mit ihren Liebesbekundungen etwas großzügiger zu verfahren. Die Frauen meldeten keine Verbesserung der Situation. Als daraufhin die Männer noch einmal gesondert befragt wurden, antwortete z. B. einer von ihnen, natürlich habe er seine Zuneigung verstärkt zum Ausdruck gebracht – indem er den Wagen seiner Frau gewaschen habe. Er hielt das für ein eindeutiges Zeichen seiner Liebe. Sie hatte keine Ahnung.[j]

Nach solchen Untersuchungen kann man beiden Geschlechtern nach dem Gesagten zwei wichtige Ratschläge mit auf den Weg geben. Frauen: Eure Männer lieben euch, auch wenn sie es nicht ständig sagen. Und Männer: Wenn ihr eure Zuneigung ab und zu in Worte packt, könnt ihr euch eine Menge Arbeit sparen.

♥   Beide Geschlechter glauben an ihre eigenen Stereotypen und Rollenerwartungen. Wenn man Frauen wie Männer danach fragt, wie sie sich selbst beschreiben würden (wie es bei psychologischen Studien oft gemacht wird), erscheint die Fähigkeit von Frauen, sich anderen einzufühlen und mit ihnen mitzuleiden, um ein Beträchtliches höher als bei Männern. Betrachtet man aber nonverbale Signale wie Veränderungen im Blutdruck, das Mienenspiel oder tatsächliche Hilfeleistungen, zeigt sich so gut wie kein Unterschied.[k]

Wie schwer sich hingegen viele Angehörige des „starken Geschlechts" trotz allem noch mit Bekundungen tiefer Gefühle tun, veranschaulicht hingegen der Artikel „Die Romantiklüge – Wenn Männern zu Weicheiern werden", veröffentlicht Mitte 2007 in der Onlineausgabe der „Welt".

Nikol Ljubic, Autor dieses Beitrags, eröffnet ihn mit den Worten: „Sind Männer wirklich romantisch, oder haben sie nur gelernt, romantisch zu sein? Ganz geklärt werden kann diese Frage nicht. Aber es spricht einiges dafür, dass die männliche Romantik antrainiert ist." Ljubic berichtet aus seiner eigenen Lebensgeschichte und verrät, dass er von selbst nie das Bedürfnis verspürt hätte, Rosen zu kaufen oder Kerzen anzuzünden - hätte er damit nicht die starke weibliche Nachfrage nach entsprechend begabten Männern befriedigen wollen, um selbst bei den begehrten Frauen zu landen. Er klebte einem Mädchen Bilder von fernen Südseeinseln in sein Poesiealbum, schoss einem anderen ein Plastikherz auf dem Jahrmarkt, verbrachte mit einem weiteren einen verregneten Campingurlaub in Schottland: „Ich fror – und war trotzdem glücklich, als sie sagte, das mit mir und dem Regen sei ja so was von romantisch." Immer wieder wird sein Verhalten mit weiblicher Zuwendung belohnt. Die Folge: „Mit der Zeit habe ich gelernt, den Sternenhimmel zu lieben und das Meer, ich höre Schnulzen und verschenke gern Rosen – und habe einen Freund, der mich deswegen als ‚Schleimer' bezeichnet. Weil ich zu offensichtlich ans Herz der Frau rühre. Er hält das für pure Taktik. Ich frage mich manchmal selbst, ob ich all das tue, weil ich weiß, dass es der Frau gefällt, oder ob ich wirklich eine romantische Veranlagung habe. Wahr ist, dass ich nur in Gegenwart einer Frau romantisch bin. Ich käme nie auf die Idee, für mich allein oder einen Freund Kerzen anzuzünden. Wahr ist auch, dass meine Vorstellungen von Romantik fast ausschließlich von dem geprägt sind, was Frauen mir als romantisch beschrieben haben." Immerhin habe er im Lauf der Zeit gelernt, diese Romantik auch zu genießen, spüre in sich aber dennoch einen Widerwillen, sich als romantischen Typ zu bezeichnen – schon gar nicht vor anderen Männern. Seinen männlichen Bekannten gehe das ähnlich. „Und trotzdem machen wir das Spiel mit, wir geben uns als Romantiker aus, um der Frau zu gefallen. Wir degenerieren in unserer eigenen Wahrnehmung vom Mann zum Romantiker und tun gleichzeitig unter Männern so, als ginge uns dieser ganze Kuschel-, Kerzen-, Sternekram nichts an. Du weißt schon, sie steht darauf. (...) Manchmal findet sie romantisch, was er einfach über sich ergehen lässt." So wie das Vorspiel.

„Ich behaupte nicht, dass Männer keinen Sinn für Romantik haben" erklärt Ljubic weiter. „Vielleicht denken sie nur seltener darüber nach oder haben weniger klare Vorstellungen. Insofern schließe ich nicht aus, dass es Männer gibt, die von einer Nacht auf dem Heuboden träumen oder Sonnenuntergänge mögen – vielleicht reden sie nur ungern darüber. (...) Ich frage mich dagegen, woher diese Sehnsucht der Frauen nach Romantik kommt. Eine Freundin sagte, es sei ein Schutz, damit sie sich als Frau nicht nur als Sexobjekt fühle. Das Candle-Light-Dinner als Vorspiel. Eine andere sagte, es sei etwas Historisches, sozusagen im Erbgut verankert, weil Frauen doch schon immer der Hof gemacht wurde. Männer haben für sie Lieder komponiert und die Frauen, mit der Laute unter dem Burgfenster stehend, besungen; sie haben Gedichte geschrieben, um Frauenherzen zu öffnen."

Wenn man Ljubics ein wenig umherschweifende Erörterungen zusammenfasst, kristallisieren sich bald ein paar ganz klare und verständliche Gründe heraus, weshalb manche (viele?) Männer trotz all' den oben angeführten Untersuchungen mit Romantik ein kleines Problem haben:

- Sie wollen nicht als „Weichei" herabgesetzt werden.

- Sie möchten keine Gefühle vortäuschen, die sie in Wahrheit gar nicht empfinden, nur um dadurch weniger einsam zu sein.

- Sie befürchten gleichzeitig, durch vorgetäuschte Romantik eine Frau zu manipulieren, statt offen, authentisch und geradlinig zu sein.

Und nicht zuletzt:

- Für Männer bedeutet Romantik häufig Arbeit.

„Fragen Sie einen Mann, was Romantik für ihn bedeutet", erklärt Lucy Sanna in ihrem Ratgeber „How to Romance the Man You Love" (Prima 1996), „und er wird antworten: Arbeit! Das liegt daran, dass es traditionell die Aufgabe des Mannes war, einer Frau mit romantischen Gesten den Hof zu machen." Und das ist sehr häufig heute noch so. Mehrere Bücher, die ich bei der Recherche für diesen Ratgeber studiert habe, entpuppten sich als von Frauen geschriebene Kataloge mit mehreren hundert Seiten Wünschen, wie sie von einem Mann verwöhnt werden wollten. Würde heute ein Mann ähnliche Wunschlisten veröffentlichen, gälte er als ein unbelehrbarer Pascha.

„Romantische Akte werden normalerweise von einem Mann gegenüber einer Frau erwartet" erklärt hingegen Liz Lampkin in ihrem Buch „Recipes for Romance" (Bloomington 2006), „und es kommt sehr selten vor, dass Sie von einer Frau hören, die ein romantisches Erlebnis für einen Mann erschafft. Die Entschuldigungen lauten normalerweise ‚Ich bin nicht kreativ' oder ‚Ich musste noch nie ...' oder mein persönlicher Liebling: ‚Er ist an der Reihe'. Meine Damen, das sind die erbärmlichsten Ausreden der Welt, keine Romantik auszudrücken. Wir fragen uns oft, warum die Flammen in unserer Beziehung erloschen sind oder warum unser Partner sein Interesse an uns oder an der ganzen Beziehung verloren hat. Die Antwort ist so einfach wie bis drei zu zählen: WIR VERNACHLÄSSIGEN UNSERE PARTNER IM BEREICH DER ROMANTIK! Gelegenheiten wie der Valentinstag wurden nicht allein für

Frauen erschaffen. Wenn es zur Romantik kommt, dann können Frauen sehr egoistisch sein. Wenn ich egoistisch sage, dann meine ich nicht, dass wir keine romantischen Abende mit unseren Partnern verbringen möchten, sondern ich meine, dass wir uns nicht die Zeit nehmen, Romantik strategisch zu planen. Häufig glauben wir, dass es ausreicht, Essen zu kochen und ein paar Kerzen anzuzünden, aber das tut es nicht."

Und nach allem, was ich von unserer, der männlichen Seite des Geschlechtergrabens wahrnehme, hat Liz Lampkin hier absolut Recht. So schrieb Deutschlands vermutlich bekannteste Männerrechtsgruppe „Manndat" eine satirische Stellenanzeige aus, in der es unter der Überschrift „Gesucht: die neue Frau" unter anderem hieß: „Sie sind bereit, in gleichem Maße auf Ihren Partner Rücksicht zu nehmen und auf seine Bedürfnisse einzugehen, wie Sie es von ihm erwarten. (...) Komplimente und kleine Geschenke erwarten Sie grundsätzlich nur dann, wenn auch Sie Ihrem Partner Aufmerksamkeiten im gleichen Umfang zukommen lassen (Valentinstag, 8.März/3.November, Muttertag/Vatertag, ...)." Das führt mich fast zwangsläufig zu unterschiedlichen Ratschlägen an Sie, je nachdem ob Sie männlich oder weiblich sind. Meine Damen: Entscheiden sie sich, welche Form von Beziehung Sie wollen. Entweder Sie möchten lieber in einer eher nüchternen Partnerschaft leben, in der Sie sich um romantische Zuwendungen nicht groß zu kümmern brauchen, dann erwarten Sie diese aber auch nicht von Ihrem Partner. Oder Sie möchten eine romantische Beziehung genießen, dann sollten Sie ebenso geben wie nehmen können. Und meine Herren: Vielleicht kommen Sie ja schon einen Schritt weiter, wenn Sie Ihrer Partnerin mitteilen, dass Sie auch gerne mal romantisch verwöhnt, umworben und verführt werden möchten – wenn es das ist, was Sie bisher vermissen.

In letzter Zeit bekomme ich immer häufiger von meinen Geschlechtsgenossen eine starke Unzufriedenheit über ihre Partnerschaften zu hören. So schrieb ich beispielsweise im Mai 2007 in meinem Weblog „Genderama" über die neue Lustlosigkeit der Männer. Aufhänger dafür war, dass es einer Umfrage des Kondomherstellers Durex zufolge drei von vier Männern völlig in Ordnung finden, wenn im Bett mal weniger läuft - während dies nur 58 Prozent der Frauen so sahen – und sich jeder zweite sogar mehr auf das Vorspiel statt auf den Vollzug freute. Der erste Leserkommentar, den ich auf diesen Eintrag erhielt, lautete: „Meine Lebensgefährtin zeigt an, dass sie in Stimmung ist, indem sie eine Kerze im Schlafzimmer anzündet. Meine Reaktion: Ich bleibe solange auf, bis ich sicher bin, dass sie eingeschlafen ist ... Sex ist Arbeit." Andere Leser stimmten dem mit eigenen Worten zu.

Was ist los mit uns Männern? Wir haben immer weniger Lust auf Sex und dafür freuen sich immer mehr von uns auf das Vorspiel statt auf den Sex selbst? Das widerspricht natürlich enorm dem beliebten Klischee vom dauergeilen Kerl, für den es nichts Eiligeres gibt, als seinen Schwanz in irgendeine Möse zu stecken und nach drei Minuten wilden Rammelns abzuspritzen, um wieder herunterzurollen und einzuschlafen! Selbst dran schuld, wenn Sie auf dieses Klischee hereinfallen.

Wenn Sie ein weiblicher Leser meines Buches sind: Keine Sorge, mir ist schon klar, dass Sie selbst vermutlich die falsche Adresse für meinen Sarkasmus sind. Schließlich haben Sie sich gerade ein ganzes *Buch* mit Anregungen für romantischeren Sex besorgt, und ich hoffe natürlich stark, dass Sie das nicht nur getan haben, um es Ihrem männlichen Partner zu überreichen. Aber ich hoffe, die Botschaft ist trotzdem angekommen: Viele Männer würden es lieben, wenn Sie auch in den Genuss romantischer Aufmerksamkeiten kommen würden, aber bislang vermissen viele von ihnen dieses Vergnügen.

Ein paar Tipps an Leserinnen dieses Ratgebers:

♥ Machen Sie Ihrem Mann klar, dass *romantischer* Sex nicht zuletzt eines bedeutet: *längerer* Sex. Ein lässiger und schneller Spontanfick hat den Nachteil, dass er auch sehr schnell vorbei ist. Nach dem Orgasmus befindet sich der Mann erst einmal eine Zeitlang in einer Situation, in der er nicht mehr kann – der sogenannten Refraktärphase. Und je älter ein Mann wird, desto länger dauert diese in der Regel. Wäre es da nicht viel schöner, das sexuelle Erlebnis über den reinen Akt hinaus immer mehr auszuweiten?

♥ Erwarten Sie nicht, dass er Ihre Gedanken lesen kann. Eine beliebte Methode, sich selbst ins Knie zu schießen, besteht darin, sich einzureden: „Wenn er mich wirklich lieben würde, dann wüsste er, was ich brauche." Wenn Sie beide nicht schon sehr lange miteinander leben, dann weiß er das *nicht*. Und die Hoffnung, er könne Ihr Innerstes auf magische Weise erahnen, weil sie doch irgendwie miteinander verbunden seien, ist einer jener romantischer Gedanken, die Sie statt zum Glück eher zum Unglück führen. Wie in jeder anderen Beziehung gilt auch in der Partnerschaft: Je klarer man dem anderen mitteilt, was man braucht oder gerne haben möchte, desto größer ist die Chance, es auch zu bekommen. Wenn Ihr Mann es als Liebesdienst betrachtet, Ihnen den Wagen zu waschen, Sie aber stattdessen lieber eine Rose auf dem Kopfkissen vorfinden würden, dann sagen Sie ihm das.

♥ Machen Sie Ihrem Mann Komplimente. Männer sind es nicht gewohnt, Komplimente zu erhalten – erst recht nicht für Dinge, die nichts mit Leistung zu tun haben. Insofern ist es kein Wunder, dass viele von ihnen diese Sprache nie gelernt haben, die selten jemand mit ihnen spricht. Sagen Sie es ruhig, wenn Sie von den blauen Augen Ihres Liebsten so fasziniert sind, dass Sie darin versinken könnten, oder loben Sie seine Einfühlsamkeit, wenn Sie miteinander im Bett sind. Äußern Sie Anerkennung, wenn er Ihnen einen Gefallen getan oder Sie in einer Angelegenheit unterstützt hat. Die Chancen stehen gut, dass er sich dafür bei passender Gelegenheit mit eigenen süßen Worten revanchiert – und dass er sich in genau jenem Bereich, in dem Sie ihn bereits bewundert haben, bemüht, noch besser zu werden.

Es ist ein Grundgesetz der Psychologie, dass positive Verstärkungen gut funktionieren und negative Verstärkungen schlecht. Falls Sie sich also immer wieder darüber beklagen würden, was Ihr Partner im Kontakt mit Ihnen alles falsch macht, dürften Sie weniger mit einer Verbesserung rechnen als damit, dass er sich aus diesem Kontakt mehr und mehr zurückzieht. Wenn Sie aber raffiniert genug sind, immer wieder diejenigen Dinge lobend hervorzuheben, die Ihnen an seinem Verhalten gefallen (und da muss es einiges geben, sonst wären Sie nicht mit diesem Menschen zusammen), dann dürfte er davon immer mehr nachlegen. So können Sie auch romantische Wesenszüge, die zunächst nur ansatzweise erkennbar waren, immer weiter zur Entfaltung bringen. (Dieselbe Technik funktioniert natürlich auch, wenn Sie als Mann auf Ihre Partnerin einwirken möchten.)

Manche Männer brauchen mehr Komplimente als andere, erklärt die amerikanische Psychologin Ellen Kreidman in ihrem Buch „Light His Fire" (Villard Books 1989): „Ein Mann, der mit sehr wenig Komplimenten aufgewachsen ist, benötigt die doppelte Dosis, und jeder, der angibt, prahlt oder die Wahrheit ein wenig dehnt, benötigt dreimal so viel Lob wie die durchschnittliche Person. (...) Wenn Ihrem Mann Lob vorenthalten wurde, als er noch ein Kind war, seien Sie dazu bereit, ihm *alles* zu geben, was er vermisst hat. Ich möchte, dass Sie es so dick auftragen, dass jeder andere denkt, Sie hätten den Verstand verloren. Sie werden feststellen, dass es nicht zu dick aufgetragen und nicht zu viel ist. Es ist niemals zuviel, einen anderen Menschen anzuerkennen, wertzuschätzen und ihm Komplimente zu machen." Barbara Schöneberger konnte sich über dieses Bedürfnis Ende 2007 mit ihrem ironischen Schlager „Männer muss man loben" nur lustig machen. Wenig später brach ihre Partnerschaft auseinander. Ich war davon nicht überrascht.

♥ Gehen Sie nicht automatisch davon aus, dass Ihr Partner sich deswegen nicht für romantischen Sex begeistern lässt, weil er „nun mal ein Mann ist". Es kann eine ganze Reihe anderer Gründe geben. Vielleicht hat er berufliche, finanzielle oder gesundheitliche Sorgen, mit denen er Sie nicht belasten möchte. Vielleicht ist er sexuell nicht mehr so auf der Höhe wie früher, aber es ist ihm unangenehm, darüber zu reden: Er weicht also nicht der Romantik aus, sondern dem Geschlechtsverkehr. Vielleicht gibt es unbearbeitete Verletzungen, Aggressionen oder Konflikte zwischen Ihnen beiden. Vielleicht möchte er sich auch emotional nicht allzu sehr an Sie binden oder Ihnen falsche Hoffnungen machen, sondern einfach ein bisschen Spaß haben. Auf all das könnten Sie ebenso gut stoßen, wenn Sie ein Mann wären und Ihr Partner eine Frau. Es kann sein, dass Ihr Partner sich selbst nicht darüber im Klaren ist, weshalb genau er sich so verhält. Romantischer Sex ist eben nichts, wozu man andere quasi verpflichten kann, solange sie nicht von sich aus bereit dazu sind.

Aber wie so oft wird auch andersherum ein Schuh daraus: In ihrem Buch „Light *Her* Fire" (Dell 1991) redet Kreidman dem *männlichen* Geschlecht ins Gewissen: „Die meisten Frauen beklagen sich, dass ein Mann sie nur dann im Arm halten oder streicheln möchte, wenn er Sex will. Erinnern Sie sich an den Spruch: Gegensätze ziehen sich an? Wenn Sie jemand sind, der andere nur ungern berührt, dann haben Sie sich vermutlich in eine Frau verliebt, die genau das besonders gerne tut. Aber wenn Sie jedes Mal, wenn sie Sie zärtlich berührt, sofort mit ihr ins Bett wollen, dann wird sie damit aufhören. Frauen möchten jeden Tag im Arm gehalten und liebkost werden. Für sie ist das schon ein Ziel an sich, ohne dass es irgendwohin führen muss."

Nun bin ich immer ein wenig vorsichtig bei Formulierungen wie „Frauen sind so" und „Männer sind so". Beide Geschlechter sind sich in ihren Grundbedürfnissen sehr ähnlich, während viele Frauen und viele Männer sich von ihren eigenen Geschlechtsgenossen stark unterscheiden. Betrachten Sie diesen Ratschlag also ruhig etwas allgemeiner. Egal ob Sie männlich oder weiblich sind: Wenn Sie bisher jede intensivere Liebkosung automatisch als Teil eines Vorspiels betrachtet haben, könnte es sinnvoll sein, Ihr Spektrum in dieser Hinsicht ein wenig zu erweitern. Viele Frauen wünschen sich, von ihren Männern öfter zärtlich berührt zu werden, ohne dass diese Berührungen nur „zweckgebunden" erfolgen. Legen Sie Ihre Hand auf den Arm Ihrer Partnerin, wenn Sie miteinander etwas essen, nehmen Sie sie bei einem Kinobesuch in den Arm, berühren Sie mit ein paar lieben Worten ihre Wange, ihr Kleid oder ihr Haar. Schon das allein kann einen großen Unterschied ausmachen.

Liebevolle Berührungen können auch mit Worten erfolgen. Dann nennen wir sie zum Beispiel Komplimente. Dass auch Komplimente häufig nur einen bestimmten Zweck erfüllen sollen, wird klar in ironisch gemeinten Aufreißersprüchen wie „Schöne Schuhe. Ficken?". Selbstverständlich sollten Ihre Komplimente ehrlicher gemeint sein als das. Das bedeutet, Sie sollten über klischeehafte Sprüche hinausgehen und bei Ihrer Partnerin oder der von Ihnen begehrten Frau etwas finden, das eines Kompliments würdig ist. Seien Sie ruhig originell. Sie können den Modegeschmack Ihrer Lady ebenso würdigen wie bestimmte Leistungen und Erfolge, Äußerlichkeiten, die nicht unbedingt sehr offensichtlich sind, und viele andere Dinge, die Sie an ihr mögen. Kein Mensch erwartet, dass Sie hier zum Dichter werden und besonders wohlklingende Formulierungen finden. Vielmehr geht es darum, dass diese Frau sich in Ihrer Gegenwart immer wohler und selbstbewusster fühlt, weil sie weiß, wie sehr Sie sie schätzen.

„Den Ergebnissen unserer Umfrage zufolge", berichten Lucy Sanna und Kathy Miller, Autorinnen des Buches „How to Romance the Woman You Love" (Three Rivers Press 1995), „können wir mit Gewissheit sagen, dass (...) wenn ein Mann romantischer wird, seine Partnerin empfänglicher dafür wird, *seine* Bedürfnisse zu erfüllen. Frauen berichten uns regelmäßig, dass sie größere Freude dabei empfinden, ihre Partner zu befriedigen, nachdem sie die gewünschte romantische Aufmerksamkeit erhalten haben. (...) Schriftliche Kommentare unterstreichen die Tatsache, dass es dabei nicht um ein Wie-du-mir-so-ich-dir-Gefeilsche geht, sondern eher um einen Einstellungswandel in der Beziehung insgesamt. Selbst Frauen, die seit Jahren verheiratet sind, erklären, sie würden sich im Glanz eines neuen romantischen Geistes ändern."

Da wir gerade bei Umfragen sind: Laurence Roy Stains und Stefan Bechtel führten für ihren Ratgeber „What Women Want" (Ballantine Books 2000) mit über 2000 Frauen tiefgehende Interviews über deren Wünsche und Bedürfnisse durch. Eine ihrer Fragen lautete „Was macht es dir regelmäßig möglich, zum Orgasmus zu kommen?" Die Antworten, die sie erhielten, hatten nichts mit besonders ausgefeilten sexuellen Techniken zu tun, sondern lauteten beispielsweise:

♥ „Zu fühlen, dass ich absolut geliebt, gewollt und liebkost werde."

♥ „Wenn ich mich darauf konzentriere, wie erregt und geliebt ich mich fühle."

♥ „Vollkommen offen zu sein und ihm zu vertrauen."

♥ „Die Art, wie er mich fühlen lässt, als ob ich die einzige Frau für ihn wäre."

♥ „Liebevolle Worte und Handlungen, Romantik, Ehrlichkeit."

♥ „Einfach mit jemandem zusammen zu sein, den ich wirklich liebe."

Wie Stains und Bechtel wohl zutreffend vermuten, hätten Männer auf dieselbe Frage kaum derartige Antworten gegeben – auch wenn ihr Gefühlsleben kaum weniger wichtig für ihre sexuelle Erregung sein dürfte. Eine befragte Frau wurde in ihrer Antwort noch etwas ausführlicher: „Ich habe den ganz starken Eindruck, dass Männer nicht begreifen, wie eng unser sexuelles Begehren nach ihnen verbunden ist mit dem Ausmaß nicht-sexueller Zuwendung, die wir in der restlichen Zeit erhalten. Das stimmt zwar nicht immer zu Beginn einer Beziehung oder bei so einer Art lockeren Affäre, aber bei den

Männern, die wir lieben, brauchen die meisten von uns das Gefühl, dass man uns zuhört, will, liebt und respektiert. Eine Umarmung und ein paar (nicht-sexuelle) Küsse ab und zu auf einer täglichen Basis geben uns dieses Gefühl, dass wir wirklich geliebt und geschätzt werden. Wenn das fehlt, beginnt unser sexuelles Begehren zu verschwinden. Viele der Frauen, die ich kenne, versuchen das ihren Männern klarzumachen, wenn die sich erkundigen, warum deren sexuelle Lust nicht mehr so stark wie früher ist, aber die Männer scheinen diese Erklärung einfach nicht hören oder glauben zu wollen. Das ist schade. Ihr Kerle habt den Schlüssel dafür, so viel mehr Sex zu bekommen, wenn ihr nur ...“

Erwartungsgemäß stand auf die Frage „Was glauben Sie, sind in Ihrem eigenen Leben die größten Barrieren, um tollen Sex zu genießen?“ die Antwort „Mangelnde Romantik“ an der Spitze der Liste (gefolgt von Müdigkeit, fehlendem Interesse und Zeitmangel). Und auf die Frage „Was macht Sie garantiert an?“ gab es von den Frauen folgende Antworten:

♥ „Kerzenlicht, Musik und ein prasselndes Feuer“ (68 %)

♥ „eine Massage“ (63 %)

♥ „ein romantischer Film“ (46 %)

♥ „zusammen duschen“ (45 %)

♥ „ein bestimmter Geruch“ (36 %)

♥ „Komplimente über meine Schönheit“ (28 %)

♥ „sexuell eindeutiges Material“ (26 %)

♥ „miteinander schwimmen gehen“ (17 %)

♥ „Alkohol“ (16 %)

♥ „Sport“ (10 %)

Ich hoffe, das eine ist klar geworden: Unsinnig ist es, romantische Gesten gezielt einzusetzen, um dadurch eine begehrte

Frau ins Bett zu bekommen und jegliche Bemühung einzustellen, nachdem man sein Ziel erreicht hat. Das dürfte in der Regel nur zu Verbitterung führen und zu dem Gefühl, betrogen und ausgenutzt worden zu sein. Möglicherweise durchschaut Ihre Angebetete in diesem Fall auch ziemlich schnell, dass es sich nur um eine Masche handelt. Mit Ehrlichkeit fahren Sie in jedem Fall besser. Wenn Sie mit Romantik nichts anfangen

können, wäre es am besten, das Ihrer Liebsten mitzuteilen, ihr aber auf diesem Gebiet trotzdem immer wieder entgegenzukommen, so wie sie das in anderen Bereichen tut – und zwar nicht nur in der Anfangsphase einer Partnerschaft. Es bringt Ihnen vermutlich eine ganze Reihe von Pluspunkten, wenn Sie auch innerhalb einer festen Beziehung mit ähnlich viel Liebe und Aufwand romantische Abende planen wie zu Beginn.

Vielleicht liegt das Problem aber auch nur darin, dass Romantik für Sie beide etwas Unterschiedliches bedeutet: Zum Beispiel für Ihre Liebste eher Dinner bei Kerzenlicht und für Sie ein Naturerlebnis am frühen Morgen, wenn die Sonne aufgeht. Sprechen Sie miteinander darüber und finden Sie so heraus, ob Sie zum Beispiel gemeinsame Schnittmengen entdecken oder ob Sie sich abwechselnd auf die jeweiligen Vorlieben Ihres Partners einstellen sollten.

In ähnlicher Weise kann es gut sein, dass Sie und Ihr Partner auf unterschiedliche Formen von Sex stehen: Der eine mag es schnell, hart und schmutzig, der oder die andere lieber soft und romantisch. Vielleicht kommt es ja zu Momenten, an denen Sie seine Art von Sex bevorzugen oder er Ihre. Wechseln Sie sich miteinander ab, machen Sie ihm Gegenangebote, wenn er sich diesen Abend auf Ihre Spielregeln einlässt, oder werfen Sie eine Münze.

Vorspiel und Nachspiel:
Mehr als eine Nebensache

Der New Yorker Sexualtherapeut Ian Kerner berichtet in seinem Ratgeber „Mehr Lust für ihn" über eine neue Lustlosigkeit beim männlichen Geschlecht. Während für viele Frauen in den 60er und 70er Jahren eine sexuelle Befreiung stattgefunden hatte, hatten die Männer augenscheinlich immer mehr den Spaß am Sex verloren. Inzwischen werfen sich bereits Mittzwanziger Viagra ein und beschwören in ihrer Phantasie pornographische Bilder herauf, um im Bett „ihren Mann stehen" zu können. Als einen der Gründe für diese Entwicklung sieht Kerner eine fatale Ausrichtung allein auf den Höhepunkt. „Viele Männer stürzen sich auf den Orgasmus wie ein Kind auf ein Vier-Sterne-Menü: Sie stopfen das fantastische Essen in sich hinein, um so schnell wie möglich zum Nachtisch zu gelangen."

Es werde Zeit, eine neue, gesündere Form der Sexualität zu entwickeln. „Solange der Schwerpunkt nur auf dem Geschlechtsverkehr liegt", führt Kerner aus, „wird Sex zwangsläufig zu einer unkreativen, todlangweiligen Routine." In Wahrheit geht Sexualität aber weit über den reinen Geschlechtsverkehr hinaus und umfasst vieles, was vor und nach der Begegnung im Bett stattfindet. Kerner erläutert: „Wenn Sie ,Vorspiel' als Suchbegriff bei Google eingeben, werden Sie weit über eine Million Treffer landen. Doch auch dort versteht man unter ,Vorspiel' größtenteils körperliche Aktivitäten wie Sich-gegenseitig-Ausziehen, Küssen, Streicheln und Oralsex, die bei Männern zu einer Erektion führen und die Frauen feucht werden lassen. Weil die herkömmliche Definition von ,Vorspiel' den Schwerpunkt auf die ,Bereitschaft, Sex zu haben' legt, konzentriert sie sich mehr auf die körperliche Erregung als darauf, wirkliches Verlangen zu entfachen." Stattdessen gelangt Kerner zu einer Botschaft, die für ihn so wichtig, so zentral ist, dass er sie kursiv druckt und wiederholt: „*Das Vorspiel findet außerhalb des Schlafzimmers statt*. Und noch einmal: *Das Vorspiel findet außerhalb des Schlafzimmers statt* (oder wo auch immer Sie sich sonst Lust bereiten). All das wilde Küssen, Streicheln, Sich-die-Kleider-vom-Leib-Reißen, Einander-Knabbern, Necken und Saugen hat mit dem Vorspiel nicht das Geringste zu tun. Das ist das *Hauptspiel*."

Ian Kerner ist nicht der einzige, der auf diesen fatalen Irrtum hinweist. Auch ein Autorenteam der amerikanischen Fachzeitschrift „Psychology Today" befindet in seinem Ratgeber „Secrets of Sexual Ecstasy" (Penguin 2004): „Ein häufiges Hindernis auf dem Weg zu sexueller Ekstase ist die Definition von Sex selbst. Viele Menschen beschränken ihr Verständnis auf Sex so, als ob sich dieses Wort ausschließlich auf den Geschlechtsverkehr bezieht. So könnte ein Paar ein intimes Dinner miteinander teilen, Hand in Hand am Ufer eines romantischen Flüsschens entlang schlendern, in einem heißen Wannenbad vom Vollmond beschienen miteinander herumknutschen, ins Bett gehen ohne Geschlechtsverkehr miteinander zu haben und dann am nächsten Morgen nebeneinander aufwachen und glauben, dass sie in der letzten Nacht keinen Sex miteinander hatten! Tatsächlich aber wird Ihnen jeder Sex-für-Anfänger-Lehrer erklären, dass der Begriff ‚Sex' viel mehr als nur den reinen Verkehr umfasst. (...) Er deckt alles Mögliche ab zwischen Einander-in-die-Augen-Schauen und Händchenhalten bis zu Oralverkehr und Penetration. (...) Wenn wir darüber sprechen, miteinander Sex zu haben, dann meinen wir damit berühren, küssen und das Anfassen der Genitalien bis hin zum Geschlechtsverkehr, Orgasmus und Nachspiel. Denken Sie darüber nach, was Sie anmacht und was Ihren Partner anmacht, und Sie haben eine viel klarere und angemessenere Vorstellung von Sex."

Das stimmt. Und es geht hier nicht nur um ein Spiel mit Definitionen, sondern vielmehr um die grundlegende Frage, wie man sexuell glücklich wird. Etwas später kommen die Psychology-today-Autoren auf dieses Thema zurück und machen es zur Grundlage eines klaren und sinnvollen Ratschlags: „Wenn wir nach Antworten auf die Frage suchen, warum wir im Schlafzimmer nicht besonders heiß aufeinander sind, dann sollten wir uns auch außerhalb des Schlafzimmers danach umsehen. Alles, was man dort draußen während des Tages tun kann, um gegenseitige Zuneigung, Respekt, Kameradschaft, Unterstützung und eine verspielte romantische Verbindung aufzubauen, kann helfen. Stellen Sie sich all Ihre täglichen Flirts und Nettigkeiten als eine Art Vorspiel außerhalb des Schlafzimmers vor – alles, was Sie füreinander tun, das Sie weg vom Telefon, dem Fernseher und dem Computer und hin zum Schlafzimmer zieht." Das ist der Knackpunkt. Und außerdem ist all das, was ich auf den letzten beiden Seiten erklärt habe, der Grund, weshalb Sie in einem Buch über guten romantischen Sex zum Beispiel auch Kapitel über Restaurantbesuche und gemeinsame Dinners finden.

Frauen sind Männern hier möglicherweise einen Schritt voraus. Das ist kein Wunder: Die meisten von ihnen so begierig verschlungenen Liebesromane bestehen aus manchmal hunderten von Seiten Aufbau an erotischer Spannung, deren letztendliche sexuelle Entladung schließlich auf nur einigen wenigen Seiten stattfindet. Und dennoch lässt einen die Lektüre eines solchen Romans, wenn er entsprechend gut geschrieben ist, vollständig befriedigt zurück.

Ein solchermaßen verstandenes Vorspiel kann lange vor dem eigentlichen Sex beginnen, und zwar schon mit scheinbaren Kleinigkeiten. So erzählt die amerikanische Psychologin Ellen Kreidman eine kleine Anekdote über eine Teilnehmerin ihrer Seminare, die, während ihr Mann noch schlief, mit rotem Lippenstift „Du Tarzan. Ich Jane. Let´s swing tonight!" quer über den Badezimmerspiegel schrieb. Als ihr Mann am nächsten Morgen aufstand, um sich zu rasieren, reagierte er darauf überhaupt nicht, sondern ging einfach zur Arbeit, während seine Frau sich noch schlafend stellte und sich fragte, warum um Gottes willen er darauf nicht angesprungen war. Um halb zwölf allerdings erhielt sie von ihm einen Anruf: „Ich halte es nicht mehr aus. Ist das dein Ernst, was du auf den Spiegel geschrieben hast?" – „Sicher" erwiderte sie. „Du bist mein Tarzan." Woraufhin er zur Mittagsstunde nach Hause fuhr und zum ersten Mal in dreißig Jahren mitten am Tag mit seiner Frau Liebe machte.

Es gibt eine ganze Reihe von Dingen, die Sie tun können, um Ihren Lover und sich lange vor dem Betreten des Schlafzimmers in Stimmung zu bringen und seine Vorfreude zu steigern:

♥ Stecken Sie Ihrem Partner morgens heimlich einen kurzen Liebesbrief in die Aktentasche, in dem Sie ihm einen unvergesslichen Feierabend versprechen.

♥ Geben Sie ihm etwas mit, das ihn immer wieder an Sie und die bevorstehenden Stunden erinnern wird: zum Beispiel antörnende Dessous von Ihnen (gern aber auch Unterwäsche für *ihn*, bevor er sich ankleidet) oder einen Spritzer von Ihrem Parfüm auf dem Kragen seines Sakkos.

♥   Wenn er während der Arbeit private Mails oder Anrufe empfangen darf und kann, dann können Sie ihm auf diese Weise mitteilen, dass Sie seine Rückkehr kaum mehr erwarten können – oder ihm in pikanter Ausführlichkeit schildern, was Sie danach alles mit ihm vorhaben. Sprechen Sie ihm aber besser solche Dinge nicht auf seinen Anrufbeantworter: Es ist immer möglich, dass dabei versehentlich Kollegen, Kunden oder Vorgesetzte diese sehr private Nachricht mitbekommen.

♥   Lassen Sie ihm einen Strauß Blumen auf die Arbeit schicken oder kommen Sie selbst auf einen kurzen Besuch vorbei. Das geht natürlich nur bei Arbeitsplätzen, bei denen die Chefs nicht unwirsch die Stirn runzeln, sobald das Privatleben ein wenig in den Arbeitsbereich hineinspielt – und selbst dann sollten Sie solche „Attacken" nur sehr sparsam einsetzen. Wenn Sie den Eindruck haben, so etwas würde in der Firma Ihres Partners nicht so gern gesehen, finden Sie aber vielleicht sein geparktes Auto und können ihm eine Karte mit heißen Versprechungen unter die Scheibenwischer schieben?

♥   Wenn Sie sich nach Feierabend endlich wiedersehen,

tun Sie etwas miteinander, das Sie beide bereits ein wenig in Fahrt bringt. Was genau das sein kann, ist von Typ zu Typ verschieden. Für die einen bildet es einen idealen Auftakt, miteinander tanzen zu gehen. Den Körper des Partners in seinen Armen zu spüren, das Wechselspiel von Kontrolle und Hingabe und eine anregende Atmosphäre wirken zusammen, um eine erotische Spannung zwischen Ihnen beiden wachsen zu lassen. Andere Paare holen sich ihren Appetit bei einem Restaurantbesuch oder einem romantischen Spaziergang. Wieder andere schwören darauf, beim gemeinsamen Sport so richtig ins Keuchen und Schwitzen zu geraten, bis das Herz im Leibe hämmert – was den idealen Übergang dafür darstellt, sich auf andere Weise miteinander auszutoben. Es gibt zahlreiche weitere Ideen: von der gemeinsamen Dusche bis zum gemeinsamen Betrachten eines erotischen Films.

♥   Allerdings gibt es auch Situationen, wo weniger ein Vorspiel gefragt ist als einfach eine Unterbrechung, eine Pause. Nicht jedem fällt es leicht, vom Arbeitsalltag übergangslos in sein Liebesleben zu springen. Vielleicht hilft es Ihnen, wenn Sie zwischen diesen beiden Welten eine kleine Auszeit nehmen, bei der Sie alleine sein können, um beispielsweise ein kurzes Nickerchen zu machen, eine Tasse Tee zu trinken zu meditieren oder sich eine neue CD anzuhören.

Nicht weniger wichtig als das Vorspiel ist das Nachspiel: die zärtlichen und intimen Momente, nachdem der Geschlechtsverkehr stattgefunden hat. Hier beklagen sich noch immer sehr viele Frauen darüber, dass ihr Lover sich nach dem Sex mit Küssen, Streicheln und anderen Zärtlichkeiten zurücknehme. Leider wird dieses männliche Verhalten auch manchmal überinterpretiert und so ausgelegt, als ob den Kerlen ein schneller Fick wichtiger wäre als echte Nähe und Partnerschaft. Das ist insofern ein wenig unfair, als die Reaktionen beider Geschlechter zu einem guten Teil von ihrer Biologie bestimmt werden.

Frauen haben nach dem Sex häufiger Lust auf Schmusen als Männer, weil das Gehirn nach dem Orgasmus das sogenannte „Kuschelhormon" Oxytocin produziert, das ein Bedürfnis nach Geborgenheit und Nähe erzeugt. Zwingend ist ein Orgasmus dazu gar nicht einmal erforderlich; zärtliche Berührungen, liebevolle Massagen und ähnliches reichen dafür bereits vollkommen aus. Oxytocin wird zwar in ähnlicher Weise auch bei Männern gebildet; bei ihnen hebt das Geschlechtshormon Testosteron seine Wirkung aber stark auf. Ihr Wunsch nach weiterer Nähe ist so also deutlich geringer. Stattdessen registrieren sie manchmal nur, dass ihr Kreislauf nach dem Sex heruntergeht, woraufhin sie sich sehr müde fühlen.

Im Sinne von „romantischem Sex" wäre es besser, wenn Sie diese Müdigkeit einfach überwinden – so wie man nach dem Mittagessen ja auch häufig müde wird, aber nur selten Gelegenheit zu einer Siesta hat, sondern sich stattdessen wieder an den Schreibtisch setzt. Und selbst wenn „Mann" in diesen Momenten weniger Sehnsucht nach Nähe empfindet als seine Partnerin, sollte es wohl kaum unzumutbar sein, ihr dieses Bedürfnis zu erfüllen.

Es gibt einiges, was Sie tun können, damit das Nachspiel besonders angenehm und erfüllend wird für Ihren Partner und Sie wird:

♥ Sie können einfach nur eng umschlungen nebeneinander liegen und kuscheln.

♥ Sie können miteinander reden. Aber bitte nicht in Form einer Manöverkritik, also einer Auflistung, was der andere alles „falsch" gemacht hätte. (Es gibt besser geeignete Momente, um seinem Liebsten mitzuteilen, was man stattdessen besonders gern hätte.) Und auch nicht mit schwierigen oder konfliktträchtigen Themen. Sprechen Sie über Angenehmes: Was macht Sie an Ihrem Partner an, wofür lieben Sie ihn? Was fanden Sie an ihm derart anziehend, dass Sie sich für ihn entschieden haben? Was waren die schönsten Erlebnisse, die Sie miteinander genossen haben? Welche Pläne könnten Sie für die Zukunft schmieden? Wie würde für jeden von Ihnen beiden ein Traumurlaub aussehen? Erschaffen Sie ein inneres Bild und steigen Sie so richtig hinein. Wie würde für Sie der beste Sex aller Zeiten aussehen? Hier können Sie wechselweise realistisch sein und völlig verrückt (in einem Bett auf der Spitze des Eiffelturms mit ganz Paris unter sich, in einem Kristallpalast im Feenland usw.) Was sind Ihre erotischen Lieblingsfilme und -bücher? Erzählen Sie davon.

♥ Wenn Sie sich bei leidenschaftlicher CD-Musik geliebt haben, können Sie jetzt zu einer CD mit sanfteren, verträumteren Tönen wechseln (siehe dazu das entsprechende Kapitel in diesem Buch).

♥ Sie können sich gegenseitig Passagen aus Erzählungen vorlesen, die leicht und phantasievoll geschrieben sind.

♥ Sie können beginnen herumzualbern, einander durchkitzeln oder mit einer Kissenschlacht beginnen.

♥ Sie können miteinander einen Film schauen – am besten einen, der nicht sehr erotisch, dafür aber romantisch ist: einen Wohlfühlfilm.

♥ Der Fittere von Ihnen beiden kann den anderen massieren.

♥ Sie können Ihrem Partner eine andere Geste liebevoller Zuwendung zukommen lassen; ihm zum Beispiel etwas zum Naschen, eine Tasse Tee oder ein Glas Saft ans Bett bringen. (Oft wird schon das bloße Angebot als Zeichen der Fürsorge erfreut wahrgenommen, auch wenn Ihr Partner schließlich auf seine Umsetzung verzichtet)

♥ Sie können etwas essen, um wieder zu Kräften zu kommen. Früchte und Süßigkeiten wären vermutlich besonders angebracht.

♥ Sie können das Bett verlassen und einen gemeinsamen Spaziergang an der frischen Luft unternehmen.

Küssen!

„Ein eigenes Kapitel zum Thema Küssen?" mag sich der eine oder andere von Ihnen an dieser Stelle fragen. „Werden jetzt schon Selbstverständlichkeiten erklärt? Ein Paar Lippen berührt ein anderes – was gibt es dazu sonst noch zu sagen?"

Nun ist auch Geschlechtsverkehr kein besonders komplizierter Vorgang, sondern findet sehr häufig erfolgreich statt, ohne dass man dazu unbedingt eine Bedienungsanleitung lesen müsste. Dem unbenommen geht die Zahl verschiedenster Sex-Ratgeber in die hunderte und ihre Gesamtauflage vermutlich in die Millionen. Wenigstens ein paar Seiten dem Thema Küssen zu widmen ist insofern kein Fehler. Schließlich handelt es sich dabei für viele um eine noch intimere und gefühlbeladenere Angelegenheit als Geschlechtsverkehr – nicht umsonst sind viele Prostituierte zu letzterem bereit, lehnen Küssen aber ab (oder erlauben es nur gegen Aufpreis im Rahmen des sogenannten „Girlfriendsex"). Seit Shere Hites berühmten Studie „Hite-Report: Das sexuelle Erleben der Frau" aus dem Jahr 1977 wissen wir, dass viele Frauen die Befriedigung, die sie aus Küssen gewinnen, höher bewerteten als die Befriedigung aus irgendeiner anderen Form von sexueller Aktivität. Und die Folgestudie „Hite Report: Das sexuelle Erleben des Mannes" aus dem Jahr 1981 enthüllte, dass auch sehr viele Männer über häufigeres Küssen sehr glücklich wären.

Nicht zuletzt richtet sich dieses Buch auch an Leser jüngeren Alters, die noch keine jahrzehntelange Erfahrung hinter sich haben und die vielleicht auch einmal etwas anderes als Gangbang-Techniken kennenlernen möchten.

Es gibt eine ganze Reihe grundsätzlicher Dinge, die das Vergnügen, Sie zu küssen, vergrößern können:

♥   Zunächst einmal sollten Sie dafür sorgen, dass der Kontakt mit Ihrem Mund generell eine angenehme Erfahrung ist. Dazu sollten Sie in erster Linie Mundgeruch vermeiden, den beispielsweise Zigaretten, Alkohol, Speisenreste, Zahnbelag, bestimmte Erkrankungen in der Mundhöhle und manche Medikamente verursachen können. Ob Sie Mundgeruch haben, stellen Sie am einfachsten fest, indem Sie über Ihren Handrücken lecken, den Speichel trocknen lassen und dann daran schnuppern. Wenn es deutlich sauer riecht, haben Sie ein kleines Problem. Durch Atemerfrischer wie Pfefferminzbonbons, Kaugummis oder Mundwasser können Sie den Geruch überdecken – für kaum länger als eine Viertelstunde. Sinnvoller ist es, die Ursachen zu beseitigen, auf eine gründliche Mundhygiene zu achten (mehrmals am Tag Zähneputzen und dabei auch Zahnseide oder Interdentalbürsten für die Zwischenräume verwenden) und viel zu trinken. Bei manchen tritt Mundgeruch nur phasenweise auf, beispielsweise bei Erkältungen, nach sportlichen Anstrengungen, bei leerem Magen oder kurz vor ihrer Periode. Finden Sie heraus, ob das bei Ihnen der Fall ist, denn dann wissen Sie, wann Sie beim Küssen auf wenig Gegenliebe stoßen dürften. Falls Mundgeruch bei Ihnen aber ein Dauerproblem wird, können Sie darüber mit Ihrem Hausarzt sprechen. Möglicherweise empfiehlt er Ihnen eine Umstellung Ihrer Ernährung oder ähnliche Gegenmaßnahmen.

♥   Falls Sie Lippenstift oder Labello auflegen, überzeugen Sie sich auch hier durch einen kleinen Selbsttest davon, dass er angenehm schmeckt und riecht. Aber vielleicht ist es am besten, lieber ganz auf Lippenstift und Co. zu verzichten, wenn Sie erwarten, dass es später zum Küssen kommen wird.

♥   Für Männer ist es häufig auch nicht verkehrt, sich gründlich zu rasieren. Viele Frauen törnt es ab, wenn stoppelige Barthaare über ihre empfindliche Haut reiben.

♥   Sie können vor dem Kuss durch entsprechende Lippengymnastik dafür sorgen, dass Ihre Lippen so warm, sanft und feucht sind, wie man sich das wünscht. Aber lecken Sie sich nicht direkt vor dem Kuss sichtbar die Lippen. Das sieht oft nicht sehr ansprechend aus.

♥   Wenn es der erste Kuss ist, den Sie mit dieser Person austauschen, sollten Sie dazu eine besondere Gelegenheit abwarten: entweder an einem Ort, an dem Sie beide ganz unter sich und ungestört sind, oder an einem besonders romantischen Plätzchen. Vorschläge für letzteres finden Sie in einem späteren Kapitel dieses Buchs.

♥ Viele Frauen mögen sanfte, zärtliche Küsse lieber als ungestüme, auch wenn letztere im Film besser aussehen. Küssen Sie dazu mit entspannten, leicht geöffneten Lippen. Vermeiden Sie es, Ihrem Partner dessen Lippen gegen die Vorderzähne zu pressen, nur weil Sie besonders leidenschaftlich wirken wollen. Rammen Sie insbesondere einem neuen Partner auch nicht gleich Ihre Zunge in den Rachen, weil Sie hoffen, das würde als besonders selbstbewusst oder erfahren interpretiert. Die Begegnung Ihrer beider Zungen sollte eher ein Spiel oder ein langsamer Tanz sein als eine Schlacht (wobei eine kleine Rangelei hin und wieder sicher auch reizvoll sein kann). Natürlich wird man ab und zu von echtem Verlangen hinweggefegt, aber Sie sollten doch immer noch wenigstens soviel Selbstkontrolle behalten, um sicherzustellen, dass sich Ihr Partner wohl dabei fühlt.

♥ Umgekehrt gilt selbstverständlich auch: Falls Sie auf eine Art geküsst werden, bei der Sie sich nicht wohl fühlen (beispielsweise zu früh, zu wild, zu zudringlich), dann scheuen Sie sich nicht, das auch entsprechend zurückzumelden. Sie können sich entweder ganz zurückziehen oder zeigen, wie Sie gerne geküsst werden möchten. Das liegt allein bei Ihnen.

♥ Wie auch sonst beim Sex besteht der goldene Weg auch beim Küssen weniger darin festgeschriebenen Regeln aus Ratgebern zu folgen (nicht einmal diesem hier), sondern gemeinsam mit seinem Partner herauszufinden, was beiden am meisten Lust und Vergnügen bereitet. Zwar gebe ich auf den folgenden Seiten noch eine ganze Reihe von Anregungen, aber hauptsächlich kommt es darauf an, dass Sie beide Ihre eigenen „Lieblingsmethoden" entwickeln.

♥ Eine häufige Angst beim Küssen besteht in der – manchmal berechtigten – Sorge, dass die eigenen Schmatzer als allzu feucht empfunden werden könnten. Leider gibt es keinen echten Geheimtrick, um eine Überproduktion an Speichel zu vermeiden, die häufig schlicht eine Folge von Nervosität, Unsicherheit oder Aufregung ist – außer ihn einfach herunterzuschlucken wie beim Zahnarzt. Nur dass man sich beim Küssen hoffentlich sehr viel besser fühlt ...

♥   Lassen Sie sich Zeit und setzen Sie Pausen und Verzögerungen richtig ein – beispielsweise kurz bevor Sie die Lippen Ihres Partners berühren oder bevor Sie den Kontakt wieder beenden. Dadurch bauen Sie mal Spannungen und Erwartungen auf, mal signalisieren Sie, wie schwer Sie sich von ihm und seiner Anziehungskraft lösen können. Echten Kusskünstlern gelingt es, beim intimen Gespräch immer wieder den eigenen Mund bis fast zum Kontakt an die Lippen Ihres Lovers zu bringen, die letztendliche Berührung aber immer wieder hinauszuschieben, was beide Partner immer mehr aufheizt, bis sie sich endlich beim tatsächlichen Kuss entlädt. Es kann sehr intensive Gefühle hervorrufen, die Spannung möglichst lange aufrechtzuerhalten, während man bereits den Atem seines Geliebten atmet.

♥   Die alte Streitfrage beim Küssen: Augen auf oder Augen zu? In erster Linie natürlich so, wie es Ihnen gefällt. Wenn Sie sich aber im Zweifel sind, dann schließen Sie besser die Augen. Zum einen können Sie Ihre Wahrnehmung dabei auf das Gefühl des Küssens richten und darin versinken, ohne abgelenkt zu werden. Zum anderen finden es manche Leute irritierend, wenn Sie jemanden küssen, der dabei entweder ins Leere oder aber direkt auf ihre Pickel starrt.

♥ Seien im Zweifel auch Sie derjenige, der den Kuss beendet. Sie kennen das ja von Partys: Wer nicht gleich zu Beginn auf der Matte steht und sich auch nicht erst verabschiedet, wenn die Gastgeber schon im Pyjama dasitzen, wird als Gast eher begehrt als jemand, der bis in die frühen Morgenstunden dableibt. Bei Dates ist es nicht viel anders und beim Küssen auch nicht. Bringen Sie Ihren Lover lieber dazu, sich nach mehr Kontakt mit Ihnen zu verzehren und ihn dann auch dementsprechend zu schätzen, wenn er stattfindet.

♥ Stellen Sie Nähe auch vor und nach dem Kuss her, beispielsweise durch Blickkontakt und Berührungen. Wenn Sie Ihrem Partner zu seiner Kusstechnik Komplimente machen, dürfte ihm das außerordentlich schmeicheln, und Sie sollten mit noch wesentlich mehr Geknutsche rechnen dürfen. Noch raffinierter ist es allerdings, die Komplimente gar nicht erst in Worte zu packen, sondern zum Beispiel besonders atemlos zu wirken oder ein kleines erregtes Stöhnen hören zu lassen.

♥ Üben Sie ruhig auch für sich alleine: etwa indem Sie sich Kussszenen in Filmen näher anschauen oder Ihre Zungenfertigkeit an Lutschern oder Eis am Stiel verbessern (das kann Ihnen später auch bei anderen Dingen nützen). Liebesexpertin Lou Paget schlägt sogar vor, dass Sie erproben sollten, wie es sich anfühlt, wenn Sie Ihren eigenen Körper an verschiedenen Stellen küssen. Dabei kommen Sie sich albern vor? Natürlich. Trotzdem kann diese Erfahrung hilfreich dabei sein, wenn Sie sich später in Ihren Partner einfühlen möchten.

♥ Apropos abgefahrene Ratschläge: Andrea Demirjan gibt in ihrem Buch „Kissing" den Tipp, ein noch in Papier eingepacktes Kaugummi oder Karamellbonbon in den Mund zu nehmen und es dort allein mit Hilfe Ihrer Zunge zu entpacken, um sich so eine entsprechende Finesse draufzuschaffen. Ich finde das ein bisschen übertrieben; Küssen ist schließlich keine Akrobatik. Andererseits sind Sie, wenn Sie so etwas wirklich flott hinkriegen, garantiert der Star auf Partys, und jeder überlegt sich, was Sie mit Ihrer Zunge wohl sonst noch so alles bewerkstelligen können. Das Ganze erinnert ein wenig an Audrey Horne (Sherilyn Fenn) in der Fernsehserie „Twin Peaks", die ihr Bewerbungsgespräch als Edelprostituierte bestand, indem sie einen Kirschstengel in den Mund nahm und allein mit ihrer Zunge einen Knoten hinein machte ...

♥ Ein Tipp an die männlichen Leser: Sobald Sie ein richtig erfahrener Küsser sind, können Sie auch Gesten von Leidenschaft und leichter Dominanz einsetzen, etwa indem Sie Ihre Partnerin beim Küssen durch sanften Druck dazu bringen, sich kurz nach hinten zu biegen. Dazu sollten sie beide allerdings schon gut eingespielt sein, damit das Ganze aussieht wie im Tanzfilm und nicht tollpatschig oder brutal.

Einen ausführlichen „Knigge des Küssens" präsentieren Emma Taylor und Lorelei Sharkey in ihrem „Nerve´s Guide to Sexual Etiquette"[1]. Ich stimme ihren Ratschlägen durchgehend zu und greife hier nur einmal jene heraus, die ich für am wesentlichsten halte:

♥ „Ihr Mund ist kein Schachtelteufel", warnen die beiden Autorinnen. „Also sollte nicht jedes Mal, wenn Sie ihn öffnen, automatisch Ihre Zunge herausschnellen. Folgen Sie im Zweifel dieser Reihenfolge beim Küssen: 1.) mit geschlossenem Mund, 2.) mit offenem Mund, aber ohne Zunge, 3.) mit offenem Mund mit nur Andeutungen eines Zungenspiels, 4.) voller Zungenkontakt. Ob dieser Vier-Schritte-Prozess eine halbe Stunde dauert oder dreißig Sekunden, der allmähliche Aufbau ist dem Aaah-sagen-und-Zunge-Rausstrecken als Eröffnung klar vorzuziehen."

♥ Auch in anderer Hinsicht sollten Sie besser nicht die Zügel schießen lassen, mahnen die beiden Sexpertinnen: „Nehmen Sie nicht die kürzeste Linie zu den Brüsten, dem Hintern oder dem Schoß, kaum dass Ihre Lippen einander berührt haben – insbesondere dann nicht, wenn es sich um einen ersten Kuss handelt. Es ist eine Sache, wenn Sie beide die Aufzugsszene aus ‚Fatal Attraction' ausleben. Aber es ist eine völlig andere, wenn Sie die mondbeschienene Strandpromenade entlang schlendern und bisher nichts anderes als Händchenhalten getan haben. In den meisten Fällen sollte Romantik vor ungezügelter Lüsternheit Vorrang haben. Sie werden beide den Augenblick genießen wollen, also konzentrieren Sie sich auf das Küssen." Hier sollte man allerdings doch ergänzen:

Wenn Sie beide bereits vertrauter miteinander sind, spricht nichts dagegen, aus dem Küssen eine Ganzkörpererfahrung zu machen. Je nach Ihrem Naturell und dem Ihres Partners möchten Sie sich allerdings vielleicht nicht gleich auf die primären und sekundären Geschlechtsorgane stürzen, sondern sich stattdessen zum Beispiel in das Haar Ihres Partners wühlen oder Ihre Finger über seinen Nacken oder seinen Rücken gleiten lassen.

♥ „Sich an jemanden heranzuschleichen", befinden Sharkey und Taylor schließlich, „erst recht an jemanden, den Sie noch nie geküsst haben, und ihm überraschend einen aufzudrücken, so dass er nicht schnell genug zurückweichen kann,

ist der Gipfel der Grobheit, von Verzweiflung ganz zu schweigen. Sie können allerdings Ihr Date bei der Hand nehmen, gegen eine Wand drücken und ihn leidenschaftlich küssen – so lange sie dabei auf nicht das kleinste Anzeichen des Zögerns stoßen. Dieser dreistufige Ablauf sollte Ihnen genug Zeit geben, die Reaktion Ihres Dates zutreffend einzuschätzen und nötigenfalls den Kussversuch abzubrechen. In ähnlicher Weise ist es nur dann romantisch, das Gesicht eines Menschen beim Küssen mit den Händen zu umgreifen, solange Sie ihn damit nicht lediglich davon hindern wollen, sich wegzudrehen." Wenn Ihr Partner aber gerne mitmacht, dann kann es schon sein, dass ihn das dominante Festhalten seines Kopfes zusätzlich erregt.

Sobald Sie diese grundsätzlichen Dinge drauf haben, können Sie anfangen, ein wenig zu experimentieren. Der springende Punkt hierbei ist, sich darüber klar zu werden, dass der Kuss eines geliebten und begehrten Menschen durchaus schon Teil des Vorspiels sein kann; er gehört bereits zum Sex. „Küssen ist, wenn oben einer klingelt und unten einer aufmacht" sagte Hans Werner Olm dazu, und tatsächlich finden sich Beschreibungen von Kusstechniken beispielsweise auch im Kamasutra.

Vielleicht versuchen Sie sich einmal zum Beispiel an den folgenden Techniken:

♥   Fahren Sie beim Küssen mit leicht geöffneten Lippen mit Ihrer Zungenspitze über die Haut Ihres Lovers, wobei Sie leichten Druck ausüben.

♥   Widmen Sie sich auf vielfältige Weise den Lippen Ihres Partners. Lecken Sie darüber; saugen oder knabbern Sie daran. Dann tun Sie dasselbe mit seiner Zunge. Insbesondere wenn Sie ein Mann sind, kommt es gut, wenn Sie mit Ihren Lippen ganz sanft an der Zungenspitze Ihrer Partnerin saugen, als wäre es ihre Klitoris. Die Symbolik dürfte Ihrer Liebsten nicht lange verborgen bleiben.

♥   Falls Ihnen das zu offensiv ist, möchten Sie sich vielleicht an einer Erkenntnis orientieren, die der amerikanische Kussforscher William Cane in einer Umfrage[m] herausfand. Im Gesamtbild all der von ihm zu diesem Thema befragten Frauen zeigte sich nämlich, dass es eine Stelle an ihrem Körper gab, an der Frauen wesentlich lieber geküsst werden wollten als an jeder anderen. Gemeint waren weder der Mund noch eine Stelle zwischen den Beinen, sondern – der Nacken. Volle 97 Prozent der befragten Frauen erklärten, dass sie Nackenküsse „ganz wahnsinnig" machten – ohne genau begründen zu können weshalb. Damit fanden die Damen im Nacken platzierte Küsse zehnmal häufiger erotisierend als die ebenfalls von Cane befragten Männer.

♥   Eine andere Stelle, die für erotische Kontakte ebenfalls höchst empfänglich ist, ist das Ohr. Der Effekt kommt hier wohl vor allem dadurch zustande, dass sich mehrere Sinneseindrücke, nämlich das Fühlen und das Hören, durchmischen. Wenn Sie Ihren Mund dem Ohrläppchen Ihres Partners nähern, um daran saugen oder zu knabbern, geht das schon von Natur aus nie komplett geräuschlos vonstatten. Schon Ihren (erregten?) Atem wahrzunehmen kann hierbei äußerst stimulierend wirken. Diese Wirkung können Sie noch steigern, wenn Sie dazu ein paar romantische Sätze flüstern, die einzig und allein für Ihren Partner bestimmt sind. Dabei brauchen Sie sich noch nicht einmal Gedanken über besonders gelungene Formulierungen zu machen: Wenn sie einem zärtlich ins Ohr gewispert werden, lassen einem sehr viele Sätze eine Gänsehaut über den Rücken rieseln ...

Falls Sie bei der Dame Ihres Herzens übrigens die Wahl haben, welchem der beiden Ohren Sie sich widmen, dann entscheiden Sie sich besser für das linke. Das ist direkt mit dem weiblichen Emotionszentrum im Gehirn verbunden. Bei Männern funktioniert derselbe Trick allerdings nicht; die sind in dieser Hinsicht offenbar etwas anders verdrahtet.

Für die Könner schließlich gibt es noch eine kleine Reihe besonders trickreicher Küsse:

Der Funkenflug

Diese Technik lässt nicht nur im übertragenen Sinne, sondern ganz wortwörtlich die Spannung knistern, die zwischen Ihnen und Ihrem Partner entstanden ist. Dabei stellen Sie sich einander auf einem Teppich gegenüber, während Sie keine Schuhe, sondern nur Socken tragen. Reiben sie jetzt mit Ihren Füßen wie wild über den Teppich, bis sich eine elektrische Spannung aufgebaut hat. (Bei manchen Teppichen entsteht diese wie automatisch. Wenn ich durch die Räume meiner Stadtbibliothek gehe und dort nach dem Metallgriff des Aufzugs greife, bekomme ich regelmäßig eine gewischt, obwohl ich Schuhe trage. Das ist wirklich nicht schmerzhaft; es irritiert nur.) Jetzt ahnen Sie schon, wie es weitergeht: Sie bringen Ihre Gesichter nahe aneinander und nähern dann Ihre Lippen in Zeitlupe noch näher ... näher ... bis der Funke überspringt. Wenn es im Zimmer dunkel genug ist, kann man das sogar sehen. Und sofort danach küssen Sie sich.

Besonderen Spaß, führt William Cane in seinem Buch „The Art of Kissing" (St. Martin's 1991) aus, mache der Funkenflug mit einem Partner, der nicht damit rechne. Wenn Ihr Liebster zum Bespiel einen Wollpullover trägt, bitten Sie ihn, diesen vor dem Küssen auszuziehen. Das allein sollte in den meisten Fällen für eine elektrostatische Aufladung ausreichen. Bitten Sie Ihren Lover jetzt noch vor der Begegnung Ihrer Lippen die Hände hinter den Rücken zu nehmen, damit sich diese Aufladung nicht anderweitig entlädt, und dann geben Sie ihm in der beschriebenen Weise einen hauchzarten Kuss. William Cane hat sogar von einem ausgebildeten Elektriker die verschiedenen Voltstärken der Küsse überschlagen lassen: 55 Volt waren es demnach auf einer Couch, 625 Volt auf einem flauschigen Teppich und 250 bis 4000 Volt unter einer Wolldecke. Oberhalb von 1000 Volt könne ein solcher Kuss bereits leicht schmerzhaft sein.

Sweet Heaven

Einer von Ihnen beißt vor dem Kuss ein Stück von einem Schokoriegel wie Mars oder Twix ab, der auch Karamell enthält. Wenn Ihre Zungen danach miteinander auf Tuchfühlung gehen, wird das ein unvergleichbar süßes Erlebnis – wenn auch vielleicht ein wenig klebrig. Eine Variante für Naschkatzen stellt Eiscreme dar: *Sie* nimmt zum Beispiel einen Happen Erdbeereis zu sich, *er* einen Happen Straciatella und dann begegnet man sich in einem intensiven Kuss, der kühl beginnt und immer heißer wird. Wenn Ihnen beiden so etwas grundsätzlich gefällt, dann versuchen sie es mit anderen Leckereien wie Erdnussbutter oder Honig. Führen Sie solche Experimente aber nur mit jemandem durch, mit dem Sie wirklich intim sind. Manche finden den mündlichen Austausch von Lebensmitteln nämlich ein bisschen eklig. Falls Sie oder Ihr Liebster dazugehören, können Sie das Ganze aber auch einfach eine Härtestufe herunterfahren: Schmieren Sie sich oder ihm z. B. Honig um die Lippen und küssen Sie einander dann.

Überraschung mit Pfefferminz

Wenn Sie eine weniger klebrige Variante bevorzugen, dann spülen Sie Ihren Mund direkt vor dem Date doch einmal ordentlich mit Listerine. Eigentlich soll diese Lösung, die man für wenige Euro problemlos in jeder Apotheke bekommt, dazu dienen, Bakterien abzutöten und Zahnbelag zu vermindern. Sie ist aber geschmacklich sehr intensiv, und dieser Geschmack hält auch länger als nur ein paar Minuten an. Insbesondere für einen nichtsahnenden Partner kann das ein prickelndes Erlebnis darstellen. Eine Alternative zu Listerine besteht darin, hintereinander ein paar After Eights oder andere Schokoladen-Minze-Blättchen zu verspeisen.

Früchteraten

Ein bisschen verspielt, aber lecker: Schneiden Sie sich aus verschiedenen Früchten wie Erdbeeren, Kirschen, Kiwis, Banane,

Mango oder Apfel Stücke heraus, die Sie in den Mund nehmen, ohne dass Ihr Partner sieht, um welche Frucht es sich handelt. Seine Aufgabe ist es, das beim Küssen herauszufinden. Wenn ihm das jedes Mal allzu leicht gelingt, können Sie das Spiel durch immer einfallsreichere Früchte – oder auch andere Speisen – immer schwerer machen. Natürlich können Sie mit Früchten ähnliche Überraschungen bereiten wie mit Listerine – oder sich gegenseitig durch Küsse füttern.

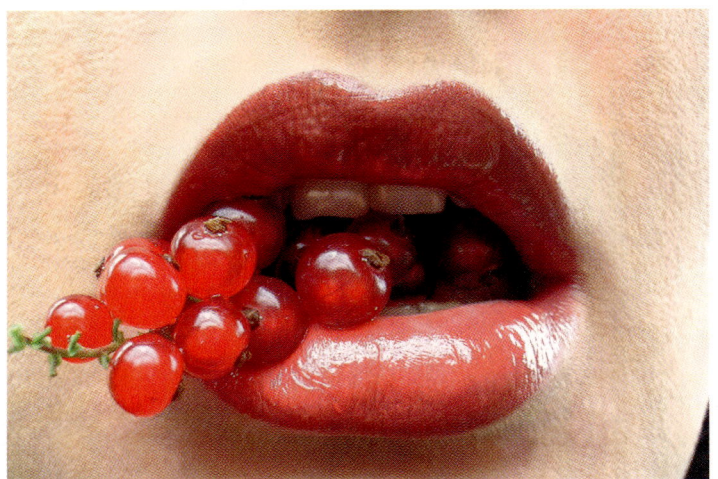

Schmetterlingsküsse
Eine in den USA relativ bekannte Technik: Sie besteht darin, dass man sein Auge sehr dicht an die Wange seines Partners führt und diese dann durch heftiges Blinzeln mit seinen Wimpern streichelt.

Dornröschen
Wenn Ihr Partner schläft oder einfach nur vor sich hindöst, nähern Sie sich ihm ganz langsam und lautlos und platzieren einen hauchzarten Kuss auf seinen Lippen. Falls er nicht erwacht, lassen Sie einen ähnlich sanften Kuss folgen, werden aber von Mal zu Mal immer heftiger. Das dürfte eine der angenehmsten Weisen sein, geweckt zu werden. (Aber tun Sie das besser wirklich nur bei Leuten, bei denen Sie sicher sind, dass sie von Ihnen geküsst werden wollen.)

Der Aufzugskuss

Kuss-Experten schwören darauf: Kaum ein Ort lässt einen Kuss zu einer körperlich intensiveren Erfahrung werden als ein Aufzug (außer vielleicht einer Achterbahn, aber wer findet davon schon eine, wenn er sie dringend braucht?). Der Grund ist naheliegend: Wenn immer sich ein Aufzug in Bewegung setzt, entsteht ein leichtes Gefühl der Schwerelosigkeit, ein ganz klein wenig so, als würde man den Boden unter den Füßen verlieren, und auch der Magen macht einen winzigen Hüpfer. Das ähnelt den Empfindungen, die man durchlebt, wenn man sich in jemanden verknallt oder jemandem begegnet, in den man verknallt ist. Koppelt man körperliche Liebesbekundungen an diese Eindrücke, dann werden sie nur noch mehr verstärkt. Je schneller sich der Aufzug bewegt (häufig in besonders hohen Gebäuden), desto größer ist der Lustgewinn. Dieser wäre nur noch durch Sex im Aufzug zu toppen, was aber wegen der Gefahr, dabei erwischt zu werden, weit problematischer durchzuführen ist als so ein harmloser Kuss.

Wettkitzeln

Wenn Sie und Ihr Partner im Zungenkuss miteinander bereits recht erfahren sind, dann können Sie einen kleinen Wettkampf daraus machen, dass Sie seinen Gaumen mit der Zungenspitze kitzeln und er den Ihren. Da der Gaumen eine der empfindlichsten Stellen des menschlichen Körpers ist, jagt das unweigerlich heißkalte Schauer durch Ihrer beider Körper. "Verlierer" ist, wer sich als erster zurückzieht, weil er diese Empfindungen nicht mehr aushält.

Die fürstliche Halskette

Hierbei wird eine ganze Reihe von Küssen dicht hintereinander gesetzt. Sie beginnt hinter einem Ohr Ihres Partners und zieht sich den Hals hinunter über das Brustbein, bis sie hinter dem anderen Ohr Ihres Lovers ihr Ende findet: eben genau so wie eine Halskette oder ein Ausschnitt fallen würde. Da die Haut an den erwähnten Stellen besonders empfindlich ist, kann eine Serie von Küssen in diesem Bereich zu höchster Verzückung führen.

Grube der Wonne

Wenn Sie Ihren Mund ohnehin gerade in Halsnähe haben,

können Sie sich auch einer erogenen Stelle widmen, die für Küsse besonders empfänglich ist: die Halsgrube, also jene kleine Vertiefung vorne am Ansatz Ihres Halses (dort wo bei Männern der Krawattenknoten sitzt). Wenn Ihr Lover auf dem Rücken liegt, können Sie das Küssen auch erweitern, indem Sie in diese Grube zum Beispiel einen winzigen Schluck Apfelsaft gießen und diesen dann halb aufsaugen und halb auflecken. Viele Menschen machen zärtliche Zungen- und Lippenberührungen an dieser Stelle halb wahnsinnig vor Lust.

Der japanische Kuss

Das ist eine weitere Technik aus William Canes bereits zitiertem Ratgeber „The Art of Kissing", die sich sehr gut in Geisharollenspiele (siehe das entsprechende Kapitel) einbauen lässt. Allerdings ist das Wort „Technik" nicht ganz treffend; es geht mehr um ein bestimmtes Verhalten, eine Art ritualisierter Schüchternheit. Zusammengefasst besteht es aus folgenden Schritten: Stellen Sie sich Ihrem Liebsten gegenüber. Beugen Sie sich ganz langsam nach vorne, ohne die Hände zu einer Umarmung zu erheben. Lassen Sie Ihre Lippen aufeinandertreffen. Seien Sie dabei sehr ernst und vielleicht ein wenig verschämt. Dann trennen Sie sich schweigend wieder voneinander, treten einen Schritt zurück und verlieren kein Wort mehr über diesen Kuss.

Faszinierend oder albern? Das werden Sie erst merken, wenn Sie es ausprobiert haben. Tatsächlich dürften die entstehenden Gefühle je nach Situation und Gegenüber unterschiedlich sein. „So seltsam es auch klingt", erläutert dazu William Cane, „der japanische Kuss dürfte einer der erotischsten sein. Das Element des Zögerns und der Zurückhaltung hat einen erregenden Effekt. Nachdem Sie mehrere Jahre lang geküsst haben, werden Sie leicht etwas übersättigt und abgestumpft. Nichts scheint mehr wirklich neu zu sein. Küssen verliert seinen Reiz und seinen Zauber. Aber das liegt vielleicht daran, dass Sie immer nur weiter voranschreiten wollen, statt einfach wieder einen Schritt zurück zu machen und jungfräulich an diese Sache heranzugehen."

Nach all diesen Tipps, Techniken und Experimenten bleibt für mich allerdings eine der spannendsten Fragen: Wie schaffe ich es eigentlich, jemanden, dem ich bislang nicht körperlich nahe gekommen bin, zum ersten Mal zu küssen? Wieder könnte ich mir hier vorstellen, dass hier einige Leser zurückfragen: Ergibt sich das nicht ganz von selbst? Es ist wunderbar, wenn das bei Ihnen der Fall ist, aber gerade bei unerfahrenen Menschen trifft das überhaupt nicht zu. So habe ich für mein Buch „Unberührt" eine ganze Reihe von Menschen teils jenseits der dreißig interviewt, die mir sagten, eine der größten Hürden für sie sei, dass sie nicht einmal in ihrer gedanklichen Vorstellung die Kluft überwinden könnten zwischen „Ich unterhalte mich mit einem Menschen, den ich attraktiv finde" und „ich tausche mit diesem Menschen zärtliche, erotische Berührungen aus." Hier steht häufig auch die Angst im Weg, in eine peinliche Situation zu geraten, in der man bei dem Versuch des Küssens nicht auf Gegenliebe stößt, sondern zurückgewiesen wird, also förmlich mit bereits gespitzten Lippen in der Luft hängen gelassen wird. Viele Menschen schrecken wegen dieser Vorstellung davor zurück, auch nur den Versuch zu wagen.

Dieses Problem wird in mehreren Kussratgebern behandelt, und während die Art der Darstellung sehr schwankt, läuft es inhaltlich immer auf dasselbe hinaus: auf einen Prozess der, sagen wir, schrittweisen Eskalation, der immer dann abgebrochen oder zurückgenommen werden kann, sobald er nicht erwidert wird.

Das Ganze kann dann etwa so ablaufen:

♥   Sie begeben sich in die unmittelbare körperliche Nähe des begehrten Menschen, stellen sich beispielsweise dicht neben ihn oder ihm gegenüber. Wir haben normalerweise eine persönliche „Schutzzone", in die wir nur Leute hineinlassen, die wir sehr mögen. Wenn Ihr Wunschpartner jetzt einen Schritt zurück macht, um die für ihn notwendige Distanz wieder herzustellen, dann brechen Sie alle weiteren Versuche ab und versuchen es vielleicht bei einer anderen Gelegenheit noch einmal. (Lässt derjenige Sie niemals nahe genug an sich herankommen, vergessen Sie alle weiteren Pläne mit ihm.)

♥ Lässt er Sie gewähren, machen Sie mit „zufälligen" Berührungen weiter: bei der Unterhaltung, beim Gehen, wann auch immer. Vergrößert er daraufhin den Abstand, dann halten Sie sich mit weiteren Versuchen, intimeren Kontakt herzustellen, erst mal wieder zurück.

♥ Der nächste Schritt besteht darin, Augenkontakt mit Ihrem Wunschpartner herzustellen, während Sie ihm so nahe sind. Ist ihm so viel Nähe unangenehm, ziehen Sie sich wieder zurück, um ihm eventuell mehr Zeit zu geben. Lässt er sich aber darauf ein ...

♥ ... können sie jetzt eindeutig erotisch gefärbte Signale riskieren. Berühren Sie ihn beispielsweise spürbar absichtlich, lassen Sie Ihre Augen sehnsüchtig über seine Lippen schweifen oder was immer Ihnen sonst in den Sinn kommt.

♥ Der letzte Schritt ist dann der Kuss.

Wie gesagt: Für viele – insbesondere jene, die in ihrer Pubertät kein Kind von Traurigkeit waren – ist dieser Ablauf vermutlich so in Fleisch und Blut übergegangen, dass sie es seltsam finden, wenn er hier noch einmal nach Art einer Gebrauchsanweisung oder eines Schachspiels Schritt für Schritt erklärt wird. Viele andere sind aber vollkommen hilflos, wenn Sie einem begehrten Menschen näherkommen wollen. Für sie kann diese Aufschlüsselung sehr hilfreich sein.

Zum Abschluss dieses Kapitels noch ein besonderer Tipp: Wenn Ihnen all diese Ratschläge auf dem Papier nicht anschaulich genug sind, können Sie sich kurze Filme mit Erklärungen zum Thema „Besser küssen" auch über das Internet ansehen. Die Website www.videojug.com trägt das Motto „Life Explained on Film" und enthält in der Kategorie „Love & Sex" auch mehrere Clips zu der Frage „Wie man jemanden leidenschaftlich küsst"[1], „Wie man kreativ küsst" oder „Wie man nach einem Date einen Gutenachtkuss" gibt. Natürlich werden auf dieser Website auch viele andere wichtige Fragen behandelt (zum Beispiel: Wie löst man einen BH mit einer Hand? Wie zieht man ein Kondom über? Wie verbirgt man eine ungewollte Erektion? und Wie zieht man eine Frau mit seinen Zähnen aus?). Bezeichnend allerdings ist, dass unter allen Beiträgen die Frage „Wie man jemanden leidenschaftlich küsst" in den Charts dieser Site die Spitzenposition einnimmt.

---

1   Diesen Beitrag findet man unter
http://www.videojug.com/film/how-to-kiss-someone-passionately

Liebe geht durch den Magen

Einen weiteren Aspekt des „Vorspiels vor dem Vorspiel" kann ein gemeinsamer Restaurantbesuch darstellen. Ein gemeinsames Erlebnis in gediegener Atmosphäre, die sich an mehrere Sinne zugleich richtet, bereitet eben auch auf anderer Ebene auf große Sinnesfreuden vor.

Bei den folgenden Tipps orientiere ich mich unter anderem an Wolfgang Faßbenders Ratgeber „50 einfache Dinge, die Sie über Restaurantbesuche wissen sollten". Faßbender ist ein langjähriger Profi, was journalistisches Schreiben über die Gastronomie betrifft; und sein lesenswertes Buch enthält viele wirklich gute Ratschläge. Ich habe mich einmal auf jene konzentriert, die mit dem Thema dieses Buches zu tun haben und die Tipps dort thematisch angepasst, wo es notwendig war.

♥   Bringen Sie durch Restaurantführer oder mithilfe des Internets frühzeitig in Erfahrung, welche Lokalitäten sich besonders gut für ein romantisches Stelldichein eignen. Nehmen Sie sich die Zeit, bei denjenigen Gaststätten einmal vorbeizuschauen, die in Ihre engere Wahl gekommen sind. Würden Sie und Ihre Begleiterin sich dort wirklich in jeder Hinsicht wohlfühlen? Sind die Beleuchtung und der Geräuschpegel angenehm? Stehen die Tische weit genug auseinander, dass Sie beide ungestört eine private Plauderei führen können? Gibt es ein Panoramafenster mit einer besonders schönen Aussicht? Können Sie schon einen Tisch ausmachen, an dem Sie am liebsten sitzen würden, so dass es klug wäre, ihn sich reservieren zu lassen? Vielleicht möchten Sie auch erst einmal solo probieren, wie gut das Essen schmeckt. Denken Sie dabei aber auch an die Vorlieben Ihres Partners. Vielleicht hat er ja schon ein Lieblingsrestaurant? Wenn Sie besonders auf Nummer sicher gehen wollen, lohnt es sich oft, vertrauenswürdige Bekannte zu fragen, ob sie ein Restaurant empfehlen können, das sich für einen romantischen Abend eignet und gleichbleibend hohe Qualität bietet.

♥   Vielleicht befürchten Sie, dass häufigeres Essengehen als Appetitanreger für die Stunden danach aus Kostengründen nicht möglich ist. Aber hier lässt sich schon durch die geschickte Auswahl einiges sparen – etwa, indem Sie kein Lokal auswählen, das besonders seltene Kostbarkeiten anbietet, sondern eines, das für seine Umgebung typisch und deshalb entsprechendem Konkurrenzdruck ausgesetzt ist: etwa Fisch an der Küste und Wein an Rhein und Mosel. Familiäre Betriebe sind kostengünstiger als solche, bei denen der Besitzer jeden Mitarbeiter streng nach Tarif bezahlen muss. Mittags fällt die Rechnung oft weniger teuer aus als am Abend, weil zu dieser früheren Tageszeit die Zahl der Gäste in der Regel weit niedriger ist. Da die Küche aber wegen der Vorbereitung auf den Abend ohnehin geöffnet haben muss, wäre es für den Inhaber unsinnig, sein Lokal in dieser Zeit zu schließen, und er bewirtet seine Besucher lieber günstiger.

Draußen auf dem Lande schließlich speist man nicht nur preiswerter als in der Stadt, auch die Kosten für eine Übernachtung liegen hier deutlich niedriger. Das kommt Ihnen entgegen, wenn Sie Ihr Miteinander-Essen-Gehen zu einem lustvollen Aufenthalt über Nacht oder übers Wochenende ausbauen möchten. Von den leidigen Parkplatzproblemen der Citys bleiben Sie gleich völlig verschont.

♥ Unterschätzen Sie aber auch den Sparfaktor bei Gourmetlokalen nicht. Faßbender erklärt dazu: „Viele sogenannte Feinschmeckerrestaurants sind nicht nur ihren Preis wert, sie bieten in vielen Fällen ein weit besseres Preis-Leistungs-Verhältnis als der amerikanische Fast-Food-Laden um die Ecke oder die ach so schicke Szenebar. Mehr noch: Einige der angesehensten Restaurants Deutschlands machen keinen einzigen Cent Gewinn: Hier bekommt der Gast mehr, als betriebswirtschaftlich überhaupt zu verantworten wäre." Das gilt insbesondere dann, wenn die entsprechende Lokalität das Aushangsschild für ein Unternehmen ist, also dafür sozusagen Werbung mache.

Das kann ich von meiner eigenen Erfahrung nur bestätigen. Ich erinnere mich beispielsweise an ein Abendessen im Wiesbadener Nobelrestaurant „Schwarzer Bock": Zum Einstieg wurden vom Haus drei verschiedene Brotsorten (Vollkorn, Nuss, Weißbrot) gereicht, alle noch ofenwarm und mit leicht gesalzener Butter, gefolgt von einer französischen Käsesuppe als Appetitanreger. Als Vorspeise wählte ich gebeizten Lachs mit Mango-Chutney, zum Hauptgericht Riesenshrimps mit Paprika, Zwiebeln, Pilzen und Knoblauchbrot und als Nachtisch eine Honigkokos-Mousse mit Erdbeeren. Alles war superlecker, eine einzige Ekstase von Anfang bis Ende, die Atmosphäre zwischen Gemälden modernster Kunst und einem Ausblick in den jahrhundertealten, efeuumrankten Innenhof höchst angenehm, das Personal überaus freundlich und eilfertig, ohne aufdringlich zu sein. Und vom Preis her war es kaum teurer als der Thailänder, den ich normalerweise besuchte.

Machen Sie sich doch einfach mal schlau: Immer mehr Restaurants veröffentlichen ihre Speisekarten, natürlich samt Preisen, im Internet. Auf diese Weise können Sie sich leicht vorab informieren, ob ein lukullisches Festmahl für zwei durchaus noch im Rahmen des Erschwinglichen wäre.

♥ Falls Sie nach dem Restaurantbesuch noch etwas vorhaben, sei es ein romantischer Spaziergang oder eine ausgedehnte Liebesnacht, würde es Sie ärgern, wenn Sie immer wieder stundenlang auf die Bedienung warten müssten. Planen Sie besser entsprechend voraus und besuchen Sie die Gaststätte Ihrer Wahl nicht ausgerechnet dann, wenn Sie damit rechnen dürfen, dass sie auch von hunderten anderer Leute geflutet wird – beispielsweise ein Ausflugslokal am er-

sten Tag, an dem endlich mal wieder die Sonne so richtig vom Himmel lacht. Am meisten Chancen, angenehm verwöhnt zu werden, haben Sie, wenn Sie Ihren Besuch so geschickt timen, dass Sie genau dann auf der Türschwelle stehen, wenn das entsprechende Restaurant öffnet – beispielsweise Punkt 19 Uhr. Dann können Sie die Ruhe im Speiseraum ebenso genießen wie einen Service und eine Küche, die sich alleine um ihre Wünsche kümmern. Und der Kellner hat genügend Zeit, Sie ausführlich zu beraten.

Denselben Vorteil ungestörter Zweisamkeit – bis auf die freundlichen Aufmerksamkeiten des Service – genießen Sie, wenn Sie Restaurants an Wochentagen besuchen, an denen ohnehin wenig los ist. Hier rangiert der Montag an der Spitze, gefolgt vom Dienstag und dann vom Sonntag. Zusatzbonus: Der Koch kann sich ganz auf die Zubereitung Ihres Lieblingsmenüs konzentrieren.

Allerdings sollte man sich nicht unter Zeitdruck zu setzen, indem man etwa für gleich nach dem Essen einen Kino- oder Theaterbesuch plant. Der Zwang, pünktlich zu sein, nimmt dem Abend viel von seinem romantischen Flair.

♥ Sie möchten nicht nur einfach etwas Feines essen, sondern auch einen Ausblick auf den See, den Wald oder den Sonnenuntergang genießen, der Sie für die Stunden nach dem Mahl so richtig in Stimmung versetzt? Oder Sie möchten zumindest sichergehen, dass Sie nicht einen Tisch in der Nähe der Küche, der Toiletten oder der Eingangstür erhalten, so dass Sie von Lärm, Zugluft, ständigem Trubel und aufdringlichen Gerüchen verschont bleiben? Die entsprechende Reservierung des begehrten Tisches ist kein Problem, wenn sie rechtzeitig stattfindet. Man sollte sie sich aber besser ausdrücklich bestätigen lassen, warnt Faßbender, „und zwar von der richtigen Person. So manche Reservierung ist schon im Kompetenzwirrwarr eines Restaurants untergegangen, die von der Aushilfe weitergereichten Nachrichten gingen auf dem Weg zum Oberkellner verloren." Falls Sie allerdings schon vor dem Restaurantbesuch miteinander kuscheln wollen, darüber jeden Sinn für Zeit und Raum verlieren und plötzlich erschreckt feststellen, dass Sie es gar nicht mehr rechtzeitig zu Ihrer Reservierung schaffen werden (oder es gar nicht mehr schaffen wollen, weil es doch so himmlisch ist zu zweit im Bett), dann nehmen Sie am besten rechtzeitig Kontakt mit dem Restaurant auf. Damit vermeiden Sie möglicherweise einigen Ärger und können ein paar Wochen später problemlos erneut einen Tisch buchen. Sie müssen Ihrem Ansprechpartner ja nicht im Detail schildern, was genau Sie jetzt so lange aufgehalten hat ...

♥ Damit die Stimmung stimmt, ist aber nicht nur die richtige Umgebung von Bedeutung, sondern auch das richtige Outfit. Wenn Sie sich in einem feinen Restaurant in Jeans und Schlabberpulli kleiden, zerstören Sie einiges an Atmosphäre, fühlen sich womöglich wie ein Fremdkörper und „selbst ein erstklassiger Oberkellner" dürfte, wie Faßbender schreibt, „den nachlässig gekleideten Gast zunächst in seiner ganz persönlichen Hierarchie ans untere Ende" stufen. Und das möchten Sie vermutlich nicht. Eine Krawatte ist zwar niemals Pflicht, aber beispielsweise ein Jackett wäre nett.

♥ Dem Aufbau einer anregenden Stimmung dürfte es darüber hinaus dienen, wenn Sie bei der Konversation am Tisch schwere Themen wie Politik, Krankheiten und Alltagssorgen, Stress bei der Arbeit und nervige Verwandte vermeiden. Konzentrieren Sie sich lieber auf leichte, sinnlich anregende Themen wie interessante Bücher oder Filme (insbesondere wenn diese einen erotisierenden Inhalt besitzen), leckere Speisen und Getränke sowie Sexualität und Erotik. Sprechen Sie lieber über positive Aspekte als über negative; erwähnen Sie also beispielsweise, was Ihnen an diesem Restaurant gefällt, statt darüber herumzunörgeln, was Ihnen weniger zusagt oder wie schwierig es war, dieses Date zu arrangieren. Angenehm ist es auch, wenn Sie Ihren Partner in den Vordergrund rücken statt sich selbst: Wie war sein Tag, welche Pläne hat er, welche Ideen gehen ihm durch den Kopf, wofür interessiert er sich gerade?

♥ Wenn der Restaurantbesuch Teil eines besonders ausgedehnten Vorspiels sein soll, wollen Sie ja nicht nur lecker essen, sondern haben danach noch etwas vor, was durchaus in den Bereich körperlicher Betätigung hineingeraten kann. In diesem Fall wäre Ihnen zu raten, sich die Wampe besser nicht dermaßen vollzuschlagen, dass Sie sich danach kaum noch rühren können. Glücklicherweise servieren viele gute Restaurants anstandslos auch halbe Portionen, wofür sie häufig nur etwas mehr als die Hälfte des Preises berechnen. Sie können sich jederzeit danach erkundigen, ohne sich seltsam zu fühlen. Nur bei einer halben Pizza habe ich so meine Zweifel.

♥   Genauso wenig gilt es selbst im Dreisternelokal als schlechtes Benehmen, wenn die Dame vom Teller ihres Tischherrn kostet (oder umgekehrt) oder beide sogar die Teller tauschen. Natürlich sollte das möglichst dezent geschehen und nicht in gegenseitige Fütterorgien ausarten – die genießen Sie besser in Ihren eigenen vier Wänden. Solange Sie aber nicht die Aufmerksamkeit der anderen Gäste auf sich ziehen, ist das gegenseitige Schnabulieren durchaus erlaubt. „Lassen Sie sich auf keinen Fall von eventuell missbilligend schauenden Kellnern beeindrucken", befindet Wolfgang Faßbender in diesem Fall knallhart: „Schließlich zahlen Sie das Essen und sein Gehalt!"

♥   Wenn Sie bereits während Ihres Restaurantbesuchs ein wenig in Stimmung geraten wollen, spricht nichts dagegen, unter dem Tisch ein wenig miteinander zu füßeln – solange niemand anderes etwas davon mitbekommt. Allzu sehr möchten fremde Leute nicht in Ihr Liebesleben einbezogen werden.

♥   Sie haben gemeinsam eine Flasche Wein angebrochen und möchten den Inhalt weder verkommen lassen, noch zu Ende austrinken, weil Sie (vermutlich zu Recht) befürchten, danach zum Genuss ausgiebiger Liebesspiele nicht mehr in der Lage zu sein? Lassen Sie sie sich einfach einpacken! „Auch im Dreisternerestaurant", heißt es bei Wolfgang Faßbender, „ist der Service mehr denn je darauf eingerichtet, Korken für den Transport vorrätig zu halten. Einige Lokale bieten sogar ausdrücklich an, Weinreste sorgfältig verpackt für den Heimtransport vorzubereiten." Diese Reste können Sie dann während oder nach Ihren Stunden der Zweisamkeit weit unbeschwerter genießen.

♥   Es gibt auch Paare, die darauf schwören, den Restaurantbesuch nicht als Teil des Vorspiels einzubauen, sondern *erst* Sex miteinander zu haben und *dann* den Rest ihres Dates zu genießen. Das kann reizvoller sein, als es sich für viele zuerst anhören mag. Der sexuelle Druck und die Erwartung sind erst mal aus dem Weg, und man kann sich stattdessen vollkommen auf den Genuss des Augenblicks mit all seinen Zärtlichkeiten konzentrieren.

♥   Wenn Sie einen besonders guten Draht zu Ihrem Kellner aufbauen können (oder ein besonders großzügiges Trinkgeld versprechen), sollte es auch möglich sein, seine Mithilfe bei kleinen romantischen Überraschungen zu erhalten: Sei es ein in Ihre Speisekarte eingefügter Liebesbrief, sei es ein kleines Geschenk oder ein Strauß Blumen, den Ihr Kellner gemeinsam mit der Vorspeise oder dem Nachtisch überreicht. Es ist sicherlich auch möglich, ihn über die CD-Anlage des Restaurants die romantische Lieblingsmusik Ihres Partners spielen zu lassen, während Sie speisen. Deutlich aufwändiger und nicht immer von Erfolg gekrönt, wäre der Versuch, Kontakt mit der Küche aufzunehmen, um ganz spezielle Gerichte für Ihren Lover durchzusetzen.

♥   Ein Erlebnis der besonderen Art bieten die sogenannten Dunkelrestaurants, die man in Städten wie Berlin, Köln, Frankfurt am Main, Basel und Zürich findet und die so anspielungsreiche Namen wie „Blinde Kuh", „Unsicht-Bar" und „Taste of Darkness" tragen. Weil in diesen Lokalen sämtliche Fenster millimetergenau abgedeckt sind und jegliche Form von Beleuchtung bis hin zu Uhren und Handys verboten ist, ist es darin zappenduster. Sehbehinderte oder Blinde dienen als Kellner und tragen den Besuchern entweder mündlich vor, welche Speisen sich im Angebot befinden, oder servieren ein Überraschungsmenü. Der Reiz für Sie als Paar: Wenn Ihr Gesichtssinn ausgeschaltet ist, können Sie sich umso besser auf Ihre anderen Sinne konzentrieren – und außerdem können Sie einander beim Warten auf den nächsten Gang zärtlich berühren, ohne dass es jemand der anderen Gäste mitbekommt. Wäre das nicht einmal ein Blind Date der ganz besonderen Art? Buchen können Sie ein solches Erlebnis auch per Internet.

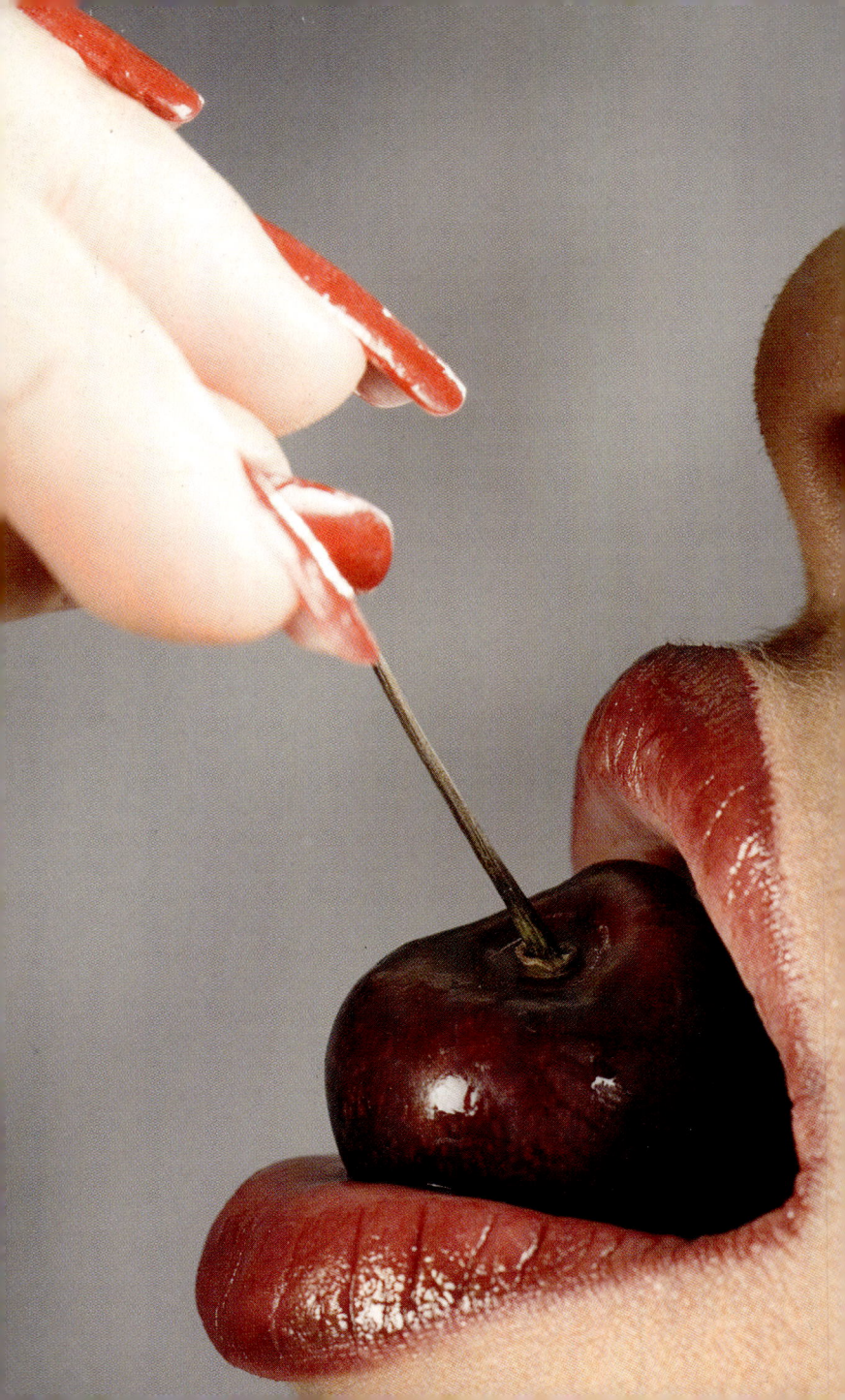

Erotisches Dinner zu zweit

So schön ein Restaurantbesuch zu zweit auch ist: Viele genießen es mindestens ebenso sehr, miteinander ein zwangloseres Dinner zu Hause zu genießen – was den besonderen Vorteil hat, dass der Weg vom Tisch zum Bett nicht besonders weit ist.

Auch für ein Gelingen solcher intimer Abende in den eigenen vier Wänden gibt es eine ganze Reihe brauchbarer Tipps:

♥ Bringen Sie Ihr Zuhause vor dem entsprechenden Abend so sehr in Ordnung, wie Sie das für nötig halten. Wenn Ihnen erst ein paar Stunden vor dem eigentlichen Treffen einfällt, dass Sie ja erst noch einiges aufräumen müssten, bringt das Sie und Ihre Planung vermutlich völlig aus dem Tritt.

♥ Nehmen Sie sich nicht zu viel vor. Es ist verständlich, dass Sie das Objekt Ihrer Begierde mit Ihren Kochkünsten beeindrucken möchten. Fehl am Platz wäre dennoch ein hoher Anspruch und ein Perfektionismus, der Sie äußerst gestresst und unentspannt werden lässt, wenn der Abend endlich beginnt. Entscheiden Sie sich im Zweifel lieber für ein einfaches Rezept, das Sie aus dem Effeff beherrschen, statt sich so sehr unter Erfolgsdruck zu setzen, dass es in Ihnen jede Stimmung killt. Wenn Sie den halben Abend in der Küche verbringen müssen oder wenn das Risiko zu groß ist, dass Ihnen ein Gericht misslingt und Sie den Rest des Abends darüber frustriert sind, entscheiden Sie sich lieber für etwas Einfacheres. Probieren Sie ruhig auch einmal alleine, ob jeder Griff sitzt oder ob Sie ins Trudeln geraten, und laden Sie zum Verköstigen danach Ihren besten Freund oder Ihre beste Freundin ein: Als eine kleine Generalprobe sozusagen.

♥ Falls völlig unerwartet alle Stricke reißen, hilft es (auch schon für die armen strapazierten Nerven), wenn Sie einen „Plan B" in der Hinterhand haben, wie Sie beide trotz eines überraschenderweise misslungenen Mahls einen tollen romantischen Abend miteinander erleben können. Zum Beispiel könnten Sie sich vorab ein hübsches Restaurant als Ausweichidee aussuchen und sicherstellen, dass es geöffnet hat, oder den Veranstaltungskalender Ihres Stadtmagazins nach attraktiven Angeboten durchstöbern. Auf diese Weise glänzen Sie damit, dass Sie so leicht kein Debakel aus der Ruhe bringt.

♥   An dem Abend, den Sie für Ihren Partner reserviert haben, können Sie aber auch mit ihm gemeinsam in der Küche tätig werden, statt dass Sie sich alleine abschuften und ihn bedienen. Unromantisch? Von wegen: Gemeinsam Herausforderungen zu bestehen schweißt Paare zusammen.

♥   Vielleicht möchten Sie sich etwas aufreizender als sonst zurechtmachen, wenn Sie das Essen kochen – oder servieren? Als Frau können Sie zum Beispiel ein Dienstmädchen-Outfit mit superkurzem Röckchen tragen - oder nackt bis auf die Schürze sein. Letzteres steht Ihnen vielleicht auch als männlichem *chef de cuisine*. Oder möchten Sie sich doch lieber in einen todschicken Abendanzug werfen, von dem Sie wissen, dass Ihre Liebste Sie darin so unwiderstehlich findet? Sprechen Sie solche Späße aber lieber vorher ab, damit Ihre Liebste nicht in Jeans und Flauschpulli aufkreuzt, woraufhin Sie sich mit Ihrem Anzug für den Rest des Abends overdressed fühlen.

♥   Sie können überhaupt nicht kochen und fühlen sich deshalb bei diesem Kapitel etwas ausgegrenzt? Müssen Sie nicht! Machen Sie in der Zeit, in der Sie normalerweise geplant, eingekauft und gekocht hätten, ein paar Überstunden und schauen Sie mit dem dabei verdienten Gehalt bei einem Feinkostladen oder Partyservice vorbei. Dort können Sie sich nach Herzenslust ein Buffet für zwei Personen ganz nach Ihrem Geschmack zusammenstellen lassen und werden noch dazu fachkundig beraten. Als Alternative können Sie vielleicht mit Ihrem Lieblingsrestaurant eine Zusammenstellung ausmachen, die Sie dann nur noch ofenwarm nach Hause zu transportieren brauchen. Beides ist nicht ganz billig und immer noch mit einem Minimum an Umständen verbunden, schlägt aber die Ofenpizza von Dr. Oetker um Längen.

♥   Ideal ist es in jedem Fall, wenn Sie das Fertig-Werden des Essens so timen, dass Ihnen vor der Mahlzeit noch Gelegenheit bleibt, Ihren Gast in Ruhe ankommen zu lassen und mit ihm eine Kleinigkeit zu trinken. So können sie erst mal warm miteinander werden, statt sich gleich an die Futterkrippe zu stürzen wie im Schnellimbiss.

♥ Eine wichtige Regel lautet, dass Sie nur leichte Speisen zu sich nehmen sollten, statt zu völlern. Wenn Sie sich nach dem Essen satt und schwer fühlen, werden Sie kaum mehr in der Laune für ausgiebige Liebesspiele sein. Auch Hülsenfrüchte können zu Nachwirkungen führen, die romantische Gefühle eher sabotieren. Was hingegen Chili, Curry oder gar Knoblauch angeht - nun ja, solange Sie *beide* davon essen, dürften diese Gewürze beim Küssen kein Hindernis darstellen.

♥ Ein Gaumenkitzel, der sich hingegen besonders anbietet, sind verschiedene Sorten Obst. Dabei kann es eine besonders reizvolle Erfahrung sein, wenn Sie sich nicht auf Früchte beschränken, die Sie beide ohnehin schon zu Genüge kennen, sondern solche auswählen, die Sie an diesem gemeinsamen Abend zum ersten mal probieren: beispielsweise Renekloden, Tamarillos (vorher zuckern), Kakis und Karambolen. Lagern Sie exotische Früchte aber nicht im Kühlschrank: Sie vertragen zu große Kälte nicht.

♥ Denken Sie darüber hinaus an den Ratschlag, den ich in diesem Buch an anderer Stelle ausführlicher erläutere: Alkohol sollten Sie nur in Maßen genießen. Das muss aber keinesfalls auf Kosten der Stimmung gehen. Beispielsweise können Sie sich alkoholfreien Wein oder Sekt (manchmal als Bio-Wein und Bio-Sekt bezeichnet) besorgen oder Fruchtsaft mit Sprudel mischen, wenn es Ihnen wichtig ist, dass das Getränk in Ihrer Hand so richtig perlt.

♥ Zu einem romantischen Dinner daheim gehört im Idealfall genauso ein Ansprechen sämtlicher Sinne wie zu den anderen Elementen von romantischem Sex. Für Geschmacks-, Geruchs- und Tastsinn haben Sie vermutlich schon durch die Auswahl der Speisen gesorgt. Fehlt nur noch angenehmes Kerzenlicht für die Augen und sanfte Musik für die Ohren ...

♥ Sie wissen nicht, welche Musik Sie als sanfte Untermalung unterlegen sollten? Geradezu perfekt für diese Gelegenheit geeignet ist die Doppel-CD-Reihe „Das perfekte Dinner", auf der passende Songs mit umsichtiger Hand zusammengestellt worden sind. Oder Sie orientieren sich an dem Kapitel über romantische Musik in diesem Buch.

♥   „Da weiße Tischtücher z. B. in Privathaushalten nahezu ausgestorben sind", verraten die Autoren des Buches „First Date", „sorgen sie da, wo sie auftauchen, in der Regel schon für eine außergewöhnliche Atmosphäre und sind dabei von einer Schlichtheit, die nicht zu übertrumpfen ist." Dazu gehört natürlich auch ein entsprechend dezentes Gedeck – also eher keine Teller und Gläser mit Donald Duck oder Bart Simpson darauf.

♥   Apropos Gedeck: „Mittlerweile gibt es für ein paar Mark eine sensationelle Auswahl", verrät Gabriella Moliné. „Bei Ikea oder Leonardo zum Beispiel gibt es unglaublich günstige, superschöne Geschirre, schlichte, große Teller, auf denen die Speisen außerordentlich dekorativ angerichtet werden können." Moliné empfiehlt, sich entsprechend einzudecken, wenn man ein mehrgängiges Menü plant, damit man das romantische Beisammensein nicht durch Spüleinlagen unterbrechen muss: „Also jeweils zwei riesengroße Platzteller (auf denen man übrigens sehr dekorativ Nachspeisen servieren kann), zwei Exemplare der nächstkleineren Version für die Hauptspeise; eventuell zwei noch kleinere Ausgaben fürs Zwischengericht. Falls Sie möchten, legen Sie sich vielleicht noch zwei nicht zu tiefe Suppenteller zu, die sind auch für Salate gut geeignet." Und auch was Gläser betrifft, weiß Gabriella Moliné Bescheid: Diese sollten blitzblank geputzt sein, um den Kerzenglanz entsprechend widerzuspiegeln, außerdem „rank und schlank, anmutig wie eine Gazelle und mit sexy langem Stiel." Wenn man ein solches Glas ebenso beiläufig wie zärtlich mit den Fingerspitzen liebkose, könne man damit so manche Frau in den Wahnsinn treiben. Moliné: „Sinnvoll sind auf jeden Fall hohe Champagnergläser (keine Schalen, die sind tantenmäßig und obendrein verfliegt das Bouquet in Null Komma nix.)" Als empfehlenswert gelten darüber hinaus „Weiß- und Rotweingläser und eventuell noch ein schlichtes hohes Wasserglas, welches notfalls auch für Cocktails geeignet ist." Die Gläser werden natürlich nicht unholdig bis zum

Rand gefüllt, sondern nur leicht, weil dies das Getränk wertvoller erscheinen lässt. Als zusätzliche Tischdeko sind großzügig verteilte Rosenköpfe oder -blätter kein Fehler. Wozu Moliné ergänzt, man solle „die Rosen erst kurz vor dem Eintreffen der Angebeteten köpfen, dann halten sie den Abend länger durch. Und wenn Sie schon mal für später am Abend üben wollen: Falten Sie die Knospen mit zarten Fingern ein wenig auseinander, um sie zu öffnen. Notfalls können Sie sie auch in einer Glasschale mit Wasser schwimmen lassen, dann halten sich die Blüten länger."

♥   Aber kehren wir noch einmal kurz zurück zur Präsentation der Gläser, denn dazu hat Marcus Taeschner noch einige coole Ratschläge parat: „Vereiste Gläser sehen toll aus, gar keine Frage. Tiefkühlfach auf – Glas rein – Tiefkühlfach zu – warten. Easy! Spektakulär dagegen (...) sind Gläser im Eismantel: Dafür stellt man ein kleineres Glas in ein größeres Glas oder eine Schüssel, füllt das große Gefäß mit klarem Wasser, crushed-ice oder Schnee und lässt es in der Gefriertruhe hart gefrieren. Vor dem Servieren kurz antauen, füllen, fertig. (...) Trinkhalme nicht vergessen!" Und was das Dekorieren eines Glases angeht: „Plastikspießchen mit Dosen-Ananas und Cocktailkirsche gibt es auch in der Kneipe. Aufregender wirkt Ungewöhnliches und Kreatives am Glasrand: herbe Apfelspalten an einem säuerlichen Drink, Feigenhälften, Pflaumen und Passionsfrucht an einem süßen. Wenn die Gläser zu zierlich sind, darf man ruhig auf einem kleinen Tablett oder Tellerchen auch größere Früchte appetitlich um den Drink anrichten. Wieso eigentlich immer Obst? Wie wäre es mit zarten Rosen, Kirsch- oder Apfelblüten?"

♥   Schlingen Sie Ihr Essen nicht einfach nur in sich hinein, sondern unterhalten Sie sich darüber: wie lecker es ausschaut, wie appetitanregend es duftet, wie köstlich es schmeckt. Schildern Sie Ihrem Liebsten, was genau Sie schmecken und woran Sie das erinnert. Auf diese Weise können sie sich gegenseitig dabei helfen, Ihre Sinne zu schärfen.

♥   Es gibt eine ganze Reihe von Speisen, denen man eine aphrodisierende, also lustanregende Wirkung nachgesagt hat – von Spargel über Austern bis zu Lakritze. Wann immer man allerdings versucht hat, einen solchen Effekt nachzuweisen, war das Ergebnis negativ – zumindest, was die rein biologische Ebene angeht. „Kein Aphrodisiakum hat (...) dauerhaft die Hoffnungen erfüllt" kann man hierzu etwa nüchtern im „Schülerduden Sexualität" nachlesen. Ausführlicher wird der Mediziner Jürgen Brater in seinem bei Eichborn erschienenen „Lexikon der Sexirrtümer". Brater erklärt: „Immer wieder liest man über die liebesfördernde Kraft verschiedener Gewürze. So sollen Ingwer, Zimt, Chili und Paprika die Durchblutung fördern und ähnliche Hitzewallungen wie beim Liebesakt auslösen. Basilikum und Petersilie sind demnach geeignet, durch die in ihnen enthaltenen ätherischen Öle die Harnröhre zu reizen und dem Penis so zu mehr Standfestigkeit zu verhelfen; anderen Würzmitteln wie Knoblauch, Muskat, Anis und Trüffeln schreibt man einen anregenden Effekt auf verschiedene Sexualhormone zu, und Sellerie sowie Thymian gelten als entspannend und euphorisierend, ja sogar als enthemmend, was angeblich dem Liebesspiel zugute kommt." Aber leider: „Tatsache ist, dass keine dieser Wirkungen einer wissenschaftlichen Überprüfung standhält (...). Wenn mancher Mann trotzdem über einen lust- und potenzfördernden Effekt bestimmter rezeptfreier Substanzen und Nahrungsmittel berichtet, so ist dies ganz eindeutig auf einen ‚Placebo-Effekt' zurückzuführen: Bei demjenigen, der von der heilenden Kraft irgendeines an sich wirkungslosen Präparates überzeugt ist, versetzt der Glaube nicht selten Berge; deshalb kann jedes Mittelchen, an dessen Wirkung ein Mann fest glaubt, eine vermeintliche Potenzschwäche, die ihre Ursache ohnehin meist im Kopf hat (...), durchaus positiv beeinflussen."

Nachdem wir dies gelesen haben, sagen wir laut und deutlich „Aha!". Und zwar gleich aus mehreren Gründen. Erstens wegen dem Offensichtlichen: Wir haben gelernt, dass wir kein teures Geld für irgendwelche Geheimmittelchen ausgeben sollten. Das wäre für romantische Finessen sinnvoller angelegt. Zweitens: Wenn wir genau lesen, fällt uns auf, dass Brater von einer „heilenden Kraft" für männliche Potenzschwächen spricht, die durch solche Mittel nicht gegeben ist. Möglicherweise wollen Sie aber gar nicht unbedingt eine komplette Potenzschwäche heilen, sondern Ihrer Lust lediglich einen zusätzlichen Kick verleihen. Und da fragt man sich schon, warum manche Speisen als lustfördernd beschrieben werden, andere hingegen nicht. Schließlich gibt es noch eine andere Form von Wirkung, die Nahrung auf uns hat, als die rein medizinische. Wir nehmen auch ihren Geruch oder Geschmack wahr, lassen bewusst oder unbewusst eine damit verbundene Symbolik auf uns einwirken, nehmen einzelne Speisen vielleicht in die Hand und lassen sie uns in eine besondere Stimmung versetzen. Solange Sie nicht erwarten, dass jemand, auf den Sie es abgesehen haben, plötzlich rappelgeil wird, nur weil Sie ihn mit Austern füttern, kann man bestimmte Gerichte durchaus als anregend betrachten. Drittens: Placebo-Effekt? Rein psychologische Wirkung? Na und? Ist das vielleicht nichts? Selbst der Placebo-Effekt ist letzten Endes ein Effekt. Teilen Sie Ihrem Liebsten beispielsweise mit, dass Sie das Gericht, das Sie gerade gemeinsam verzehren, ordentlich mit Aphrodisiaka versehen haben, und Sie haben beide eine prima „Entschuldigung", um danach übereinander herzufallen. Wobei der besondere Effekt, viertens, darin liegt, dass, solange sich das Ganze ohnehin nur im Kopf abspielt, Sie jederzeit behaupten können, genau jene Zutaten, die Sie in dem soeben servierten Gericht verwendet hätten, seit Jahrhunderten als hochwirksame Lustanreger bekannt seien. Das hätten Sie neulich erst wieder in irgendeiner Zeitschrift gelesen ...

Am besten funktioniert der Placebo-Effekt aber wohl mit Gerichten, die allgemein als Aphrodisiaka bekannt sind. Bei manchen ist es die entfernt penisartige Form, zum Beispiel bei Trüffeln und anderen Pilzen, bei Gurken und Spargel. (Wobei Spargel Sperma und Scheidenflüssigkeit einen echt fiesen Geschmack verleiht. Falls Sie also auf Oralsex aus sind, wäre das eher ein Abtörner.) Eier erinnern natürlich an die Hoden, Austern und diverse Fische offenbar an den Geruch des weiblichen Geschlechtsorgans. Bei anderen liegt es tatsächlich an der Chemie: So enthalten Erdbeeren sehr viel Zink, was die Produktion des männlichen Sexualhormons Testosteron beschleunigt. In Schokolade befindet sich Phenyletylamin und Serotonin, zwei Substanzen, die, wenn sie im menschlichen Gehirn freigesetzt werden, zu einer Stimmungsaufhellung führen, einem höheren Blutdruck und einem schnelleren Herzschlag: insgesamt also einem Gefühl, als wäre man verliebt oder sexuell erregt. Untersuchungen zufolge kann diese veränderte Stimmung die Zuneigung zu einem möglichen Partner entfachen, wenn die entsprechende Person zum Zeitpunkt des Schokoladengenusses anwesend ist. (Allerdings, so fanden Forscher der englischen Universität Sussex im Sommer 2007 heraus, nachdem sie Herzfrequenz und Gehirnströme junger Paare gemessen hatten, hielten von Schokolade ausgelöste Hochgefühle viermal so lange an wie solche, die durch Küssen zustandegekommen waren.) Einige Speisen, beispielsweise der Granatapfel, sind deshalb anspielungsreich, weil sie über die Jahrhunderte hinweg in der Kunstgeschichte als das Symbol für Lust dienten. Auch Pfirsiche gehören dazu, nachdem in der chinesischen Liebesliteratur die Form dieser Frucht häufig mit den Rundungen des weiblichen Körpers verglichen wurde. Andere Gerichte (Froschschenkel, Wildbret, Kaviar usw.) scheinen vor allem deshalb zu wirken, weil sie entweder äußerst teuer oder aus anderen Gründen kaum erhältlich sind. Das verleiht ihnen das Flair von Luxus und Dekadenz, und das ist wiederum für viele lustanregend. Chili, Paprika etc. gelten eben als „scharf", was man auch im übertragenen Sinne verstehen kann. Und bei Tomaten beispielsweise ist es schon ein Erlebnis, in das saftig-rote Fruchtfleisch hineinzubeißen ... All diese Speisen gelten nicht deshalb als Lustmittel, weil man sie auch als Medikamente gegen Impotenz einsetzen könnte, sondern weil sie einer schon vorhandenen Lust den kleinen zusätzlichen Kick verleihen. Und warum sollten Sie darauf verzichten?

♥   Es kann durchaus auch von Vorteil sein, wenn Sie sich für Speisen entscheiden, die nicht exotisch, sondern wohlvertraut sind. So zeigte sich bei Experimenten, dass schon die Gerüche von Kürbispastete, Lakritz, Zimt und Donuts bei Amerikanern zu stärkeren Erektionen führen. (Man sollte nicht glauben, was heutzutage alles untersucht wird.) Die Wissenschaftler erklären sich das dadurch, dass wohlvertraute Düfte - und das dürfte für Geschmack ähnlich gelten - dem Gehirn Geborgenheit signalisieren, was die sexuelle Lust erleichtert. Natürlich müssen Sie diese Erkenntnisse jetzt auf ihren deutschen Partner übertragen. Vielleicht machen ihn ja Erdbeerkuchen, Gummibärchen und Currywurst ganz wild im Bett.

♥   Wofür immer Sie sich entscheiden, Ihr gemeinsames Mahl sollte mit etwas Süßem abschließen. Ja, ich kenne die Untersuchungen über die unerfreulichen Nebenwirkungen von Zucker einschließlich eines Suchtfaktors, der höher liegt als bei Substanzen, die wir normalerweise als „Drogen" bezeichnen. Na und? Sie brauchen ihn ja nicht gleich kiloweise in sich hineinzuschaufeln. Und das mit dem Suchtfaktor kann durchaus positiv sein, wenn Ihr Partner unbewusst lernt, die Süße des Zuckers mit Ihrer Süße in Verbindung zu bringen.

Interessiert Sie eine Sammlung verführerischer Kochrezepte? Zwar würde es den Rahmen dieses Ratgebers sprengen, wenn ich hier solche Rezepte auflisten würde, aber glücklicherweise gibt es entsprechende Titel im Handel, von denen ich aus einigen bereits zitiert habe. Zu nennen sind hier:

♥   „First Date. Das Kochbuch für das erste Mahl" von Frank David und Peter Jepsen, erschienen bei Hädecke. Die Reihe der Gerichte rangiert von „Lachsschnitzel auf Lauchspätzle" bis zu „Spinatravioli in Salbei-Nussbutter" – das Buch richtet sich also eher an den bereits begabten Gourmet als an den Anfänger. Einziger Minuspunkt sind die altbacken-selbstverständlichen „Flirttipps" zwischen den Rezepten, die einem beispielsweise verraten, dass man nicht mit vollem Mund sprechen sollte.

♥ „Erotic Food" von Katja Lange, Andreas Furtmayr und Brigitte Sauer (erschienen bei Gräfe & Unzer) ist durch appetitanregende Fotos und eine sinnige Kapitelaufteilung („Das erste Ma(h)l", „Betthupferl", „Der Morgen danach" etc.) ein ansprechendes Gesamtkunstwerk geworden. Der Schwierigkeitsgrad bei den Gerichten (Avocadosalat, Currywings, Scampi mit Melone etc.) ist sicher nicht zu hoch. Die Flirttipps zwischen den Gerichten sind auch hier allerdings durchgehend nichtssagend. Wer an diesem Buch trotzdem Gefallen findet, kann sich vom selben Verlag Marcus Taeschners Band „Erotic Drinks" besorgen, das vernünftigerweise auch unter dem Titel „Erotic Drinks & Appetizers" beworben wird. Neben vielen Cocktails findet man darin nämlich auch leckere Snacks wie Lammpralinen und Kaviarblinis.

♥ Ruth-Johnson Illi hat sich mit „Rezepte der Liebe" (AT-Verlag) die Aufgabe gemacht, Kochrezepte zusammenzustellen, bei denen speziell die oben erwähnten Aphrodisiaka als Zutaten dienen. Ein Glossar und Angaben über mögliche Bezugsquellen runden die Sache ab.

♥   Die bereits zitierte Autorin Gabriella Moliné stellt in ihren Büchern „Wie Mann jede Frau weichkocht" (Eichborn) bzw. „Wie Sie jeden Mann weichkochen" (Ullstein) neben ausführlichen Tipps zur Gestaltung eines verführerischen Abends jeweils sechs Menüs in verschiedenen Schwierigkeitsgraden vor, die nach Ländern geordnet sind. (So gibt es unter anderem ein kreolisches, ein indisches, ein japanisches und ein kalifornisches Menü, jeweils mit Cocktail-Rezepten, Weinempfehlungen, Tischdekoration und Einkaufsliste.) Das Ganze ist also schon etwas anspruchsvoller, birgt aber auch umso größere Erfolgschancen für einen tollen Abend.

Besonders neckisch kann der gemeinsame Genuss der unterschiedlichsten Speisen werden, wenn nicht jeder von Ihnen alleine vor sich hin isst, sondern wenn Sie diese Speisen miteinander zu teilen beginnen. Das kann sich wie von selbst ergeben, in einem fließenden Übergang: *Er* hält *ihr* eine Köstlichkeit vor die Nase, damit sie ihm förmlich aus der Hand isst, dann wechseln sie einander ab und sie füttert ihn, schließlich legt sie einen Snack auf ihren nackten Bauch und er knabbert ihn ab ...

Oder wie wäre es mit einer Runde Strip-Füttern? Dabei bekommt einer der beiden Partner nur dann eine bestimmte Leckerei, von der nicht allzu viele vorhanden sind, wenn er vorher ein Kleidungsstück ablegt: „Zieh dein Shirt aus, wenn du dieses Häppchen haben willst. Und jetzt deine Jeans für dieses ..."

Es gibt einige weitere Möglichkeiten, wie Sie das Ganze sehr reizvoll gestalten können:

♥   Eine beliebte sexuelle Praktik besteht darin, mit einem Eiswürfel über die Haut des Partners zu streichen. Einige empfinden das als cool, andere aber finden die eisige Kälte nichts anderes als unangenehm. Diese haben möglicherweise mehr Spaß, wenn sie statt mit Eis mit einem Stück Obst „behandelt" werden. Nehmen Sie doch einmal eine kleine Frucht oder schneiden Sie aus einer größeren ein Stück heraus und fahren mit dem saftigen Fleisch ganz langsam über den Körper Ihrer Liebsten. Und danach folgen Sie der Spur, die Sie soeben hinterlassen haben, mit Ihrer Zunge.

♥ Gießen Sie Ihrer Liebsten ein wenig prickelnden Sekt oder Champagner auf die Brustwarzen und lassen Sie ihn dort ein wenig vor sich hin bitzeln. Sie können den Gefühlsreiz, den Sie damit auslösen, unterstützen, indem Sie leicht dagegen blasen. Lassen Sie den Champagner dann über den Körper Ihres Liebsten fließen, und lecken Sie den Spuren des edlen Getränks hinterher aufreizend nach.

♥ Lutschen Sie ein Pfefferminzbonbon oder ein Fisherman´s Friend, bevor Sie mit Ihrer Zunge an Ihrem Liebsten tätig werden. Das ergibt einen höchst ungewohnten Effekt für Sie und für ihn. Die Alternative: Sie schieben sich einen großen Happen Vanilleeis in den Mund (ja, es kann auch Himbeere sein oder was immer sie sonst bevorzugen), und gleich danach machen Sie sich daran, Ihren Partner zu lecken oder ihm einen zu blasen.

♥ Sehr nett können auch Spiele sein, bei denen Hitze- und Kältereize einander abwechseln. Klatschen Sie also beispielsweise einen Klacks Eiscreme auf das Bäuchlein Ihres Partners und lecken Sie diesen dann wieder ab, nachdem Sie Ihre Zunge in eine Tasse mit heißem Tee getaucht haben.

♥ Tauchen Sie Erdbeeren in Champagner und füttern Sie sich damit gegenseitig.

♥ Eine köstliche Idee verrät Hugh de Beer in seiner Ideensammlung „Neue Liebesspiele" (Goldmann 2008): „Höhlen Sie eine geschälte Banane der Länge nach aus, so dass sie wie ein Kanu aussieht. Füllen Sie Irish Cream (oder etwas anderes Cremiges) hinein. Jeder steckt ein Ende der Frucht in den Mund und beginnt langsam, sie zu verzehren."

♥ Streuen Sie Schokostreusel über seinen Rücken und entfernen Sie diese danach mit Küssen.

♥ Oder Sie tauchen einen Löffel in ein Glas mit Honig, führen ihn dann über das steil aufgerichtete Glied Ihres Partners und beginnen das Türmchen mit goldenen Ornamenten zu beschmücken – die Sie hinterher wieder entfernen.

♥ Besorgen Sie sich Lakritz-, Apfel- oder Erdbeerschnüre und „fesseln" Sie Ihrem Lover damit symbolisch die Daumen aneinander. Tun Sie danach dasselbe mit seinen großen Zehen und erklären Sie ihm, dass er von Ihnen bestraft werde, sobald sich eine Fessel löst. Danach machen Sie sich über Ihr „Opfer" her.

♥ Verbinden Sie Ihrem Partner die Augen, bevor Sie ihn mit etwas Genießbarem bestücken oder beträufeln. Nachdem Sie ihm dieses vom Leib geknabbert oder geleckt haben, muss er erraten, worum es sich gehandelt hat. Zu schwer? Dann bekommt er die halbe Punktzahl, wenn er es errät, nachdem Sie ihn gleich danach geküsst haben. Immer noch nicht? Dann soll er es in der dritten und letzten Runde mit noch immer verbundenen Augen von Ihrem eigenen Körper naschen. Jetzt?

Zu diesem Spiel gibt es die unterschiedlichsten Varianten: Beispielsweise können Sie Ihren Partner mit verschiedenen Köstlichkeiten füttern, während er die Augen verbunden hat. Errät er, um was es sich handelt, erhält er eine vorher festgelegte kleine Belohnung, errät er es nicht, muss er ein Kleidungsstück ablegen. Ein ähnliches Spiel können Sie auch mit den mittlerweile auch im deutschen Handel erhältlichen Jelly Beans der verschiedensten Geschmacksrichtungen veranstalten. Besonders schwierig wird es hierbei, wenn Sie zwei Sorten gleichzeitig zum Kosten geben.

Sollten Sie jemals überhaupt keine Zeit zum Kochen haben und trotzdem Lust auf einen ebenso erotischen wie naschhaften Abend haben, genügt es, wenn Sie sich drei Dinge besorgen:

♥ Schokolade (fest wie Milkatafeln oder cremig wie Nutella)

♥ Schlagsahne

♥ Erdbeeren oder Kirschen

Das wäre sozusagen die Fast-Food-Variante für Eilige oder für Paare, die erst mal ausprobieren möchten, ob Ihnen Liebesspiele mit Nahrungsmitteln überhaupt zusagen. Nicht umsonst taucht in so einigen erotischen Erzählungen und mittlerweile auch in Sex-Ratgebern die Idee auf, sich gegenseitig mit Schlagsahne einzusprühen oder mit halbflüssigem Nutella zu begießen und sich dieses danach vom Körper zu lecken. Das ist verständlich, denn Schlagsahne und Nutella bedienen die Bedürfnisse beider Partner: Für die Naschkatze sind sie eine kleine Köstlichkeit, und für denjenigen, auf dessen Körper sie verteilt werden, fühlt sich der Kontakt angenehm samtig an. Insbesondere wenn man sich dabei erogene oder kitzlige Stellen zum Ziel nimmt – die Brust, die Armbeuge und die Zehen beispielsweise – kann das für beide eine höchst vergnügliche Angelegenheit werden. Natürlich können Sie auf *seinem* Bauch auch lustige Muster malen oder *ihre* Brüste mit kleinen Sahnehäubchen verzieren und zur Krönung eine Kirsche darauf setzen. Oder Sie schaben die Naschereien mit einem gekühlten Löffel ab, statt sie aufzulecken – dann können Sie immer wieder Ihrem Partner auch ein wenig davon anbieten. Damit der Geschmack nicht zu einseitig wird, füttert man einander mit ein paar Früchten zwischendurch.

Bei solchen Aktionen sollte man jedoch an ein paar wesentliche Dinge denken:

♥   Den Körper mit Sahne, Nutella und ähnlichem zu bestreichen kann in eine ganz schöne Wutzerei ausarten. Legen Sie sich besser rechtzeitig zwei oder drei alte Bettlaken unter, die Sie nicht mehr brauchen.

♥   Lassen Sie sich bei solchen Spielereien nicht allzu viel Zeit. Durch die Körperwärme schmelzen Schlagsahne und Nutella recht schnell. So haben Sie bald keine halbwegs feste Masse mehr, sondern eine weiße oder braune Suppe.

♥   Ein Warnhinweis, der leider in irritierend vielen Texten vergessen wird: Nutella, Schlagsahne und dergleichen gehören wie alles andere, das Zucker enthält, nicht in die weibliche Vagina! Die Scheidenflora nämlich ist ein ausgesprochen fein ausbalanciertes Biotop, das durch Zucker empfindlich gestört wird. Aber auch zuckerfreie Lebensmittel haben im Inneren der Vagina nichts zu suchen, weil immer die Gefahr besteht, dass Reste davon in ihr zurückbleiben. Die Folge von solchen

Spielereien können beispielsweise ziemlich schmerzhaft verlaufende Infektionen sein. Da ist es dann erst mal vorbei mit sämtlichen romantischen Gefühlen. (Um keine Embolie zu riskieren, ist von inwendigen Spielen mit Sprudel ebenfalls abzuraten.)

♥   Bei weitem nicht so schlimm, aber immerhin ein Störfaktor: Schlagsahne und Co. werden unangenehm klebrig, sobald sie am Körper ein wenig getrocknet sind. Insbesondere neigen sie dazu, Körperbehaarung aneinander haften zu lassen. Man sollte sich auf solche Spiele also besser nicht einlassen, wenn man keine Dusche in der Nähe oder zu wenig Zeit hat. Verfügt man allerdings über Dusche *und* Zeit, kann das erotische Spiel unter der Brause sogleich in eine neue Runde gehen.

Falls Schokolade und Schlagsahne nicht Ihr Fall sind oder Sie sich im Laufe der letzten Liebesnächte daran überfressen haben, spricht nichts dagegen, mit anderen Geschmacksrichtungen herumzuprobieren – beispielsweise seinen Liebsten mit Puderzucker zu bestreuen (und den Schoß dabei auszulassen), mit Gelee zu experimentieren oder herauszufinden, wie „Erdnussbutter auf Tanja" schmeckt. So etwas Ausgefallenes bekommen Sie in keinem Restaurant der Welt. Ob Vanillecreme, Mousse oder Tomatensauce – die Möglichkeiten sind nur von Ihrer kulinarischen Experimentierfreude begrenzt.

Übrigens: Wenn Sie ohnehin gerade dabei sind, Ihren Partner mit allerlei farbenfrohen Substanzen zu beträufeln, können Sie auch mit ein wenig laienhaftem Bodypainting experimentieren. Benutzen Sie Ihre Finger, einen Pinsel, eine Feder oder Blütenknospen als Instrument und verzieren Sie den Körper Ihres Liebsten mit den hübschesten Bildern.

Abschließend gibt es, was erotisches Vergnügen mit Lebensmitteln angeht, noch eine ganze Reihe von weiteren Sicherheitshinweisen.[n] Diese klingen leider oft sehr unromantisch, aber ein Kapitel über sexuelle Experimente mit Lebensmitteln, wäre ohne entsprechende Warnungen nur schwer zu verantworten:

♥   Klären Sie zuallererst ab, ob bei Ihrem Partner keine Lebensmittelallergien bestehen, bevor Sie etwas mit ihm in Kontakt bringen, von dessen Zusammensetzung er nichts weiß.

♥   Generell sollte Ihnen klar sein, dass die Intimzonen des menschlichen Körpers empfindlicher auf Hitze reagieren als die Finger. Seien Sie mit warmen und heißen Speisen hier also im Zweifel lieber ein bisschen vorsichtiger, statt eine Verbrennung zu riskieren.

♥   Reizstoffe, die auf Öl basieren (z. B. spanischer Pfeffer, Paprika, Zimt, Gewürznelken und Menthol), kann man nicht einfach schnell abwaschen, nachdem man sie auf dem Körper aufgetragen hat und plötzlich erkennt, dass sie dort eher unangenehme Gefühle hervorrufen. Stattdessen bleiben sie für bis zu zwanzig Minuten haften. Seife und ein mildes Spülmittel sind bei der Beseitigung sicher hilfreich, aber noch geschickter ist es, erst mal mit ganz kleinen, verdünnten Mengen anzufangen und die Reaktion abzuwarten.

♥   Am fairsten verhält man sich, wenn man Produkte, die die Haut reizen können, erst einmal an sich selbst ausprobiert – und zwar in der Reihenfolge: unverletzte Haut, empfindliche oder leicht verletzte Haut, äußere Schleimhäute (Mund, Außenseite der Genitalien), innere Schleimhäute (z. B. das Innere der Vagina).

♥   Welche Lebensmittel kann man überhaupt bedenkenlos in eine Vagina schieben? Gurken und Auberginen (Eierfrüchte) zum Beispiel. Eher ungeeignet sind Salamis und andere Würste, auch wenn sie so hübsch passend aussehen. Würste werden nämlich häufig mit Nitritsalzen eingepökelt, die dem Scheideninneren nicht gut tun. Ebenso wie bei Lebensmitteln mit einer allzu rauen Oberfläche kann man sich hier aber behelfen, indem man ein Kondom überstreift.

♥   Irgendwelche Lebensmittel in die Öffnung Ihres Penis einzuführen ist komplett bescheuert und kann leicht zu extrem schmerzhaften Harnröhrenentzündungen führen. Ich weiß wovon ich spreche: Das möchten Sie ganz bestimmt nicht erleben.

♥   Nicht-wasserlösliche Fette (Butter, Margarine, Mayonnaise usw.) sind keine geeigneten Gleitmittel und gehören nur ins Körperinnere, wenn man sie isst. Sie lösen nämlich das Latex von Kondomen auf und fungieren wie eine Leimfalle für Bakterien.

♥   Natürlich sollten Sie darauf achten, dass Ihr Partner keine Lebensmittel in die Luftröhre bekommt. Verzichten Sie also auf wilde Verrenkungen oder gewagte Fesselspiele, während Sie ihn füttern. (Möglicherweise wären Sie von selbst nie auf diese Idee gekommen, aber ich sag's mal lieber dazu.)
Wie schon angedeutet, richten sich die letzten Absätze eher an Leute, die bei Sex-Experimenten mit allen möglichen Nahrungsmitteln besonders kühn und einfallsreich sind. Falls Sie mittendrin auf die eine oder andere spontane Idee kommen, muss Ihnen eben klar sein, was man machen kann und was eher unvernünftig wäre. Davon sollten Sie sich aber keinesfalls den Appetit verderben lassen.

Sanfter Druck führt zum Ziel:
Die Kunst der sinnlichen Massage

Vielleicht wird dem einen oder anderen von Ihnen der Gedanke erst einmal nicht behagen, seinem Partner eine erotische Massage zukommen zu lassen. Benötigt man dafür nicht wenigstens irgendeine Form von Ausbildung? Man kann doch nicht einfach drauf los massieren, oder? Doch, im Wesentlichen kann man das. Zwar gibt es einige grundsätzliche Sicherheitshinweise, die ich auf den folgenden Seiten nennen werde. Und es gibt viele Tricks und Kniffe, eine Massage besonders angenehm zu gestalten. Aber die erotische Massage besteht – im Gegensatz etwa zur medizinischen Massage zum Beheben von Störungen – vor allem aus zärtlicher Zuwendung und liebevollen Berührungen. Dafür benötigt man keine besondere Ausbildung, das „funktioniert" eigentlich immer.

Ich selbst hatte mich an Massagen ursprünglich gar nicht so recht herangetraut, weil ich von mir weiß, dass ich zwei linke Hände habe, und bei solchen Dingen schnell befürchte, etwas falsch zu machen. Tatsächlich war das Feedback, das ich von den unterschiedlichsten Frauen erhalten habe, aber immer sehr positiv. Offenbar sind Einfühlungsvermögen und Sensibilität bei einer nicht-professionellen Massage wichtiger als manuelle Geschicklichkeit.

So bereiten Sie sich vor:

♥   Besorgen Sie sich ein gutes Massageöl – oder besser zwei. Ein Öl bildet sozusagen die Grundlage zum Massieren. Ein zweites, das damit vermischt wird, soll einen angenehmen Geruch verbreiten.

♥   Je nachdem, wie viel Sie investieren bzw. wie aufwendig Sie die Massage gestalten wollen, können Sie sich neben dem Öl auch verschiedenes anderes Zubehör besorgen. Das können Blumen, Früchte und unterschiedliche Stoffe für eine Spezialmassage sein, Gleitgel und Sextoys, falls die Massage nur der Auftakt für andere Zärtlichkeiten darstellen soll, oder auch Körperpuder, um die Haut Ihres Lovers besonders seidig zu machen. Es gibt übrigens auch Körperpuder in verschiedenen Geschmacksrichtungen (z. B. Erdbeere, Himbeere, Vanille, Honig und Zimt), das man danach wieder lustvoll ablecken kann.

♥ Für den Zeitpunkt, an dem die Massage stattfinden soll, gilt zunächst wieder einmal das Grundsätzliche: Ziehen Sie sich an einen Ort zurück, wo Sie sich beide behaglich fühlen. Lärm von draußen und grelle Beleuchtung sollten Sie aus diesem Zimmer fernhalten. Dasselbe gilt für alle anderen möglichen Störungen: Reißen Sie das Telefon aus der Wand und sperren Sie die Kinder in den Schrank. (Wenn Ihnen das zu extrem ist, legen Sie den Hörer neben die Gabel und schicken die Kinder zu Freunden oder ins Kino.) Da mindestens einer von Ihnen ganz oder teilweise nackt sein wird, sollte es in diesem Raum warm genug sein. Es sollte auch keinerlei Zeitdruck auf Ihnen lasten, damit Sie sich komplett in Ihre Gefühle fallen lassen und genießen können. Keiner von Ihnen beiden sollte hungrig oder vollgefressen sein oder während der Massage plötzlich dringend auf die Toilette müssen. Für den Massierenden wird die Sache angenehmer, wenn sein Partner kurz vorher geduscht hat.

♥ Darüber hinaus können Sie den Raum zumindest ähnlich in eine kleine Idylle verwandeln, wie ich es in dem Kapitel zum „Boudoir der Liebe" noch näher beschreiben werde. Kerzen, Blumen etc. versetzen durch ihren Anblick die Seele von Anfang an in eine angenehme, harmonische Stimmung. Entspannende Musik im Hintergrund trägt wie kaum etwas anderes dazu bei. Finden Sie eine passende CD, die Sie nicht bereits nach einer Dreiviertelstunde wechseln müssen, oder stellen Sie Ihren CD-Player auf Auto-Replay. Sehr anheimelnd kann es aber auch sein, Regen gegen die Fensterscheibe prasseln zu hören. Insofern kann eine gute Massage über einen verregneten Tag, an dem Sie draußen nichts unternehmen können, schnell hinwegtrösten.

♥ Sie können die Massage auch im Anschluss an ein Bad stattfinden lassen. Dann ist Ihr Körper bereits angenehm entspannt.

♥ Ein Sonderfall wäre eine Massage im Freien, die zu einem besonders intensiven Verschmelzungserlebnis mit dem Erdboden, dem Gras oder sämtlicher umgebender Natur führen kann. In diesem Fall gibt es vor allem zwei Dinge zu bedenken. Erstens: Sie sollten alles dabei haben, was Sie brauchen. Zweitens: Die äußeren Bedingungen sollten auch über längere Zeit hinweg nicht nur erträglich, sondern angenehm sein. Das ist gar nicht immer so einfach zu bewerkstelligen. Wenn Sie im Schatten massieren, kann es sein, dass die Fläche, auf der Sie zugange sein werden, viel zu ausgekühlt ist, als dass es Spaß machen würde, darauf längere Zeit zu liegen. Massieren Sie Ihren Partner aber eine halbe Stunde in der prallen Sonne, kann er sich leicht einen breitflächigen Sonnenbrand zuziehen. Und dann wird dieses Erlebnis keine besonders angenehme Erinnerung für ihn darstellen.

♥ Um Missverständnisse und falsche Erwartungen zu vermeiden, sollten Sie sich vielleicht gleich zu Beginn darüber verständigen, worauf die Massage hinauslaufen soll. Wenn einer von Ihnen beiden sie als Vorspiel betrachtet und danach Sex erwartet, der andere aber nichts weiter als eine sanfte Massage genießen möchte, kann es zu Frustrationen und Konflikten kommen. Je mehr Sie von Anfang an geklärt haben, desto besser. Allerdings kann es vorkommen, dass jemand, der ursprünglich keine Lust hatte, durch die Massage erst in Stimmung gebracht wird. Die Tür zu einem spontanen Umentscheiden steht also immer offen.

♥ Einigen Sie sich darauf, wer von Ihnen massiert und wer massiert wird. Zur Not können Sie eine Münze werfen oder einander abwechseln.

♥ Wenn Sie Ihren Partner massieren, sollten Sie sämtliche Kleidungsstücke ablegen, die Sie einengen oder Ihre Bewegungen behindern. Selbstverständlich können Sie sich auch komplett entkleiden. Auch Ringe oder andere Schmuckstücke legen Sie am besten ab.

♥ Außerdem sollten Sie darauf achten, dass Sie warme Hände haben. Tauchen Sie sie zur Not einen Moment in warmes Wasser. Vielleicht möchten Sie sie bei dieser Gelegenheit auch noch einmal waschen oder den einen oder anderen scharfkantigen Fingernagel zurechtschneiden. Unregelmäßigkeiten, die für Sie nur eine Kleinigkeit darstellen, können für Ihren Partner, wenn er von Ihnen massiert wird, eine deutlich spürbare Störung bedeuten.

♥   Bei dieser Gelegenheit sollten sie auch so viel Spannung wie möglich aus Ihren Händen entladen. Je weicher und lockerer Ihre Finger sind, desto besser. Es gibt die unterschiedlichsten Möglichkeiten, seine Finger beweglicher zu machen und Gefühl in sie zu bringen: Vom Spiel mit Qi-Gong-Kugeln (lassen Sie davon mehrere Minuten lang zwei in einer Hand umeinander kreisen, ohne dass eine herunterfällt) bis zur Selbstmassage mit oder ohne Öl.

♥   Auch das Massageöl sollte nicht gerade eiskalt sein. Andernfalls zieht sich bei Ihrem Partner erst einmal alles zusammen oder er springt Ihnen an die Decke, sobald die ersten Spritzer auf seinem Rücken landen. Hierzu können Sie die Flasche mit dem Öl für einige Zeit in Ihren Händen halten, sie ebenfalls in warmes Wasser legen oder neben die Heizung stellen. Sie *auf* die Heizung oder gar in die Mikrowelle zu legen wäre allerdings wohl zuviel des Guten. Verbrühen wollen Sie Ihren Lover ja auch nicht.

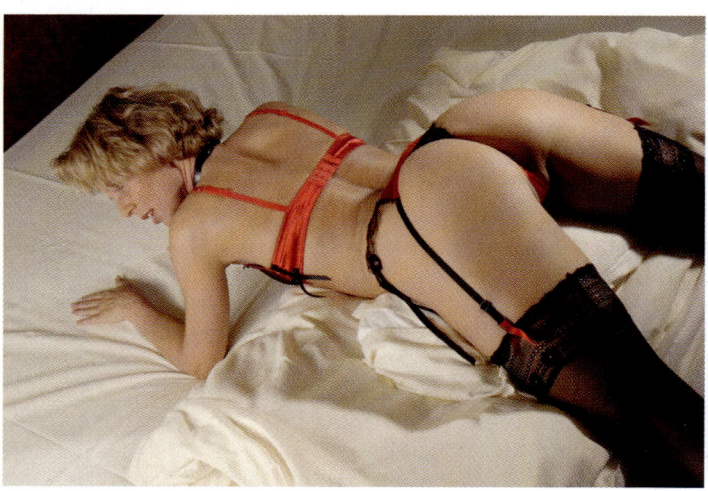

♥   Kurz bevor Sie mit der Massage beginnen, lassen Sie auch aus Ihrem übrigen Körper jede Anspannung entweichen. Lassen Sie ganz bewusst Ihre Schultern locker und atmen Sie einmal tief ein und wieder aus. Über die gesamte Massage hinweg sollten Sie entspannt und locker bleiben – andernfalls sind schnell Sie derjenige, der eine wirklich gute Massage benötigt. Achten Sie also ein wenig darauf. Sobald Sie sich verkrampfen oder sich bei Ihren Bewegungen anstrengen oder Kraft anwenden, läuft etwas falsch. Halten Sie in diesem Fall inne und bringen Sie sich wieder in einen Zustand der Ruhe. Hilfreich dabei, lange massieren zu können, ohne dass es für einen selbst ungemütlich wird, ist zum einen ein zusätzliches Kissen, das man sich unter die Knie legt. Längeres Knien ist für viele sehr unangenehm. Zum anderen hilft es, wenn Sie Ihre Stellung immer wieder mal verändern und so einseitige Belastungen vermeiden.

♥   Derjenige von Ihnen, der massiert werden soll, kann solange schon einmal mehrere wirklich große Handtücher auf der Unterlage ausbreiten, für die Sie sich entschieden haben, und sich darauf ausstrecken. Die Handtücher sollen die Unterlage schützen, falls Öl verschüttet geht. Was die Unterlage angeht, entscheiden Sie sich am besten für eine, die von allen Seiten leicht zugänglich sowie ausreichend stabil ist: Bitte keine wackligen Möbelstücke, bei denen Sie jeden Moment befürchten müssen, dass sie unter Ihrer beider Gewicht zusammenbrechen! Der Masseur sollte problemlos um seinen Partner herumgehen können, ohne über bereitgelegte Handtücher zu stolpern oder im Weg stehende Ölfläschchen umzutreten. Außerdem sollte die Unterlage nicht allzu nachgiebig sein, da sonst ein Teil des Massageeffekts verloren geht. Eine allzu harte Unterlage wiederum lädt nicht gerade zum behaglichen Entspannen ein. Auch was die Höhe angeht, ist ein goldener Mittelweg sinnvoll: Ihr Masseur sollte weder gezwungen sein, sich eine halbe Stunde lang vornüberzubeugen, noch Ihren Körper in einer solchen Höhe vor sich haben, dass er nur mit Mühe den erforderlichen Druck aufbringen kann. Wenn Sie möchten, legen Sie sich ein schützendes Laken oder eine wärmende Decke zurecht, die Sie über die Teile Ihres Körpers legen können, die momentan nicht massiert werden. Brauchen Sie noch zusätzliche Kissen, damit Sie sich wirklich behaglich fühlen? Falls Sie die Massage schließlich durch die Verwendung von Sex-Zubehör wie einem Vibrator ein wenig lebendiger machen möchten, können Sie auch diese Gerätschaften hinzufügen.

♥ „Wenn Sie eine sinnliche Massage erhalten", rät Christine Unseld-Baumanns in ihrem Buch „Erotic Partner Massage" (Sterling 1990), „versuchen Sie, nur eine einzige Sache im Kopf zu haben: dass Sie loslassen und bereit sind, sich selbst den starken Gefühlen zu überlassen, die während der Massage hervorbrechen können. Damit tun Sie sich selbst einen großen Gefallen. Nur wenn wir bereit sind, uns selbst ganz und gar unserem Partner zu übergeben, sind wir auch in der Lage, zu genießen. Mit dieser Bereitschaft sagen Sie Ihrem Partner, dass Sie seinen Händen ohne jeden Vorbehalt vertrauen, und das ist in jeder intimen Beziehung ein wertvolles Geschenk. Aber Sie sagen Ihrem Partner damit auch, dass Sie Vertrauen in seine Fähigkeit haben, Sie von Ihrer Spannung zu befreien und Sie dazu zu bringen, dass Sie sich gut fühlen – mit anderen Worten: Sie vertrauen darauf, dass er Sie zu befriedigen weiß."

♥ Aber auch für den Massierenden hat Unseld-Baumanns noch einen wichtigen Tipp: „Wenn Sie kurz davor stehen, mit der Massage zu beginnen, gehen Sie sicher, dass Sie keinen Ärger und keine Wut in sich tragen. Selbst wenn Sie das in keiner Weise beabsichtigen, werden Sie Ihre negativen Gefühle sonst zweifellos auf Ihren Partner übertragen. Dann würde Ihr Partner vermutlich gereizt werden, möglicherweise mit Traurigkeit oder aber Aggression reagieren oder die Massage abbrechen – vielleicht ohne selbst genau zu wissen warum. Seien Sie also ehrlich mit sich selbst und Ihrem Partner, und wenn Sie Ihren Ärger gerade nicht loswerden können, verschieben Sie die Massage lieber auf ein anderes Mal." Um in eine möglichst stressfreie Atmosphäre hineinzugelangen, empfiehlt es sich, dass Sie beide sich kurz vor der Massage über keine in irgendeiner Weise schweren Themen mehr unterhalten, sondern nur angenehm und locker miteinander plaudern. Genauso gut können sie sich aber auch einfach ein paar Minuten schweigend gegenübersitzen und einander anlächeln. Einfach mal tief durchatmen und gemeinsam eine Tasse Tee zu trinken, hilft ebenfalls vielen, nervtötende Alltagserlebnisse hinter sich zu lassen.

So führen Sie die Massage durch:

♥ Eine erotische Massage dient unter anderem dazu, Intimität und Nähe auszudrücken und wachsen zu lassen. Dementsprechend sollten Sie beide genügend Achtsamkeit und Respekt voreinander entwickeln, während der Massage nicht noch irgendetwas anderes zu tun wie z. B. zu lesen (der Massierte) oder fernzusehen (beide). Schließlich machen Sie das auch nicht, wenn Sie beide „richtigen" Sex miteinander haben. Hoffe ich zumindest ...

♥ Sie sind kein erfahrener Masseur, sondern ein Anfänger, und Ihr Partner weiß das. Sie können sich also Zeit lassen und brauchen sich in keiner Weise unter Druck zu setzen: Professionalität wird nicht von Ihnen erwartet, sondern nichts anderes als Experimentierfreude. Probieren Sie einfach mal aus, wie Ihr Partner reagiert, wenn Sie mal sanfter und mal etwas fester zupacken. Ich würde empfehlen, es erst einmal etwas sanfter anzugehen. Ihr Partner ist zwar kein rohes Ei, aber Sie wollen ihm ja eine erotische Massage zukommen lassen und keine medizinische oder Sportmassage, bei der Sie die Muskeln durchkneten. Allerdings unterscheiden sich die Menschen zum Teil extrem in ihrer Empfindlichkeit. Eine mir bekannte professionelle Masseurin erzählte mir dazu: „Manche reagieren schon auf die kleinste Berührung sehr stark, und bei anderen steige ich kräftig ein, und dann fragen sie mich, wann ich endlich anfange." Auch was Kraft und Ausdauer angeht, sollten Sie jeden Druck vermeiden. Die Massage sollte für beide Beteiligte so angenehm wie möglich werden und kein Leistungssport.

♥ Im Umkehrschluss bedeutet das, dass Sie, wenn Sie selbst massiert werden, zurückmelden sollten, ob Sie die jeweiligen Griffe als angenehm empfinden oder nicht. Liegen Sie nicht einfach stumm da und leiden, während Ihr Partner glaubt, alles richtig zu machen. Nett wäre es, wenn Sie bei Ihren Reaktionen einen nörgelnden oder mauligen Tonfall unterdrücken, sondern statt nur zu kritisieren, Ihren Lover besser ermuntern, mit den Dingen weiterzumachen, die er zumindest ansatzweise richtig gemacht hat – nur vielleicht etwas fester, sanfter oder langsamer. Wenn Sie sich aber unter seinen Händen wohlfühlen, dann sagen Sie das, um ihm dadurch mehr Sicherheit zu geben. Je genauer Ihr Partner weiß, was Ihnen gut tut, desto gezielter kann er Ihnen das geben. Wenn Sie der Massierende sind, können Sie Ihren Partner zu solchen Rückmeldungen ermuntern – Sie können sich aber auch auf den Standpunkt stellen, dass Sie auch ohne ständiges Rückfragen sehr wohl in der Lage sind, lustvolles von gequältem Stöhnen zu unterscheiden. Wenn Ihr Partner selig lächelt, dann machen Sie mit genau diesen Berührungen weiter, verzieht er aber schmerzerfüllt das Gesicht, halten Sie besser inne und fragen nach. Denken Sie nicht, eine „anständige" Massage könne ruhig auch ein wenig unangenehm sein – Sie sind kein ausgebildeter Sport- oder Krankenmasseur, der genau weiß, was er einem Körper zumuten darf und was nicht. Machen Sie lieber an einer anderen Stelle weiter.

♥   Auch wenn Ihr Partner an bestimmten Stellen besonders kitzlig ist, sollten Sie dort Berührungen besser vermeiden. Wenn Sie speziell auf Kitzelsex stehen (eine Praktik, die ich in meinem Ratgeber „Sex für Fortgeschrittene" näher vorstelle), ist das eine andere Sache, aber besonders gut entspannen kann man sich dabei nicht. In ähnlicher Weise sollten Sie Stellen, die aus anderen Gründen problematisch sind (Verletzungen, Verrenkungen etc.) umgehen. Erkundigen Sie sich rechtzeitig bei Ihrem Partner, ob es solche Stellen gibt.

♥   Falls Sie der Masseur sind und möchten, dass Ihr Partner zum Beispiel seine Position verändert, dann richten Sie an ihn keine barschen Befehle a la „Jetzt mach mal dies und das!" Eleganter ist es, wenn Sie seine im entspannten Zustand größere Aufnahmebereitschaft dazu benutzen, ihm bestimmte Bewegungen nahezulegen: „Ich kann deine Seiten noch besser massieren, wenn du deine Arme unter den Kopf legst" könnten Sie zum Beispiel sagen oder „Du kannst deine Augen ruhig schließen" oder „Du kannst vermutlich tiefer atmen, wenn du deinen Kopf zur Seite drehst."

♥   Genauso fehl am Platze sind Kommentare a la „Na, hier sind wir aber ganz schön verspannt." Sie werden manchmal als Kritik aufgefasst, und wenn nicht, setzen sie zumindest eine Kette unangenehmer Erinnerungen an die möglichen Ursachen dieser Verspannungen in Gang. Auch anderes Geplapper über alles, was mit negativen Gefühlen verbunden sein kann, sollte besser unterbleiben.

♥   Links und rechts der Wirbelsäule können Sie im Wesentlichen massieren, soviel Sie wollen, aber auf die Wirbelsäule selbst sollten Sie keinen Druck ausüben.

♥   Eine gute „Angriffsfläche" hingegen bietet die Zone um das untere Ende der Wirbelsäule herum. Hier befinden sich besonders viele Nervenenden.

♥   Massieren Sie langsam. Lassen Sie sich Zeit.

♥   Wenn Sie an bestimmten Punkten besonders starken Druck ausüben möchten, empfiehlt sich hierfür der Einsatz Ihrer Daumen oder Ihrer Fingerknöchel.

♥   Lassen Sie Ihre Hände dicht beieinander. Wenn Sie mit der Linken die Schulter Ihres Lovers massieren und mit der Rechten seine Gesäßbacken kraulen, springt seine Aufmerksamkeit zwischen beiden Reizpunkten hin und her und kann nicht zur Ruhe gelangen.

♥   Beharrlich immer wiederkehrende Griffe mit gleichbleibendem Druck führen zu einem angenehmen, leicht tranceartigen Entspannungszustand. Hektisch von einer Körperstelle zur anderen springen lässt den Massierten hingegen weit weniger zur Ruhe kommen. In kurzer Zeit so viele originelle Bewegungen wie möglich unterbringen zu wollen, macht nur Sinn, wenn Sie Weltmeister im HipHop werden wollen. Allzu viel Einfallsreichtum ist beim Massieren nicht erforderlich. Auch hier brauchen Sie sich in keiner Weise selbst unter Druck zu setzen.

♥   Wenn Sie möchten, hören und spüren Sie bewusst den Atem Ihres Partners und versuchen Sie, Ihren eigenen Atem darauf einzustimmen. Im selben Rhythmus zu atmen, während man einander berührt, führt zu einer besonderen Verbundenheit, zu dem Gefühl, miteinander eins zu werden.

♥   Apropos: Eine zentrale Regel für Profis lautet, den Körperkontakt beim Massieren nie zu unterbrechen. Lassen Sie, auch wenn Sie zum Beispiel um Ihren Partner herumgehen, eine Hand immer auf seinem Rücken liegen, um den Kontakt und das Gefühl von Geborgenheit aufrechtzuerhalten, das für eine wirklich tiefe Entspannung wichtig sein kann. Wenn Sie beide Hände frei haben müssen – beispielsweise um neues Öl in eine Handfläche nachzuschütten – dann schauen Sie doch, ob Sie die Verbindung zu Ihrem Lover nicht mit einem anderen Körperteil (Arm, Knie oder Fuß) beibehalten können.

♥   Denken Sie daran, dass es sich um eine erotische und keine therapeutische Massage handelt. Sie brauchen sich also nicht zurückzunehmen, was sanfte Berührungen mit anderen Körperteilen angeht ... oder Ihren Atem im Ohr Ihres Partners ... oder Ihre Lippen auf seinem Nacken ... Sie können sich nach einiger Zeit auch gerne denjenigen intimen Körperstellen widmen, die beim Massieren normalerweise ausgelassen werden. Während ein Massieren des weiblichen Schoßes bedenklich sein kann, weil das verwendete Öl nicht in Kontakt mit Schleimhäuten geraten sollte, spricht nichts dagegen, den Penis und die Hoden liebevoll einzuölen und mit sanften Liebkosungen zu verwöhnen. Allerdings sollten Sie danach keinen Sex mehr haben, bei dem Sie sich auf ein Kondom als Safer-Sex-Vorkehrung verlassen möchten: Öle zerstören das Latex. Geschickter wäre es in diesem Fall, vom Öl auf wasserbasierte Gleitmittel umzusteigen. Leider tendieren diese auch eher zum Austrocknen, so dass man ständig nachschmieren muss.

Insgesamt kommt es hier darauf an, was Sie vorhaben. Wenn Sie Ihrem Lover nur eine liebevolle Möglichkeit der Entspannung zukommen lassen möchten, nach der er gerne einschlafen kann, dann werden Sie darauf verzichten, ihn durch Ihre Berührungen in Wallung zu bringen. Falls die Massage aber ein Teil des Vorspiels darstellt, dann sollten Sie wohl besser dafür sorgen, dass Ihr Lover Ihnen nicht unter Ihren Händen wegschlummert.

♥ Angenommen, Sie haben nach der Massage nichts weiter miteinander vor, kann es sogar ein ungewöhnliches Kompliment an Sie darstellen, wenn Ihnen Ihr Partner während der Massage wegpennt. Genauer erklärt das Gordon Inkeles in seinem Standardwerk „Sensual Massage for Couples" (Arcata Arts 2002): „Eine der unglücklichsten Auswirkungen von aufgestautem Stress ist, dass Menschen schließlich einen Punkt erreichen, wo völlige Entspannung nichts weiter als eine süße Erinnerung geworden ist. Sogar wenn sie schlafen, bleiben ihre Rücken- und Schultermuskeln leicht angespannt, und an die Stelle von Entspannung tritt Erschöpfung. Für diese Menschen wird es eine bittere Tortur, sich durch die langen Tage und Nächte zu quälen – eine Tortur, die häufig fünf Minuten nach dem Beginn einer Massage endet, wenn sie in einen gesegneten tiefen Schlaf fallen. Dieses plötzliche Wegdriften kann etwas befremdlich sein, wenn Sie nicht damit rechnen, denn es sieht so aus, als hätte sich Ihr Partner aus der Massage verabschiedet. Im Gegenteil: Schlaf ist ein Zeichen dafür, dass Sie etwas durchbrochen haben, was Jahre gesammelter Anspannung sein können." Gut, vielleicht hat Ihr Lover auch einfach nur die letzten paar Nächte durchgefeiert. In jedem Fall spricht nichts dagegen, dass Sie einfach mit dem Massieren weitermachen – weil es offensichtlich funktioniert

und weil die Mitarbeit Ihres Partners nicht erforderlich ist: „Sie massieren nicht sein Wachbewusstsein, Sie massieren seinen Körper. Während Sie ihn streichen und kneten, werden Sie bemerken, dass Menschen sich während eines Massage-schlafs kaum bewegen. Und wenn Sie die Massage am Ende eines Tages durchführen, können Sie Ihren Partner auch bis zum nächsten Morgen weiterschlafen lassen."

Wie immer, wenn es um den Bereich Liebe und Sexualität geht, gibt es keine Patentrezepte, die für jeden gleicherma-ßen passen, und keine „Gebrauchsanleitung", der Sie nur Schritt für Schritt zu folgen brauchen. Wichtig ist es, Ihre ei-genen Bedürfnisse und die Ihres Partners zu erspüren. Wenn Sie entgegen meiner Ratschläge während einer Massage unbedingt Chips essen und „Deutschland sucht den Super-star" sehen möchten, dann tun Sie das eben, solange Sie beide damit glücklich sind. Es gibt niemanden außer Ihnen, der darüber entscheiden kann, was richtig und was falsch ist. Ich kann Ihnen lediglich Tipps geben, mit welchen Mitteln Sie Ziele wie Entspannung und das Gefühl von Geborgenheit normalerweise am besten erreichen dürften.

Die Grundtechniken:

Sie haben den Rücken Ihres Partners vor sich, und Ihre beiden Hände sind einsatzbereit. Was stellen Sie nun damit an? Hier gibt es ein paar grundsätzliche Berührungen und Griffe.

♥ Durchkneten: Das ist vermutlich die Idee, auf die Sie von selbst als erstes kommen. Greifen Sie hinein, als ob es eine Teigmasse wäre, und kneten Sie den Körper Ihres Partners sanft durch.

♥ Kreisen: Legen Sie hierbei Ihre Hände auf die Schultern Ihres Partners und lassen Sie Sie dann jeweils nach außen – also in entgegengesetzte Richtungen – kreisen. Allmählich wandern Sie dabei mit Ihren Händen nach unten zur Hüfte und wieder hoch. Diese kreisenden Bewegungen können Sie ebenso an anderen Körperstellen ausführen: Wenn dort zu wenig Platz für Ihre Hände vorhanden ist, dann eben nur mit Ihren Knöcheln oder Daumen.

♥ Reiben: Legen Sie beide Hände übereinander und fahren Sie mit einigem Druck über den Rücken.

♥ Trommeln: Ihre Hände und Arme sind dabei die Trommelstöcke, der Rücken Ihres Partners das Fell der Trommel. Versuchen Sie ein Maß an Heftigkeit zu finden, das nicht zu stark, aber auch nicht zu leicht ist.

♥ Bürsten: Sie stellen Ihre Hände senkrecht und gleiten mit den Handkanten über den Rücken Ihres Geliebten.

♥ Spinnengang: Sie lassen Ihre Finger wie eine Spinne oder ein Insekt über den Rücken Ihres Partners marschieren.

♥ Vibrieren: Sie halten in dieser Stellung inne und bringen Ihre Hand zu einem starken Zittern, das sich auf den Rücken Ihres Partners überträgt.

♥ Glattstreichen: Ihre beiden Hände fahren sanft wie Bügeleisen über den Rücken oder die Flanken Ihres Lovers. Diese Technik eignet sich besonders für den Abschluss. Damit kann Sie auch ein stilles Signal für den Massierten darstellen, dass es gerade zu Ende geht.

Einfallsreichere Techniken:

♥ Eine Praktik, die in den meisten Massagebüchern fehlt, weil sie streng genommen gar keine Massage darstellt, die aber trotzdem sehr anregend sein kann, ist ein besonders leichtes Streichen der Fingerkuppen über die Haut des Partners, so dass dieser kaum dabei berührt wird. Sie werden damit keine Muskelverspannungen auflösen können, aber um so eher ein wohliges Schaudern hervorrufen.

♥ Eine ebenfalls sehr unübliche Form der Massage ist das Massieren mit Früchten. Wie Sie sich denken können, geht es auch hierbei nicht um das Durchwalken von Muskeln und Sehnen, sondern um das Hervorrufen ungewöhnlicher, aber reizvoller Sinnesempfindungen. Wie fühlt sich das Innere einer Kiwi an, wenn es über die Haut gleitet, wie eine Banane, wie eine Erdbeere, die Sie zuvor in Honig getaucht haben? Falls Sie bei Ihrer Massage Spuren hinterlassen, fühlen Sie sich frei, diese wieder aufzulecken. Sie können auf dem Körper Ihres Partners mit verschiedenen Früchten auch ein kleines Kunstwerk gestalten. Wichtig ist nur, dass Sie daran denken, wenn Sie das Obst im Kühlschrank lagern, es rechtzeitig herauszunehmen, sonst spürt Ihr Liebster lediglich Kälte und sonst wenig. Abschließend können Sie mit jedem Fruchtstück die Lippen Ihres Lovers massieren – bis er es Ihnen gierig aus den Fingern schnappt und vernascht.

♥   Außer auf Früchte können Sie bei der sinnlichen Massage auch auf andere Dinge zurückgreifen, die eine romantische Aura in sich bergen und deren sanfte Berührung sehr reizvoll sein kann: beispielsweise die Blüten von Rosen oder anderen Blumen. Das verschafft auch dem Massierenden ein höchst angenehmes Gefühl. Wenn Ihnen die Blüten zwischen den Fingern zerfallen, hilft es oft, etwas Öl nachzuschütten. Auch große, weiche Vogelfedern rufen eindrucksvolle Effekte hervor. Oder Sie versuchen, durch die Verwendung unterschiedlicher Textilien (Nylon, Seide, Satin, Wolle, Pelz etc.) verschiedene Hautempfindungen herbeizuführen.

♥   Ein weiteres Instrument, das bei der klassischen Massage nicht auftaucht, bei einer sinnlichen Massage aber höchst angenehm sein kann, ist das eigene Kopfhaar. „Wenn einer von Ihnen beiden lange Haare hat", empfiehlt Anne Hooper in ihrem Buch „Erotic Massage" (Dorling Kindersley 2005), „kann es eine raffinierte Methode sein, damit zu spielen. Langhaarige können den auf besondere Weise verlockenden Haarschwung versuchen. Dabei liegt normalerweise der Mann ausgestreckt da, und seine langhaarige Partnerin bedeckt seinen nackten Körper mit ihrem Haar, zieht es über seine Haut, fegt ihm damit über den Leib und schleudert es vor und zurück."

♥   Ebenso können Sie bei der erotischen Massage natürlich auch Ihre Lippen und Ihre Zunge einsetzen. Lecken oder küssen Sie Ihren Lover doch einmal an Stellen, an denen Sie das noch nie getan haben.

♥ Zuletzt schließlich können Sie Ihren gesamten eigenen Körper mit Öl einreiben und Ihrem Partner eine Body-Body-Massage zukommen lassen. Die wesentliche Voraussetzung hierfür ist ein wirklich großes Handtuch als Unterlage. Jan van Amstel beschreibt die Vorgehensweise sehr anschaulich in seinem „Sex-Knigge für Frauen" (Knaur 2004): „Ziehen Sie sich

und ihn aus und bitten Sie ihn, sich auf den Bauch zu legen. Ölen sie dann Ihren Busen, Ihren Bauch und Ihre Oberschenkel mit Mandelöl ein. Gehen Sie ruhig großzügig mit dem Öl um, es soll auch noch für seine Haut reichen. Anschließend legen Sie sich flach auf Ihren Lover und versuchen, seinen Rücken und Po mit Ihrem Körper einzuölen. Das funktioniert natürlich nur, wenn Sie mit Ihrem Busen und Bauch an seinem Rücken auf und ab gleiten und kreisende Bewegungen machen. Sie können darauf wetten, dass er diese ‚Haut-an-Haut-Massagetechnik' äußerst sexy finden wird. Und sicher wird er sich sehr freuen, wenn Sie ihn bitten, sich umzudrehen, damit Sie ihm auch noch Brust, Bauch, Lenden und Oberschenkel einölen können. Setzen Sie auch dabei wieder ausschließlich Ihren Körper ein – das Öl mit den Händen einzumassieren gilt nicht! Es könnte allerdings sein, dass diese Art von Vorspiel schnell ein Ende hat, weil er es einfach nicht mehr aushält ..."

Auch das ist ein Service, den man in den meisten Massagestudios eher nicht bekommt.

Es kann besonders reizvoll sein, einzelne Techniken miteinander zu kombinieren. So können Sie beispielsweise den Körper Ihres Liebsten mit sanften Berührungen durch Stoffe oder Blüten vorwärmen und seine Sinnesempfindungen überhaupt erst wecken, dann mit traditionellen Massagemethoden weitermachen und schließlich eine Körper-an-Körper-Massage zum erotischen Höhepunkt werden lassen. Möglicherweise wollen Sie sich das aber für spezielle Gelegenheiten aufheben, etwa als ein ganz außergewöhnliches Geburtstagsgeschenk.

Wenn Sie wirklich wissen, auf welche Berührungen Ihr Partner so richtig abfährt, können Sie ihm auch im Alltag, zum Beispiel wenn Sie mit Freunden zusammensitzen, eine kleine Nacken- oder Schultermassage zukommen lassen. Unweigerlich werden bei ihm dabei Erinnerungen an ihre hocherotischen Stunden zu zweit aufsteigen, und vielleicht kann er es gar nicht mehr abwarten, mit Ihnen wieder nach Hause zu kommen.

Auch eine Massage der Füße und Zehen kann ebenso liebevoll wie erotisierend sein. Das gilt nicht nur für Fußfetischisten und Fans von Unterwerfungsspielen. Nicht umsonst nämlich gibt es im Bereich der alternativen Medizin die sogenannte Fußreflexzonentherapie, die davon ausgeht, dass bestimmte

Punkte der Fußsohlen mit den verschiedenen menschlichen Organen in Verbindung stehen und beispielsweise Akkupressur hier positive Effekte hervorruft. Solche Annahmen mögen von Schulmedizinern bezweifelt werden, aber schon die Beliebtheit solcher Theorien weist darauf hin, dass eine Massage der Füße für viele Menschen mit einem besonderen Wohlbefinden verbunden ist.

Was gibt es bei einer solchen Massage zu beachten?

♥ Oft ergibt sich eine solche Massage einfach aus der Situation heraus. Jemand legt seine müden Füße seinem Partner in den Schoß oder in Reichweite auf die Couch und wird von diesem daraufhin entweder fies durchgekitzelt oder nett massiert. Sie können eine Massage aber auch von vornherein absprechen. Dann wäre es nett, wenn sich derjenige, der massiert wird, zuvor die Nägel schneidet und die Füße wäscht – insbesondere wenn sie den ganzen Tag über in engen Schuhen gesteckt haben. Man kann die Fußwäsche aber auch als Vorspiel für die Massage stattfinden lassen.

♥ Wenn es zur eigentlichen Massage kommt, sollten Sie als Masseur erst einmal dafür sorgen, dass Sie selbst bequem sitzen und dabei einen leichten Zugriff auf den Fuß Ihres Partners haben. So können Sie sich ihm unangestrengt über längere Zeit widmen. Gießen Sie etwas Öl in Ihre Handflächen, und beginnen Sie, auf die verschiedenen Stellen des Fußes sanften Druck auszuüben.

♥ Der Druck sollte stark und flächig genug ausgeübt werden, damit Ihr Partner Ihre Berührungen nicht als kitzlig empfindet. Das könnte auf Dauer die Stimmung ein wenig zerstören.

♥ Die Zehen allerdings möchten Sie unter bestimmten Umständen allerdings mit dem Massageöl verschonen – dann nämlich, wenn Sie beschließen, sich ihnen später mit Ihrem Mund zu widmen, also beispielsweise einen nach dem anderen zwischen Ihre Lippen zu nehmen und sanft daran zu lutschen oder zu saugen. Oder wenn Sie damit rechnen, dass Ihr Lover seine Zehen in den nächsten Minuten dazu verwenden könnte, noch viel tiefer in Ihren Schoß vorzudringen. Sie erinnern sich: Wenn Öl in Körperöffnungen gelangt, führt dies leicht zu Infektionen.

♥ Die Knie des Massierten sollten nicht die ganze Zeit über ausgestreckt sein, sondern lieber leicht gebeugt und mit einem Kissen oder einer Nackenrolle als Unterlage. Andernfalls können sie bald steif und schmerzhaft werden.

Eine Fußmassage – oder schon ein simples Fußbad in heißem mit Öl durchmischtem Wasser – wird als besonders angenehm empfunden, wenn Sie dies Ihrem Partner zukommen lassen, nachdem er oder sie den ganzen Tag auf den Beinen war. Über den erotischen Akt hinaus ist damit die Botschaft verbunden: Ich spüre, was du jetzt brauchst, und ich will mich darum kümmern, dass du es bekommst und dass es dir gut geht.

Eine Alternative zur Fußmassage besteht darin, dass Sie sowohl Ihre Füße als auch die Ihres Partners mit Öl oder Lotion einschmieren und dann alle vier Füße zusammen in ein großes Handtuch packen, um dann darunter mit Zehen und Sohlen Zärtlichkeiten auszutauschen.

Es gibt einige Fälle, bei denen man von einer Massage eher absehen sollte. Dazu gehören Narbengewebe, Krampfadern, ansteckende Krankheiten, Hautinfektionen, Schwellungen, Thrombosen, Venenentzündungen und Herzprobleme. Auch direkt nach Operationen, schweren Verletzungen und bei Schmerzanfällen sollten Sie lieber auf eine Massage verzichten. Wenn Sie sich nicht ganz sicher sind, ob man Sie problemlos massieren kann oder nicht, fragen Sie am besten Ihren Hausarzt.

Nach einer Massage sollten sie möglichst nicht sofort wieder in den Alltagsstress zurückkehren, sonst verliert sich der entspannende Effekt allzu schnell. Weitaus angenehmer ist es, sich nebeneinander in eine flauschige Decke zu kuscheln, sich zuvor bereitgelegte Schokolade oder andere Snacks zu schnappen und einfach miteinander ein wenig zu plaudern, zu träumen oder zu schmusen.

So ölen Sie Ihre Liebe

Das Thema „Öle" ist beim Massieren so zentral, dass ihm ein eigenes Kapitel gebührt. Dabei kommt es Ihnen vielleicht in den Sinn, stattdessen lieber mit Pflegelotionen zuwerke zu gehen. Das können Sie natürlich tun, aber Öle haben den deutlichen Vorteil, dass sie nicht so schnell in die Haut einziehen wie Lotionen. Sie müssen also nicht ständig nachschütten, um die Gleitfähigkeit zu erhalten, sondern können sich längere Zeit ununterbrochen dem Massieren widmen.

Wie ich bereits im vorhergehenden Kapitel angerissen habe, sind die aromatischen Öle viel zu intensiv, als dass man sie pur für eine Massage verwenden könnte. Stattdessen nimmt man von ihnen jeweils nur einige Tropfen und vermischt diese mit einer Trägersubstanz, also beispielsweise einem anderen, weit weniger intensiven Massageöl.

Allgemeine Tipps:

♥   Aromatische Massageöle finden Sie beispielsweise in Drogerien, Apotheken, Reformhäusern, Geschäften für Kosmetika und so manchem New-Age- oder Esoterik-Laden. Probieren Sie einfach mal aus, welches Öl Ihnen vom Geruch her am ehesten zusagt. Ein Fläschchen von 5 Millilitern erhält man bereits ab vier bis fünf Euro im Handel. Je hochwertiger und reiner die Essenzen sind, desto höher steigt auch der Preis des Öls.

♥   Gehen Sie sicher, dass keiner von Ihnen beiden gegen ein Öl allergisch ist, das Sie verwenden möchten. Um das zu testen, reicht es aus, ein paar Tropfen dieses Öls auf Ihren Unterarm (bzw. den Ihres Partners) zu schütten und sie danach nicht wieder abzuwaschen. Zeigen sich auch am nächsten Tag noch keinerlei Zeichen für eine Allergie, können Sie das Öl guten Gewissens verwenden.

♥   In jedem Fall sollten Sie aber vermeiden, dass ein Aromaöl Ihnen oder Ihrem Lover auf die Schleimhäute gerät.

♥   Seien Sie sehr behutsam, was die Dosierung angeht. Wenn Sie Öle miteinander vermengen, schnuppern Sie am besten nach jedem zusätzlichen Tropfen, ob der Duft nicht ins Unangenehme umschlägt.

♥   Öle sollten in dunklen, dichten Fläschchen kühl gelagert werden – jedoch nicht im Kühlschrank.

♥   Für die Massage von besonders dicht mit Haar bewachsenen Körpern benötigen Sie mehr Öl als für haarlose.

Allerdings gibt es noch mehr Möglichkeiten, wohlriechende Öle in Stunden der Liebe zu verwenden, als nur für eine Massage allein. Sie können Tropfen davon beispielsweise in Ihr heißes Badewasser mischen, sie auf den schmelzenden Wachs einer entzündeten Kerze fallen lassen, Handtücher und Laken damit einsprühen oder sie in eine kleine Schüssel mit Wasser geben, die Sie danach auf Ihre Heizung stellen. Die Hitze sorgt dann dafür, dass sich der Duft des Öls in Ihrem Zimmer verteilt.

„Wenn Romantik oder Sex Ihr Ziel ist", empfehlen Dr. Patti Britton und Helen Hodgson°, „dann gibt es hier drei ganz spezielle ‚Liebeselixiere', die Sie in die richtige Stimmung bringen. Für eine aphrodisierende Massagemischung, verwenden Sie alles mit Rosen- oder Ylang-ylang-Essenzen, insbesondere um in Frauen das Feuer zu entfachen. Schütten Sie ein paar Tropfen von jedem in eine Schüssel mit warmem Wasser, einen Zerstäuber oder auf eine Kerze, und zwar mindestens zwanzig Minuten, bevor Sie in diesem Raum mit Ihrer Massage beginnen. Eine andere Liebesfreude stellen Sie her, indem Sie jeweils ein paar Tropfen von Jasmin-, Rosen- Sandelholz- und Bergamotöl in das Trägeröl fallen lassen, mit dem Sie die Massage selbst durchführen. Und schließlich können Sie jeweils zehn Tropfen von Ylang-Ylang, Jasmin, Sandelholz, Patschuli und Muskatellersalbei in Ihr Badewasser geben, um die Bereitschaft zur Romantik zu verstärken."

Eine Rezeptur zur Herstellung von aromatischem Badeöl liefert im Übrigen auch Tamar Love in ihrem Buch „The Sensual Bath" (Sterling 2008). Benötigt werden dafür 240 Milliliter Mandelöl als Träger, ein Teelöffel getrockneter Lavendel, Kamille oder andere Kräuter und Blumen sowie fünf Tropfen essentieller Öle ihrer Wahl. (Zu einer Reihe von Vorschlägen komme ich ab dem nächsten Absatz.) Stecken Sie die Kräuter und Blumen in eine leere, saubere Flasche, füllen Sie diese mit dem Mandelöl auf, fügen Sie einige Tropfen der essentiellen Öle hinzu, verschließen Sie dann fest die Flasche und schütteln Sie sie solange, bis sich die Aromen durchmischt haben.

Was sind die besten Öle für Liebesstunden?

Geranienöl: Sein blumiger, rosenähnlicher Duft hilft gegen Kraftlosigkeit und Zaghaftigkeit. Er soll auch Depressionen und das prämenstruelle Syndrom abmildern. Die Geranie wird mit der römischen Liebesgöttin Venus in Verbindung gebracht.
Vorschlag zur Verwendung: Lösen Sie vier Tropfen Geranienöl in zwei bis drei Esslöffeln Honig, die Sie in das Badewasser rühren. Ihr Partner dürfte dadurch bald in eine bessere Stimmung kommen.

Jasminöl: Sein süßer, weiblicher Duft macht sinnlich und wirkt euphorisierend. In der altindischen Mythologie gilt Jasmin als heilige Pflanze des Liebesgottes Kama, nach dem das Kamasutra benannt wurde.
Vorschlag zur Verwendung: Vermischen Sie sechs Tropfen Jasmin mit 50 Millilitern Massageöl oder geben Sie einen Tropfen Jasminöl auf einen Esslöffel Meersalz, den Sie ins Badewasser streuen. Aber aufpassen: Jasmin kann empfindliche Haut reizen. Da der Jasmingeruch die menschliche Phantasie und Kreativität anregt, wäre der Einsatz dieses Öls vor allem zu empfehlen, wenn Sie danach erotische Rollenspiele planen.

Lavendelöl: Sein zugleich süßer und würziger Duft wirkt ausgleichend und sorgt für eine erholsame Nacht. Die alten Römer badeten in Lavendel, um den offenbar damals schon recht stressigen Alltag hinter sich zu lassen und zu innerem Frieden zu finden.
Vorschlag zur Verwendung: Zu Lavendelöl sollten Sie nur greifen, wenn Sie danach mit Ihrem Lover außer sanftem Kuscheln nicht mehr allzu viel vorhaben. Bringen Sie ihn doch

mit einer entspannenden Fußmassage (25 Tropfen Lavendel-öl auf 100 Milliliter Massageöl) zu Bett.

Myrtenöl: Sein frischer, krautiger Duft soll die Gedanken klären und für eine heitere Stimmung sorgen.
Vorschlag zur Verwendung: Wenn Ihr Liebster gestresst von der Schule, der Uni oder der Arbeit kommt, Sie an diesem Abend aber noch was mit ihm vorhaben, durchmischen Sie doch mal zehn bis 15 Tropfen Myrtenöl mit 50 Milliliter Massageöl und reiben ihm damit Gesicht, Hals und Schultern ein. Das dürfte seinen Kopf wieder frei machen, so dass er sich ganz Ihnen zuwenden kann.

Orangenöl: Sein erfrischend-spritziger Duft stärkt Selbstvertrauen und Kreativität. Es gilt als ein wirkungsvolles Aphrodisiakum und wird manchmal als „der eingefangene Sonnenschein" bezeichnet.
Vorschlag zur Verwendung: Geben Sie zwei Tropfen dieses Öls auf ein dünnes Stofftuch, mit dem Sie Ihrem Partner vor dem Sex die Augen verbinden. Falls Sie Orangenöl auf Ihre Haut auftragen, sollten Sie sich danach nicht in die Sonne legen.

Rosmarinöl: Sein krautiger, leicht stechender Duft macht selbst die größten Morgenmuffel munter.
Vorschlag zur Verwendung: Falls Sie sich für morgendlichen Sex (z. B. bei Sonnenaufgang) entschieden haben oder einen ganzen Romantik-Tag vor sich haben, Ihr Liebster aber nicht recht aus den Federn will, kann dieses Öl helfen: Geben Sie einen Tropfen davon in eine kleine Schüssel mit Wasser und waschen Sie Ihrem Lover damit zärtlich den Oberkörper und das Gesicht.

Ylang-Ylang: Dieses sehr intensiv blumig duftende Öl gilt als besonders wirkungsvolles Aphrodisiakum, das romantische ebenso wie erotische Gefühle hervorruft. In Indonesien werden Ylang-ylang-Blüten über das Hochzeitsbett gestreut, um sexuelles Begehren anzufachen und sexuelle Gesundheit zu stärken. Man verwendet sie aber auch, um daraus erstklassige Parfüme und Seifen herzustellen.
Vorschlag zur Verwendung: Zu Ylang-Ylang sollten Sie greifen, wenn Sie eine Nacht der sexuellen Ekstase wünschen.

Verwenden Sie wegen des intensiven Dufts aber wirklich nur wenige Tropfen! Ylang-ylang ist auch wunderbar geeignet, wenn Ihre Beziehung schon zu sehr von Alltagsroutine geprägt ist und Ihre Gefühle füreinander nur auf Sparflamme brennen. Dieses Öl dürfte dabei helfen, sie wieder auflodern zu lassen.

Zedernholz: Dieses Öl wird als Aphrodisiakum betrachtet. Die alten Ägypter erzeugten damit ebenso heiligen Weihrauch wie Kosmetika. Wenn Sie schwanger sind, sollten Sie auf seine Verwendung jedoch verzichten.
Vorschlag zur Verwendung: Lassen Sie ein paar Tropfen davon auf die Glühbirne einer eingeschalteten Lampe fallen, damit sich durch die Wärme der Duft im Raum verteilt.

Welche hilfreichen Öle gibt es sonst noch?

Grapefruit: Der scharfe Zitronengeruch dieses Öls bringt Sie derart auf Touren, dass Sie bereit sind, nach einer Massage damit Bäume auszureißen. Es ist gut geeignet, wenn Sie in der darauf folgenden Nacht noch einiges vorhaben.

Muskatellersalbei: Auch dieses Öl wird zu den Aphrodisiaka gerechnet. Es soll euphorisierend wirken, aber zugleich nervliche Anspannung mildern. Insofern kann es manchem Mann helfen, der zu früh kommt. (Aber verlassen Sie sich besser nicht allein darauf; vorzeitige Ejakulation kann die unterschiedlichsten Ursachen haben.) Frauen sollten dieses Öl ebenfalls nicht in der Schwangerschaft benutzen.

Patschuli: Das ist der Duft, den viele automatisch mit der Hippie-Ära der wilden Siebziger verbinden, einem Zeitalter der sexuellen Revolution und der freien Liebe. Insofern erkennt man schon seine Wirkung: Er macht den Kopf frei, um sich von den Fesseln und Zwängen vieler Konventionen zu lösen. Denken Sie aber daran, dass die meisten Hippies eher für sanfte Zuwendung als für superheiße Erotik schwärmten: Patschuli bietet sich eher für gemütliches Knuddeln an als für ausgefallene Abenteuer.

Piment: Dem pfeffrig-würzigen Duft dieses Öls wird nachgesagt, Leidenschaft zu schüren und für Ausdauer zu sorgen. Es wird gerne für Herrenparfüms verwendet.

Pinie: Dieses Öl soll besonders bei erotischen Fußmassagen sehr wirkungsvoll sein. Danach fühlt man sich oft so schwungvoll, als könne man schweben.

Rose: Ein Duft, der für romantische Stimmung sorgt. Für wilden und leidenschaftlichen Sex ist er eher ungeeignet, für den Austausch sanfter Zärtlichkeiten sehr.

Sandelholz: Dieses Öl aus dem Holz des ostindischen Sandelbaums gilt nicht nur ebenfalls als Aphrodisiakum; es wird sogar als „Königin der Öle" bezeichnet. So wird es im Kamasutra erwähnt, und Kleopatra soll es verwendet haben, um Mark Anton zu verführen. Aber auch Frauen spricht es an, da sein Duft an das männliche Sexualhormon Androstenon erinnert. Im Reiki ordnet man das Sandelholz dem Wurzelchakra zu, das als Sitz der sexuellen Energie und der Lebenskraft schlechthin gilt. Im ersten Drittel einer Schwangerschaft sollten Sie jedoch darauf verzichten.

Vetiver: Dieses Öl wird aus den Wurzeln des indonesischen Süßgrases hergestellt. Es wirkt außerordentlich entspannend und erleichtert dadurch eine völlige Hingabe.

Weißdorn: Diesem Öl wird nachgesagt, seinen Benutzer lockerer zu machen, so dass er leichter sagen kann, was ihm auf dem Herzen liegt. Probieren Sie es doch einmal aus, kurz bevor Sie Ihrem Partner Ihre sexuellen Wünsche und Bedürfnisse mitteilen.

Sie können mit verschiedenen Ölen experimentieren, aber es hilft, sich langfristig für das eine oder andere zu entscheiden. Am raffiniertesten ist es, wenn Sie eines auswählen, das Sie schon einmal in einer Nacht verwendet haben, die dann besonders zärtlich oder leidenschaftlich verlaufen ist. Nicht nur, weil das Öl damit seine Wirkung unter Beweis gestellt hat. Sondern auch, weil Sie es dann als unbewussten Auslöser verwenden können. Ihr Liebster wird, sobald er diesen Duft wahrnimmt, auf der emotionalen Ebene wieder an die damalige Nacht erinnert, und die Gefühle von damals können wieder geweckt werden. Dazu reichen unter Umständen schon einige Tropfen, die Sie an der richtigen Stelle platziert haben. „Tragen Sie Parfüm dort auf, wo Sie geküsst werden wollen", lautet ein Ratschlag Coco Chanels. Mit Aromaölen ist es kaum anders.

Denken Sie aber auch daran, dass manche Leute „künstlichen" Düften, wie sie in Ölen, Parfüms usw. vorkommen, so gar nichts abgewinnen können, weil sie der Auffassung sind, dass diese die natürliche, ganz persönliche Duftnote eines Menschen überdecken.

Die Kunst der sinnlichen Berührung

Ich habe bis hierhin eine ganze Reihe von Aspekten behandelt, die man im weitesten Sinne einem stark ausgedehnten Vorspiel zuordnen kann, vom Restaurantbesuch bis zur Massage. Aber wie ist es mit dem „Sex an sich" – eine etwas seltsame Formulierung vielleicht, denn ich glaube, aus den vorangegangenen Kapiteln ist klar geworden, dass auch all die anderen Dinge zum Sex dazugehören. Aber Sie wissen, was ich meine: wirklich intime Berührungen, die besondere körperliche Nähe eines Liebespaares, Geschlechtsverkehr. Gibt es davon auch eine romantische Variante oder ist, plump gesagt, Ficken immer gleich Ficken?

Wenn ich auf die Definitionen von romantischem Sex zurückblicke (sich Zeit lassen, all seine Sinnlichkeit entwickeln), dann glaube ich, dass es auch zum „Ficken" eine romantische Variante gibt. Ich denke hier an eine Methode, die von den berühmten amerikanischen Sexualforschern Masters und Johnson entwickelt wurde und die unter dem Namen „sensate focus" oder „sensate focusing" bekannt ist: Konzentration auf die Sinne. Normalerweise wird sie in der Therapie sexueller Störungen eingesetzt, beispielsweise von Erektionsschwäche, vorzeitiger Ejakulation, Orgasmusproblemen oder allgemeiner Lustlosigkeit. Das ist sinnvoll, denn „sensate focusing" rückt beim Sex wieder die sinnliche Erfahrung in den Vordergrund statt ihn zu einer Art „Rennen zum Höhepunkt" zu machen, der ein Ziel darstellt, das unbedingt erreicht werden muss. Es soll der Druck wegfallen, unbedingt eine bestimmte „Leistung" erbringen, ein „Ziel erreichen" zu müssen. Stattdessen sollen die Partner wieder lernen zu entspannen und zu genießen. Der Orgasmus kommt dann irgendwann wieder von ganz allein.

Was bei sexuellen Störungen hilfreich ist, kann aber auch für Paare sinnvoll sein, die damit überhaupt keine Probleme haben, und wird immer mehr als ein neuer Weg zur Lust empfohlen. „Was am Ende des Tages herauskommt?" fragte sich beispielsweise die Zeitschrift „Fit for fun" in einem Artikel zu dieser Praktik. „Sinnlicher, nicht zielorientierter Sex, eher ruhiger Fluss als tosender Ozean. Er hat nichts mit dem So-schnell-wie-möglich-fertig-Werden zu tun, der Alltagsmusik vieler routinierter Paare. Und der Magic Touch verspricht eins: Hochgenuss statt Fast-Food-Sex." Genau darum geht es mir in diesem Ratgeber.

Probieren Sie doch einfach mal für sich und Ihren Partner aus, ob Sie mit dieser Technik etwas anfangen können.

Folgende Dinge gehören zur Vorbereitung:

♥ Wählen Sie einen Morgen, Nachmittag oder Abend, an dem Sie wirklich ausreichend Zeit haben. Das Minimum ist eine halbe Stunde, eine volle Stunde wäre besser.

♥ Beseitigen Sie sämtliche möglichen Störelemente so wie ich das schon an anderer Stelle beschrieben habe: Telefon ausstöpseln, Heizung auf eine angenehme Zimmertemperatur einstellen usw.

♥ Wenn Sie mögen, legen Sie sich einige Gegenstände zurecht, die bei der Berührung mit ihnen unterschiedliche Empfindungen auslösen (z. B. kühl und warm, seidig und rau etc.)

♥ Besprechen Sie mit Ihrem Partner diese neue Praktik, so dass ihm klar ist, worum es dabei geht. Andernfalls ist die Wahrscheinlichkeit groß, dass er recht zügig wieder zum gewohnten Sex überleiten möchte. Es ist auch sinnvoll, Ihre Rollen aufzuteilen: Einer sollte Berührungen geben, einer empfangen.

♥ Derjenige, der die Berührungen empfängt, kann, wenn er möchte, eine locker geschlungene Augenbinde tragen, um unerwünschte und ablenkende Außenreize noch sicherer auszuschalten.

♥ Jetzt beginnen Sie damit, einander zu berühren. Gleiten Sie mit Ihren Fingern über den Körper Ihres Partners – von ganz oben bis ganz unten oder umgekehrt, Vorder- und Rückseite. Dabei sollten Sie auf folgendes achten:

♥ Die Brüste und die Genitalien sind fürs erste tabu. Es läuft dem Sinn dieser Übung entgegen, wenn man sich allzu schnell den erogensten Zonen widmet. Schließlich geht es hier darum, den sexuellen Kontakt zu entschleunigen, sich Zeit zu lassen.

♥ Generell gilt als Richtschnur, dass Sie die Berührungen so langsam stattfinden lassen wie möglich. Wir sprechen hier wirklich von Zeitlupe. Fachleute empfehlen: Wenn Sie den Eindruck haben, dass es jetzt aber wirklich zu langsam sei, halbieren Sie das Tempo noch einmal.

♥ Wenn diese Übung neu für Sie ist, sprechen Sie nicht miteinander, auch wenn Sie das sonst beim Sex gerne tun. Normalerweise würde ich Sie dazu ermutigen, beim Sex miteinander zu reden, weil Sie dabei einander mitteilen, was Ihnen gut tut und was nicht. Beim „sensate focusing" geht es aber darum, in sich hineinzuhorchen und seine eigenen Empfindungen stärker wahrzunehmen. Kommunikation mit dem Partner lenkt dabei zu sehr ab. (Natürlich können Sie aber zurückmelden, wenn Ihr Partner irgendetwas macht, was Ihnen gar nicht gut tut: „Du sitzt gerade auf meinem Knöchel.") Sobald Sie ein wenig Erfahrung mit dieser Übung haben, können Sie auch miteinander reden. Dabei kann derjenige, der berührt wird, mitteilen, was er jeweils empfindet. Eine Alternative hierzu: Ein Partner berührt den anderen an verschiedenen Stellen seines Körpers, und der Berührte reagiert darauf, indem er Zahlen zwischen eins und zehn nennt. Diese Zahlen bewerten allerdings nicht die „Qualität" der Berührungen (was immer das auch sein sollte), sondern verraten, wie wenig oder wie sehr er an dieser Stelle eine Berührung wünscht. Letzten Endes entsteht auf diese Weise eine Art „Landkarte der erogenen Zonen".

♥ Küssen, Umarmen, Kitzeln usw. ist erlaubt. Wenn Sie mögen, können Sie irgendwann auch die bereitgelegten Gegenstände mit ins Spiel bringen, z. B. einen Seidenschal über die Brust Ihres Partners gleiten lassen.

♥ Jeder von Ihnen beiden sollte sich darauf konzentrieren, einfach zu genießen, statt sich Gedanken darüber zu machen, was der andere wohl genießen könnte.

♥ Wenn Ihre Aufmerksamkeit unbedingt ein Ziel braucht,

um nicht abzuschweifen, dann versuchen Sie, den Körper Ihres Geliebten kennenzulernen und genau wahrzunehmen. Wie unterscheiden sich die verschiedenen Zonen voneinander? Welche sind kälter oder wärmer, rauer oder zarter?

♥   Lauschen Sie dem Atmen Ihres Partners und finden Sie in diesen Rhythmus hinein. Seien Sie ganz und gar im Jetzt.

♥   Nachdem so eine gewisse Zeit vergangen ist, können Sie sich allmählich auch den Brüsten und den Geschlechtsorganen Ihres Lovers widmen. Lassen Sie sich auch hierbei Zeit.

♥   Gegen Ende stehen Ihnen im Wesentlichen zwei verschiedene Möglichkeiten zur Verfügung: Entweder Sie lassen das Ganze jetzt doch in den „gewohnten" Sex übergehen, was sich insbesondere anbietet, wenn Sie beide inzwischen schon ziemlich heiß geworden sind. Oder Sie lassen diese Erfahrung erst einmal auf sich wirken und unterhalten sich ein paar Stunden später darüber.

Die Genitalien erst einmal längere Zeit nicht zu berühren kann zu besonders intensiven Empfindungen führen. In Kenneth Ray Stubbs Buch „Erotic Passions" (Penguin 2000) schildert eine Frau sehr eindrücklich, auf welche Weise sie ihr Lover in eine leidenschaftliche Stimmung versetzte: „Erst streichelte er mich mit seinen Händen, jeden Zentimeter meines Körpers. Dann mit seinem Mund: küssend, saugend und leckend. Er spielte so unglaublich lange mit meinen Brüsten und Nippeln, die superempfindlich sind, und mit meinem Nacken. Aber er berührte niemals meine Geschlechtsorgane. Dann ging er runter zu meinen Füßen, meinen Zehen und meinen Innenschenkeln. Das tat er gut über eine Stunde, bis ich praktisch darum bettelte, dass er meine Genitalien berührte. Ich konnte es nicht mehr aushalten. Einmal strichen zufällig seine Haare darüber. Schon dieses leichte Streicheln ließ mich in die Höhe fahren. Und er berührte meine Geschlechtsorgane immer noch nicht! Sondern widmete sich wieder meinen Beinen und Füßen. Und dann erst schlüpften seine Hände endlich in meine klatschnasse Vagina."

Es gibt einige weitere Praktiken, den Sex mit dem Partner weniger zu einem Spurt zum Orgasmus als zu einem Verharren in einer Phase lustvoller Nähe werden zu lassen. Eine davon stammt aus der indischen Liebesschule des Tantra und wurde unter dem Namen „Karezza" bekannt. Dabei liegen beide Partner dicht aneinandergeschmiegt wie zwei Löffel in der Küchenschublade, der Bauch des Mannes berührt den Rücken der Frau. Nun führt der Mann sein steifes Glied in die Scheide seiner Partnerin ein. Von da an genießen beide die körperliche Nähe, streicheln einander, bewegen sich ansonsten aber nur minimal. Lediglich wenn sein Glied erschlafft, stößt er wieder zu, bis es sich erneut aufrichtet. Statt einer energiegeladenen Nummer von wenigen Minuten geht es hier also darum, die erotische Spannung möglichst lange zu halten. Erst ganz zum Schluss befreit sich all die inzwischen aufgestaute sexuelle Energie in einer Entladung, die die beiden Liebenden direkt ins Nirwana schleudert.

Eine dritte Möglichkeit schließlich kann darin bestehen, auf gewohnte Weise Sex zu haben, sich dabei aber Zeit zu lassen und die Aktion durchaus auch mal zwischendurch zu unterbrechen – beispielsweise um noch ein paar Snacks oder Früchte miteinander zu teilen.

Überraschend viele Leute scheinen auf Geschlechtsverkehr an sich bereitwillig verzichten zu können. Als im Jahr 1985 die amerikanische Sex-Ratgeberin Ann Landers (eine Art „Doktor Sommer" der USA) ihre Leser fragte, ob sie zufrieden damit seien, im Arm gehalten und liebevoll behandelt zu werden, dabei aber auf „den Akt" selbst zu verzichten, wurde sie innerhalb von vier Tagen mit 100.000 Zuschriften geflutet, von denen 72 Prozent befanden, das ginge für sie vollkommen in Ordnung.

Baden Sie in Wonne

Wenn es einen Raum in Ihrer Wohnung gibt, der sich ebenso sehr für erotische Abenteuer anbietet wie Ihr Schlafzimmer, aber in Erotik-Ratgebern oft nicht ausführlich genug gewürdigt wird, dann ist dies das Bad. Auch hier gibt es eine ganze Palette an Tipps und Ideen, damit Ihr gemeinsamer Aufenthalt dort zu einem sinnlichen Erlebnis wird.

♥   Räumen Sie zunächst einmal alle Dinge beiseite, die Sie an eher unromantische Alltagssituationen erinnern: zum Beispiel Zeitschriften neben dem Klo oder Flaschen mit Reinigungsmitteln unter dem Waschbecken. Wenn man ständig derlei Utensilien im Blickfeld hat, durchbricht das die Stimmung, die Sie gleich so kunstvoll aufbauen möchten.

♥   Verteilen Sie überall, wo es in Ihrem Badezimmer möglich ist, Kerzen, und zünden Sie sie an. Wenn Sie dann die Deckenbeleuchtung ausschalten, haben Sie eine ganz besonders eindrucksvolle Atmosphäre geschaffen. Eher ungeeignet für Kerzen sind der Wannenrand (man legt dort gerne den Kopf oder die Arme ab und herumspritzendes Wasser könnte die Flamme löschen) oder in der Nähe von leicht entflammbarem Material.

♥   Füllen Sie in das Badewasser aromatische Öle oder aber einen besonders anregend – oder entspannend – duftenden Badeschaum. Von Kleopatra sagt man, sie habe in Milch gebadet. Zumindest als Badezusatz für eine streichelzarte Haut wird Milch (insbesondere Ziegenmilch) auch heute noch von vielen empfohlen. Ähnliche Wirkung kann ein Honigbad (200 Gramm flüssiger Honig auf Wunsch ergänzt um einen Esslöffel Jojobaöl) haben. Die ideale Temperatur für solche Wohlfühlbäder beträgt um die 38 Grad. Der bekannte Journalist Jean Pütz hat auf seiner Website eine ganze Reihe unterschiedlicher Bademischungen zusammengestellt (beispielsweise 2 Esslöffel Sahne und 2 Esslöffel Honig für ein Sahne-Honig-Bad).

♥   Alternativ oder ergänzend zu all diesen Mischungen können Sie auch viele, viele Rosenblätter auf der Wasseroberfläche ausstreuen. Falls Ihnen Rosen zu abgedroschen erscheinen, entscheiden Sie sich doch für die Blüten anderer Blumen, beispielsweise Gardenien.

♥ Eine Idee für verspieltere Naturen stellt eine kleine „Flaschenpost" dar, in der sich ein Liebesbrief befindet. Besonders stilvoll wirkt es, wenn Sie sich für ein Papier entscheiden, das altertümlichem Pergament sehr ähnlich sieht. Perfektionisten reiben einen gebrauchten Teebeutel über den Briefbogen und sengen seine Ränder an, damit die Flaschenpost wirklich altertümlich aussieht.

♥ Ein origineller Trick besteht darin, mit einem Antibeschlagmittel eine Nachricht auf den Badezimmerspiegel zu schreiben. Sobald im Raum die Dampfschwaden aufsteigen, beschlägt der Spiegel bis auf die behandelten Stellen, und die Nachricht wird lesbar. Probieren Sie vorher aus, ob alles so klappt, wie Sie es sich vorstellen.

♥ Wenn Ihnen das zuviel Aufwand ist, schreiben Sie mit Lippenstift eine heiße Botschaft an die Innenwand der Duschkabine, kurz bevor Ihr Partner hineinsteigt.

♥ Ein zu Beginn wirklich dampfend heißes Bad bleibt über eine Stunde lang angenehm warm. Sie können es also als Überraschung für Ihren Partner vorbereiten und sich selbst zurückziehen. Sie können aber auch dableiben, um mit Ihrem Partner gemeinsam Spaß zu haben ...

♥ Lustvoll dekadent ist es, das Baden mit dem Schmausen zu verbinden. Wie das beispielsweise aussehen kann, beschreibt Kenneth Ray Stubbs in seinem Ratgeber „Erotic Passions" (Penguin 2000): „Ihr Lover entspannt nackt in seinem Schaumbad, das von einer einzigen Kerze erleuchtet wird. Wellen beruhigender Musik treiben durch den Äther. Jetzt betreten Sie, ebenfalls nackt, leise das Badezimmer. Dabei tragen Sie ein Tablett mit Kiwis und Bananen, die Sie zuvor in Scheiben geschnitten haben. Der Länge nach zerteilte Mangos triefen von ihren süßen Säften. Kleine Häufchen grüner, kernloser Weintrauben betonen die Röte von Erdbeeren und Kirschen. Dazwischen haben Sie von ihrer Schale befreite

Mandeln gestreut. Auch das von der tropischen Sonne vergoldete Fruchtfleisch einer zerteilten Papaya leuchtet auf Ihrem Tablett. In der Mitte ihres entkernten Leibes thronen zwei weiße Hügel reichhaltiger Schlagsahne." – Na, läuft Ihnen bei dieser Beschreibung auch das Wasser im Munde zusammen? Falls nicht, finden Sie in dem Kapitel über erotische Snacks oder in den darin empfohlenen Büchern garantiert auch etwas für Ihren Geschmack. Mit den Snacks, für die Sie sich entschieden haben, können Sie sich während des Badens gegenseitig füttern.

♥   Wenn Sie beide miteinander in die Wanne steigen möchten, ist die beste Stellung wohl jene, die wir aus dem Film „Pretty Woman" mit Richard Gere und Julia Roberts kennen: Ein Partner liegt unten auf dem Rücken, der andere, ebenfalls auf dem Rücken, über ihm. Das ist auch in Wannen möglich, die nicht gerade Whirlpool-Größe haben und sorgt für sehr viel Körperkontakt. Der unten Liegende (in der Regel dürfte das der Mann sein) kann sich dann liebevoll der Vorderseite seiner Partnerin widmen.

♥   Falls Sie regelrechten Sex in der Wanne haben möchten, ist es allerdings ratsam, wenn Sie beide sich kurz aufrichten, bevor *er* in *sie* eindringt. Tun Sie das nämlich noch im Liegen, besteht die Gefahr, dass Badewasser ins Innere der Vagina schwappt, und damit riskieren Sie eine Infektion.

♥   Apropos riskant: Sollten Sie auf den Einfall kommen, sich während des Badens mit einem Vibrator zu verwöhnen, sollte dieser auf jeden Fall wasserdicht sein. Elektrisierender Sex ist möglicherweise die schönste Methode, seine letzten Momente zu verbringen, aber so eilig werden Sie es wohl auch wieder nicht haben, diese Welt zu verlassen. Erfreulicherweise werden entsprechende Geräte im Handel vielfach angeboten. Selbst über Amazon kann man sich inzwischen einen wasserdichten Vibrator bestellen.

♥   Ebenfalls im Erotik-Fachhandel gibt es mittlerweile wasserfeste Anal-Dildos und Penisringe (die dann eben nicht aus Leder oder Stahl, sondern Plastik oder Gummi bestehen).

Es kann auch sehr romantisch sein, wenn Sie für Ihren Partner das Bad bereiten und ihn, während er sich in der Wanne aalt, fürsorglich verwöhnen. Beispielsweise könnten Sie

♥ auf Peelingpackungen mit Meeressalz zurückgreifen, die Sie in vielen Drogerien und Reformhäusern finden. Tauchen Sie einen feuchten Waschlappen in das prickelnde Salz und rubbeln Sie damit über den Körper Ihres Partners. Das Salz lässt nicht nur die Haut samtweich und glatt werden, es sorgt auch für heiße Fantasien von Liebe an einem von der Brandung durchgischten Küstenstrand.

♥ ihm die Haare waschen und dabei die Kopfhaut intensiv massieren: Sie ist vermutlich die erogene Zone, die im Liebesspiel am ehesten vergessen geht und doch bei vielen Menschen so empfindlich ist, dass man über sie wahrhaft orgastische Gefühle auslösen kann – eben weil sie zärtliche Empfindungen nicht so gewohnt ist.

♥ sich an den Wannenrand setzen und Ihren Partner einladen, eines seiner Beine auf Ihren Schenkel zu legen, woraufhin Sie zärtlich beginnen, seinen Fuß einzuseifen und danach zu waschen. Danach kommt der andere Fuß an die Reihe – und schließlich Oberkörper und Arme. Wenn Ihr Partner kleiner als die Wanne ist, kann es sein, dass Sie ihr eigenes Bein hineinsetzen und Ihren Knöchel sanft gegen das Becken Ihres Partners schieben müssen, um zu verhindern, dass er oder sie Ihnen in Richtung Fußende der Wanne entgegengleitet. Tragen Sie also zu solchen Gelegenheiten nicht gerade Ihre eleganteste Abendgarderobe.

♥ ihm einfach seine Lieblingszeitschrift überreichen, ihn eine Stunde lang völlig in Ruhe lassen und hoffen, dass er sich auf diese Weise so entspannen kann, dass der Sex *danach* wunderbar wird.

♥ ein Handtuch kurz in Ihren Backofen legen, bis es angenehm warm ist, und ihm dann eine Nackenrolle daraus drehen.

♥ nach dem Bad den Körper Ihres Partners mit einem auf

dieselbe Weise angewärmten riesigen, flauschigen Frottee-handtuch abtrocknen und darin einwickeln. Gordon Inkeles schreibt dazu in seinem Ratgeber „Sensual Massage for Coup-les" (Arcata Arts 2002): „Sie können Handtücher erwärmen, indem Sie sie in eine große Papiertüte stecken und damit für zehn Minuten bei 200 Grad in den Ofen schieben. Solange die Tüte keinem offenen Feuer ausgesetzt ist, wird sie nicht zu brennen anfangen, und Ihre Handtücher werden warm und vollkommen trocken sein. Wenn Sie das Glück haben, ein Handtuch zu besitzen, das groß genug ist, um von Kopf bis Fuß zu reichen, können Sie damit den Körper Ihres Partners mit einer einzigen Bewegung bedecken. Falls Sie jedoch mit kleineren Handtüchern arbeiten, dann beginnen Sie bei den Füßen und lassen Sie die Tücher einander überlappen, bis der gesamte Körper bedeckt ist. (...) Klopfen Sie dann von oben bis unten sanft gegen den Stoff, bis er sich den Konturen der Arme, der Beine und des Rumpfes anschmiegt." Für den sol-chermaßen umsorgten Partner ist das Ganze ein einzigartiges Wellness-Erlebnis.

Wie immer beim romantischen Sex geht es allerdings weniger darum, was Sie so alles geplant haben, als darum, wie es Ih-rem Partner dabei geht und was er gerne tun möchte. Mög-licherweise besteht Ihr eigentliches Ziel darin, ihn dermaßen aufzuheizen, dass es zu einem heißen Liebesspiel zwischen Ihnen beiden kommt. Überraschend erreichen Sie dann aber das Gegenteil, nämlich ihm eine derartige Entspannung zu bereiten, dass er Ihnen unter den Händen wegdöst. Ziehen Sie in diesem Fall keine Flunsch, sondern nehmen Sie bereit-willig an, was immer sich entwickelt. Romantischer Sex muss nicht unbedingt in einem Orgasmus enden, sondern kann sei-nen Zauber auch aus der körperlichen Nähe selbst beziehen und dem Wunsch, einander gutzutun. Sollten Sie das anders sehen, findet Ihr Partner an den folgenden Tagen bestimmt eine Gelegenheit, sein Wegdösen auf eine Weise wieder gutzumachen, die Ihnen gefällt.

Wie gestalte ich ein Boudoir der Liebe?

Für wirklich romantischen Sex ist es hilfreich, wenn er an einem Ort stattfindet, an dem die gesamte Atmosphäre stimmt und zu diesem Erlebnis beiträgt. Sex in einem hypermodernen Appartement mit funkelnden Designermöbeln aus Glas und Metall kann cool sein, ein Quickie auf der Toilette einer Party ist möglicherweise prickelnd und verwegen, aber keines von beidem ist besonders romantisch. Dazu gehört nämlich auch die passende Umgebung. Nun können Sie einen Ort suchen, der bereits romantisch ist (mehr dazu später), Sie können aber auch Ihr eigenes Schlafzimmer so ausgestalten, dass darin die Romantik ihren Platz findet.

Mit welchen Mitteln erreichen Sie das am besten?

Ein paar Vorschläge:

♥   Hängen Sie für Ihre Stunden trauter Zweisamkeit nicht nur die Türglocke aus, sondern auch das Telefon und alle anderen technischen Gerätschaften, die zu plötzlichen unerwünschten Ablenkungen führen könnten. Ihre intimste Begegnung sollte durch keine Anrufer der Süddeutschen Klassenlotterie unterbrochen werden, durch kein Faxgerät, das sich unvermittelt einschaltet, und auch nicht durch einen Videorecorder, auf dem Sie die neueste Folge von „Prison Break" getimert haben. All das reißt Sie nur aus Ihrem Himmel herunter.

♥   Falls Sie Haustiere haben, sind die für diesen Abend aus dem Weg und gut versorgt. Kinder übernachten bei Verwandten oder bei Gleichaltrigen.

♥   Sorgen Sie für Ordnung und die nötige Sauberkeit. Ob es leere Getränkeflaschen in der Ecke sind oder Staubmäuse auf dem Teppich – all diese Dinge stellen ebenfalls Ablenkungen und Störfaktoren dar, wenn man sich in eine romantische Atmosphäre fallen lassen möchte. Je nachdem, was Sie vorhaben, sollte auch Ihr Bett frisch bezogen sein und möglichst einladend aussehen.

♥ Um den Eindruck zu vermitteln, dass Ihre Liebeshöhle ein Ort ist, an dem die Zeit keine große Rolle spielt, können Sie auch sämtliche Uhren entfernen oder verdecken.

♥ Wenn Sie eine wirklich große Wohnung besitzen, kann es sinnvoll sein, wenn Sie für den Sex einen anderen Ort finden als Ihr Bett. Schlaftherapeuten erklären seit langem, dass es zu Schlafstörungen führt, wenn man im Bett andere Dinge tut, zum Beispiel lesen, fernsehen ... und das dürfte kaum weniger für Sex gelten. Abgesehen davon befindet sich in der Nähe Ihres Bettes möglicherweise einiges, das nicht allzu romantisch ist, sondern eher ablenkt (zum Beispiel Zeitschriften, Kekse, Medikamente und so weiter). Wie dem auch sei: Bei geeigneten räumlichen Grundvoraussetzungen ist eine „Liebeshöhle" nur für Sex kein ganz schlechter Gedanke.

♥ Der Atmosphäre dient es ebenfalls, wenn Sie statt einer grellen Deckenbeleuchtung eher sanftem, mattem Licht den Vorzug geben. Insbesondere Frauen fühlen sich damit oft wohler, weil nicht gleich jede kleine Falte und jeder echte oder auch nur vermeintliche Schönheitsmakel sofort klar zu erkennen ist. Darüber hinaus hat sich in verschiedenen Untersuchungen gezeigt, dass Menschen umso dichter zusammenrücken, je weniger hell es ist – und das kann ja nur in Ihrem Sinne sein. Entscheiden Sie sich beim Kauf von Lampen also am besten für solche, deren Licht man dimmen kann, um eine heimeligere Atmosphäre herzustellen. Mit etwas Geschick können Sie auch Ihre bestehende Beleuchtung entsprechend nachrüsten. Fragen Sie einfach mal im Elektrohandel nach.

♥ Die romantische Alternative: Stellen Sie überall im Raum verteilt ein halbes, ein oder sogar zwei Dutzend Kerzen auf – je nachdem, wie groß das Zimmer ist, das Sie damit in ein angenehm mattes Licht tauchen möchten. Manchmal allerdings ist weniger mehr: Haben Sie mit Ihrem Partner schon einmal beim Schein einer einzigen Kerze Sex gehabt?

Beim Ausprobieren werden Sie selbst schnell feststellen, welcher Grad an Beleuchtung Ihnen am besten gefällt. Vielleicht legen Sie am meisten Wert auf das kontrastreiche Spiel von Licht und Schatten, oder aber es ist Ihnen am wichtigsten, die

Augen und das Gesicht Ihres Liebsten noch gut erkennen zu können.

In jedem Fall sollten die Kerzen keine mögliche Ablenkung dabei darstellen, dass Sie sich ganz in Ihren Partner vertiefen, ohne Angst haben zu müssen, dass ein Vorhang Feuer fängt oder Ihnen die Möbel mit Wachs volltropfen. Kerzenleuchter oder stabile Untersetzer sind hier eine gute Hilfe. Schön geformte Leuchter tragen das ihre zu einer stimmungsvollen Atmosphäre bei.

Kerzenfarben und ihre Bedeutung:

Rot: leidenschaftliche Liebe und Hingabe, Verführung, Lust, Ekstase, Sünde, Aggression

Rosa: Freundschaft und zärtliche Liebe, Schönheit, Romantik

Blau: Harmonie und Zufriedenheit, Befreiung von Sorgen, Entspannung, Sympathie, Sehnsucht, Treue

Grün: Fruchtbarkeit und Wachstum, Harmonie, Jugend, Frische, Hoffnung, Sinnlichkeit

Gelb: Heiterkeit, Sympathie, Frische, Erfolg, Optimismus, Zuversicht, Fröhlichkeit

Gold: Attraktivität, Charme

Silber: Weiblichkeit, Ruhm

Orange: Anregung, Ausdauer und Kreativität, Lust, Exotik

Weiß: Reinheit, Unschuld, Jungfräulichkeit, Frieden
Schwarz: Macht, Dominanz

Braun: Stabilität, Sicherheit, Geborgenheit

Violett/Purpur: Spiritualität, Weisheit, Würde

Insbesondere im religiösen und esoterischen Bereich werden seit vielen Jahrhunderten den verschiedenen Farben von Kerzen, die man zum Beispiel bei Ritualen verwendet, unterschiedliche Bedeutungen zugeordnet. Aber diese Wirkung geht über spirituelle Bereiche hinaus. Die Erkenntnis, dass jede Farbe einen unterschiedlichen Effekt auf die menschliche Seele hat, wird in ganz unterschiedlichen Gebieten eingesetzt – von der Verkehrsplanung (Warnzeichen rot, richtungsweisende Zeichen blau etc.) bis zu der Art, wie Regisseure ihre Filme gestalten (bestes Beispiel: die Farbgebung in David Lynchs „Blue Velvet"). Auch im privaten Bereich können Sie mit verschiedenfarbigen Kerzen unterschiedliche Wirkungen hervorrufen. So erinnert beispielsweise blau an den wolkenlosen Sommerhimmel oder an das Meer, grün an die Natur und braun an die Erde. Das alles ist tief verwurzelt in der menschlichen Seele.

Farben können aber nicht nur bei Kerzen psychologisch geschickt eingesetzt werden, sondern erst recht bei Kissen, Bezügen, Wandbehängen, Decken, Teppichen, Tischdecken, Dessous und was es da sonst noch so alles gibt. Je größer die Farbfläche ist und je geschickter Sie kombinieren, desto größer ist die psychologische Wirkung, die Sie erzielen.

♥   Eine Alternative zu Kerzen stellen Teelichter dar. Vielleicht möchten Sie diese in mit Wasser gefüllten Schüsseln treiben lassen? Dann leuchtet nicht nur das Teelicht selbst, sondern auch sein Spiegelbild, was ebenfalls sehr effektvoll wirkt. Und um den Feuerschutz oder Wachsflecken brauchen Sie sich dann keine Sorgen mehr zu machen. Sie können mit den Teelichtern auch Herzen oder – bei ausreichender Menge - ganze Sätze formen („Ich liebe dich!") oder sie ein besonders hübsches Foto von Ihnen und Ihrem Liebsten umrahmen lassen. Mittlerweile findet man sogar Duft-Teelichter in so mancher Drogerie.

♥   Alternative drei, falls Sie überhaupt keine offenen Flammen in Ihrem Zimmer haben möchten oder falls Sie gerne bestimmte Effekte hervorrufen wollen, sind farbige Glühbirnen, die man im Elektrofachhandel erhält. Hier scheiden sich allerdings ein wenig die Geister, welche Farbe die günstigste ist. Ich selbst beispielsweise finde das gedämpfte Licht pink-

und pfirsichfarbener Birnen sehr angenehm. Ähnlich geht es den meisten Ratgeberautoren, beispielsweise Lou Paget, die in „Die perfekte Liebhaberin" (Goldmann 2000) darauf hinweist, dass es „dem Hautton zusätzlich einen schönen Schimmer, wie bei Sonnenaufgang oder -untergang" verleihe. Patti Britton und Helen Hodgson hingegen raten vor der Verwendung rosafarbener Birnen mit Nachdruck ab[p]: „Deren Färbung lässt Ihre Haut pink aussehen. Verwenden Sie stattdessen lieber einen Bernsteinton, der ein Glühen wie das Licht der untergehenden Sonne über Ihr Zimmer wirft. Sechzig-Watt-Bernstein-Birnen in Ihrer Nachttischlampe erzeugen denselben Effekt." Man kann vermutlich recht lange darüber diskutieren, ob eher Bernstein oder eher Pink dem Sonnenuntergang entspricht. Es bleibt Ihnen auch hier wohl nichts anderes übrig, als es selbst auszuprobieren und nach Ihrem eigenen Eindruck zu entscheiden.

Wenn Sie gerade keine farbige Glühbirne zur Hand haben, kann es auch ein dünnes, lichtdurchlässiges Halstuch tun, das Sie über einen Lampenschirm werfen.

♥ Sie können die Atmosphäre Ihres Boudoirs durch ein paar passende Bilder verstärken, seien es erotische Fotografien von Bruce Weber oder anderen Fotokünstlern, seien es ausdrucksstarke Gemälde beispielsweise von Georgia O´Keeffe. Fotos von Familienmitgliedern oder satirische Poster stellen in der gewünschten Atmosphäre eher einen irritierenden Bruch dar.

♥ Falls die Räumlichkeiten, in denen Sie leben, genügend Platz dafür bieten, lohnt es sich vielleicht, einen Wandschirm dort aufzustellen. Dieser sogenannte Paravent kann für höchste Erotik sorgen, wenn Ihr Lover davor wartet, während Sie sich dahinter aus- oder umziehen. Diesen Effekt können Sie noch einmal steigern, wenn der Wandschirm halb durchsichtig und dahinter eine Lichtquelle aufgestellt ist (Ihr Partner sieht dann also Ihre Silhouette) oder wenn Sie eindrücklich schildern, was Sie gerade tun, was Sie anhaben und was schon nicht mehr.

♥ Die erwünschte Wirkung bleibt erst recht nicht aus, wenn Sie das Lager Ihrer Lust mit edler Bettwäsche aus Seide oder

Leinen beziehen. Das gilt insbesondere dann, wenn Sie ein Mann sind, denn von unserem Geschlecht wird in dieser Hinsicht weniger Aufwand erwartet. Alles sollte frisch und supersauber sein. Farben wie Weiß oder dunkles Rot (Weinrot, Bordeauxrot) kommen besser als Blümchenmuster oder Schlümpfe.

Vielleicht finden Sie es aber auch etwas überstürzt, einen neuen Besuch in Ihrer Wohnung gleich in Ihr Bett einzuladen. Dann können Sie mit flauschigen Kissen und Bezügen aber immer noch dafür sorgen, dass Ihr Sofa zum Kuscheln einlädt.

♥ Noch paradiesischer gestalten Sie die Atmosphäre, indem Sie im Raum das Beste sehen lassen, was die Natur zu bieten hat. Das sind in erster Linie natürlich Sie selbst und Ihr Partner, aber darüber hinaus können Sie appetitliche Früchte auslegen oder wunderschöne Blumen in einer passenden Vase mit warmem Wasser. (Auch bei Blumen lässt die Wärme ihren Duft entwickeln.)

Blumen und ihre Bedeutung

Auch Blumen werden unterschiedliche Bedeutungen zugewiesen. Anders als bei Farben wird diese Bedeutung hier aber nicht unbewusst wahrgenommen; es sei denn Blumen und Farben spielen zusammen. (So stehen weiße Lilien ebenso wie weiße Nelken für Unschuld und Reinheit, werden aber, da man sie oft bei Begräbnissen verwendet, nicht nur mit Positivem assoziiert.) Nur dass rote Rosen für heiße Liebe stehen weiß wirklich jedes Kind. Wenn Sie Ihrem Liebsten gegenüber also wirklich durch Blumen sprechen möchten, ist es vielleicht kein Fehler, ihm auf einer Karte einen Satz dazuzuschreiben wie „Was diese Blumen bedeuten, erfährst du unter ...“ Oder aber Sie legen einfach ein Exemplar dieses Buches bei.

Ich habe einige der schönsten Blumenbedeutungen zusammengetragen.

Akazie: keusche Liebe
rosa Akazie: Glückseligkeit
Alpenrose: Wann sehen wir uns wieder?
Anemone: Freude
Blaustern: Vergiss und vergib mir.
Belladonna: Du bist schön, aber nicht ungefährlich.
Chrysantheme: Mein Herz ist frei. Bist du interessiert?
Coreopsis: Du bist die Schönste.
Edelweiß: Du bist wunderschön.
Glockenblume: Unsere Herzen schlagen im gleichen Takt.
Goldlack: Ich sehne mich so nach dir.
Immortelle: ewige Liebe
Jasmin: Du bist bezaubernd.
Jelängerjelieber: Liebesverlangen
Kastanienblüte: Kannst du mir verzeihen?
Kornblume: Ich gebe die Hoffnung nicht auf.
Krokus: Ich brauche Bedenkzeit.
Lindenblüte: Träume süß und denk an mich.
Löwenmaul: Du bringst meine guten Vorsätze ins Wanken.
Lonas: ewige Liebe
Lonicera: Liebesverlangen
Märzenbecher: Ich will nicht länger warten.
Maiglöckchen: Unschuld
Malve: Ich schätze dich als meinen besten Freund.
Quecke: Gib mir eine Chance!
rote Nelke: Ich liebe dich heiß und inniglich.
Ranunkel: Du bist zauberhaft.
Resede: Du sollst an mich denken.
rote Rose: Ich liebe dich über alles.
weiße Rose: Liebe, Treue
Schlüsselblume: Gib mir den Schlüssel zu deinem Herzen!
Schwertlilie: Ich werde um dich kämpfen.
Veilchen: Du bist so unschuldig süß.
Vergissmeinnicht: Denk an mich.

Auch bei Blumen kommt es auf die Farbe an. So stehen beispielsweise wirklich knallrote Rosen wie die sogenannten „First
Red" für wirklich heiße Liebe, während rosafarbene Rosen auf
eher sanfte Gefühle hindeuten, die sich gerade noch entwickeln, und gelbe Rosen nachlassende Gefühle signalisieren.
Manchmal gelten sie auch als Symbol für Eifersucht. Andere

Blumen, die man in Rosa erhält, sind beispielsweise Geranien, Chrysanthemen, Nelken und Primeln.[q]

♥   Besitzen Sie ein gelungenes Foto, auf dem Sie und Ihr Partner zu sehen sind? Dann setzen Sie es doch in einen passenden Rahmen und stellen es so auf, dass es gut sichtbar ist.

♥   Am besten ist es, wenn Sie sämtliche Sinne zu einem Gesamterlebnis beitragen lassen. Nachdem Sie sich mit den weichen Laken um den Tastsinn und mit den Früchten um den Geschmack gekümmert haben, kann stimmungsvolle Musik die Gehörgänge umschmeicheln ...

♥   ... und für den Geruchssinn gibt es zwischen Duftkerzen, Räucherstäbchen oder einfach einem Spritzer Parfüm auf die Kopfkissen die unterschiedlichsten Möglichkeiten. Duftsteine finden sie in den verschiedensten Größen und Formen, beispielsweise als Engels- oder Elfenfigur. Sie können auch eine Duftlampe auf Ihren Nachttisch stellen und in ihre mit Wasser gefüllten Schälchen einige Tropfen eines ätherischen Öls (beispielsweise Sandelholz, Rose, Patschuli oder Ylang-Ylang) fallen lassen: Innerhalb kürzester Zeit wird ein erotisierender Wohlgeruch Ihr Zimmer durchströmen.

Wichtig ist nur, dass Sie des Guten nicht zuviel tun, damit der Duft noch lieblich und nicht aufdringlich-herb wirkt. Generell empfiehlt es sich, die Intensität der verschiedenen Duftstoffe erst einmal auf eigene Faust auszuprobieren. Verleihen Sie dem Zimmer das Aroma, das Sie für sinnvoll halten, dann gehen Sie einmal um den Block oder einkaufen. Welchen Eindruck haben Sie, wenn Sie in das Zimmer zurückkehren? Zu intensiv? Zu mild? Wenn Sie nicht wissen, wie Ihr Liebster auf solche Gerüche reagiert, fangen Sie besser ein wenig zu schwach an als allzu stark. Vanille beispielsweise ist noch recht zurückhaltend und bietet sich für diejenigen an, die in dieser Hinsicht wenig gewöhnt sind.

Falls Ihnen eine regelrechte Duftlampe zu teuer ist, können Sie sich jederzeit behelfen, indem Sie eine Wasserschale, in die Sie die Öltropfen gießen, auf einen Heizkörper stellen.

Einige sinnvolle Ratschläge zum Umgang mit Duftkerzen finden sich darüber hinaus in Lou Pagets „Die perfekte Liebhaberin" (Goldmann 2000): Mischen Sie Blütenduft nie mit dem Duft von Früchten. Zünden Sie Duftkerzen nie beim Essen an, da der Geruch sonst den Geschmack beeinträchtigt. Und lassen Sie die Kerzen nie unbeaufsichtigt brennen, oder geben Sie wenigstens unten in den Kerzenständer ein wenig Wasser, so dass sich die Kerze beim Herunterbrennen selbst auslöscht.

Falls Sie „künstlichen" Gerüchen wenig abgewöhnen können, gibt es als Alternative immer noch den Duft frischer Blumen. Allerdings „riechen ganz viele der gezüchteten Blumen kaum oder gar nicht" berichtet mir eine befreundete Floristin, die ich dazu befragt habe. „Ich würde wohl explizit nach Duftrosen fragen. Am besten frühzeitig, damit der Florist deiner Wahl sie im Großhandel bestellen kann. So was ist nämlich nicht immer da."

♥   Bleibt das Gehör: CDs mit romantischen Songs leisten hier gute Dienste. Aber stellen Sie die Musik besser nicht so laut ein, dass sie sich in den Vordergrund spielt. Hauptsächlich sollen Sie und Ihr Partner ja auf die Musik hören, die Sie miteinander erzeugen ...

♥   Stellen Sie Ihre Heizung sinnvoll ein. Es sollte warm genug im Raum sein, damit man nicht fröstelt, wenn man nackt ist;

vielleicht sogar warm genug, damit man das Bedürfnis verspürt, das eine oder andere Kleidungsstück abzulegen – aber nicht so heiß, dass man schon heftig ins Schwitzen gerät, noch bevor irgendeine Form von Action stattgefunden hat.

♥   Eine Flasche Sekt und ein paar leckere Snacks im Kühlschrank sind kein Fehler.

♥   Wenn Sie statt einem mehrere Räume zur Verfügung haben, können Sie jeden in einem unterschiedlichen Stil ausstatten: beispielsweise einen nach Art eines orientalischen Harems mit viel arabischem Nippes, nahöstlichen Fotos und Accessoires, einen eher gemütlich-kuschelig, einen ausgestattet mit Früchten und Blumen und so weiter. Sie können auch unterschiedliche Düfte oder Farben vorherrschen lassen.

♥   Schließlich gilt auch hier wie in allen anderen Bereichen: Es gibt kein für jeden gleichermaßen passendes Patentrezept, um ein „Boudoir der Liebe" einzurichten. Sie werden ein bisschen experimentieren müssen. Wie fühlen Sie sich in diesem Raum, wenn Sie eine Reihe von Kerzen angezündet haben, und wie, nachdem diese wieder erloschen sind? Bei welcher Glühbirnenfarbe und welchen Duftnoten fühlen Sie sich am sinnlichsten? Wie geht es Ihrem Partner damit? Es gibt hier keine ideale Einrichtung, sondern nur individuelle Stile für unterschiedliche Persönlichkeiten.

♥   Am einfachsten kommt man zu einer hübschen Ausstattung romantischer oder erotischer Accessoires, wenn man beim Einkaufen immer mal danach Ausschau hält und auch bereit ist zuzuschlagen, sobald man etwas Ansprechendes entdeckt. Sie können sich aber auch einen schönen Nachmittag machen, bei dem Sie gemeinsam mit Ihrem Liebsten auf der Suche nach passendem Nippes über die Flohmärkte ziehen. Und schließlich hilft auch hier wieder das Internet: Wenn Sie zum Beispiel nicht wissen, wo in Ihrer Nähe sich ein Geschäft befindet, in dem man hübsche Kerzen erhält, dann erhalten Sie die gewünschte Information am schnellsten, wenn Sie unter http://lokales.suche.web.de „Kerzen" als Suchbegriff eingeben. Mit etwas Glück erstellt Ihnen diese Suchmaschine eine ganze Reihe von Geschäften in den Städten und Ortschaften, die sich in Ihrer Nähe befinden, und Sie können dann entscheiden, welche Anlaufstelle Ihnen am geeignetsten erscheint.

♥ Und ein letzter Tipp zu diesem Thema: Das erotischste oder romantischste Boudoir verliert viel, wenn Sie selbst darin in schlampigen oder versifften Klamotten herumlaufen. Sie müssen nicht immer so wirken, als seien Sie gerade aus einem Katalog oder einem Liebesfilm entsprungen, aber die Gesamtwirkung ist sicher größer, wenn Ihre Kleidung und Ihr sonstiges Outfit zu der Atmosphäre des Raumes passen.

Verführerische Klänge

Wenn romantischer Sex ein ganzheitliches Rundum-Erlebnis werden soll, zu dem jeder Sinn auf seine Weise beiträgt, dann darf man das Hören auf keinen Fall übergehen. Sehr schön kann es sein, wenn man Zärtlichkeiten schon in der richtigen Umgebung austauscht, so dass die natürlichen Außengeräusche zur Stimmung beitragen, etwa Bachgeplätscher, Vogelgezwitscher oder das Rauschen von Wind durch die Wipfel der Bäume. Aber auch im häuslichen Liebesnest kann man durch die richtigen Klänge Gefühle vertiefen. Die Rede ist hier von der passenden stimmungsvollen Musik.

Möglicherweise stellt die Auswahl passender CDs für einen gemeinsamen Abend kein besonderes Problem für Sie dar. Vielleicht machen Sie es sich auch gerne leicht: Chris de Burgh und Eros Ramazotti gehen schließlich immer, oder Sie entscheiden sich einfach für einen Sampler mit Schmuse-Songs etwa der Reihe Bravo-Kuschelrock, in der es ja nicht ohne Grund inzwischen über 20 Editionen gibt. Aber vielleicht haben Sie auch Lust auf etwas anderes als die Charts-Titel, die ohnehin ständig im Radio rauf und runter gedudelt werden. Je breiter Ihr Repertoire ist, desto eher können Sie damit glänzen, wenn ein möglicher Partner zum ersten Mal in Ihre Wohnung kommt und dabei auch einen Blick auf Ihre CD-Sammlung wirft.

Vieles ist hier eine Geschmacksfrage. Möglicherweise können Sie mit den soften Alben, die ich hier zusammengestellt habe, überhaupt nichts anfangen, weil Sie z. B. rockigere Balladen bevorzugen: Europe, Nazareth oder Arrowsmith beispielsweise. Zugegeben, das ist nicht ganz meine Baustelle. Aber es kann ja immer sein, dass Sie einen Partner kennen und lieben lernen, der auf sanftere Klänge steht, und in diesem Fall bieten Ihnen meine Vorschläge zumindest eine kleine Orientierungshilfe.

Generell empfiehlt es sich auch hier, mit dem anderen über dessen und die eigenen Vorlieben zu sprechen. Das vermeidet zum einen unerwartete Fehlentscheidungen: Während viele Frauen beispielsweise bei Xavier Naidoo geradezu dahinschmelzen, würde dieser Sänger sowohl bei mir als auch bei anderen Männern, die ich kenne, eher Erektionsstörungen verursachen. Viele von uns empfinden seine Art zu singen als wehleidig und jammernd. (Generell würde ich bei Liebesnächten übrigens von deutschen Texten abraten. Wenn man problemlos versteht, was gesungen wird, lenkt das leicht ab.) Zum anderen aber ist das Gespräch über romantische Songs aber auch eine ideale Methode, um den anderen und seine Gefühlswelt besser kennen zu lernen. Warum fängt sie gerade bei „Eternal Flame" von den Bangles an zu seufzen? Wieso laufen ihm ausgerechnet bei „Jessie" von Joshua Kadison Schauer über den Rücken? Löst das jeweilige Lied Erinnerungen an frühere Erlebnisse aus? Spricht sein Text geheime Träume und Sehnsüchte bei Ihrem Partner an? Auf diesem Weg können Sie überraschend viel über die Innenwelten Ihres Liebsten erfahren.

Es folgt also nun eine kleine und sicher sehr subjektive Liste von Vorschlägen an Musik, die zu einer romantischen Stimmung beitragen können. Ich habe jeweils nur ein Album eines Interpreten ausgewählt – jenes, das ich selbst für ein romantisches Schäferstündchen am gelungensten halte.

A Fine Frenzy: One Cell in the Sea
Agnetha Fältskog: My Colouring Book
Air Supply: The Definitive Collection
Al Green: Lay It Down
Carpenters: Carpenters
Charlotte Gainsbourg: 5.55
Chris de Burgh: The Love Songs
Colbie Caillat: Coco
The Corrs: Borrowed Heaven
Dan Fogelberg: Love Songs
Dan Hill: Dance of Love
Delta Goodrem: Innocent Eyes
Dolly Parton: Love Songs
Frank Sinatra: Seduction – Sinatra Sings of Love
Heather Nova: Redbird
James Blunt: Back to Bedlam
Joana Zimmer: My Innermost
Joshua Kadison: Painted Desert Serenade
Katie Melua: Call of the Search
Kenny Rogers: A Love Song Collection
Keren Ann: Nolita
Keri Noble: Fearless
Lavender Diamond: Imagine Our Love
Leona Lewis: Spirit
Lionel Ritchie: The Definitive Collection
Lisa Miskovsky: Fallingwater
Lisa Stansfield: The Moment
Madita: Madita
Maria Mena: Apparently Unaffected
Marie Serneholt: Enjoy the Ride
Natalie Cole: Love Songs
Norah Jones: Come Away with Me
Paolo Nutini: These Streets
Rachael Yamagata: Happenstance
Richard Hawley: Coles Corner

Rod Stewart: If We Fall in Love Tonight
Robert Miles: Dreamland
Rufus Wainwright: Want One
Sade: Diamond Life
Sarah Connor: Soulicious
Sarah McLachlan: Surfacing
Seal: Seal IV
Silje Nergaard: Darkness Out of Blue
Sinead O Connor: So Far … The Best of
Sonya Kitchell: Words Came Back to Me
Sophie Zelmani: Love Affair
Tanya Tucker: Love Songs
Tina Dico: In the Red
Valentine: Ocean Full of Tears
Verschiedene Interpreten: Alternative Ballads
Verschiedene Interpreten: Kuscheljazz 4

Welche romantische Hintergrundmusik beim Sex für Sie am besten geeignet ist, hängt von Ihrem individuellen Stil ab, Liebe zu machen: sanft und zärtlich oder leidenschaftlich und wild. Wenn Sie diese Liste durch haben (oder darauf nichts nach Ihrem Gusto finden) empfiehlt sich ein längerer Blick insbesondere auf die Stilrichtungen Rhythm und Blues (R&B), Soul, Soft Rock sowie jene Sorte Jazz, die etwas „verpoppter", also gefälliger klingt und nicht mit diversen Experimenten ihre Aufmerksamkeit auf sich zieht. Wer darauf steht, wird auch mit keltisch geprägten Songs oder klassischen, vielleicht ein wenig für zeitgenössische Hörer aufbereiteten Stücken etwas anfangen können. Nicht völlig außer acht lassen sollte man außerdem die Abteilungen „Movie Soundtracks" (hier natürlich insbesondere erotische Streifen und Liebesfilme).

Am romantischsten ist es allerdings immer noch, eine CD aufzulegen, von der Sie wissen, dass Ihr Partner darauf steht, auch wenn Sie selbst viel weniger darauf abfahren.

Reisen in traumhafte Welten: Erotische Rollenspiele

Ich bin mir ziemlich sicher, wenn man heutzutage ein Stichwort wie „erotische Rollenspiele" in die Runde werfen würde, dann würden den meisten Menschen vor allem eine bestimmte Kategorie in den Kopf kommen: „Ah, Sie meinen Herrin und Sklave und so?" Bestenfalls kommen noch Krankenschwester-Phantasien dazu, aber das dürfte es so ungefähr gewesen sein. Die SM-Welle der letzten zehn bis fünfzehn Jahre, an der ja auch ich nicht ganz unbeteiligt war, hat hier wohl so einige Ideen stark in den Vordergrund gerückt. Dabei wurde unversehens vieles andere niedergewalzt, was ebenfalls sehr erfüllend sein kann.

Erotische Rollenspiele können völlig frei von allem sein, was mit Macht und Unterwerfung zu tun hat. Insbesondere sind sie die ideale Methode, mit seinem Partner romantischen Sex zu erleben. Denken Sie einmal darüber nach: Woher beziehen Sie Ihre Phantasien, Träume und Wunschvorstellungen darüber, was romantisch ist? In der Regel werden es Filme und Bücher sein. Die Begriffe „Roman" und „Romantik" sind nicht zufällig wortverwandt. Häufig entführen uns solche Geschichten in andere Zeiten und Welten, in denen erhebende und tiefgehende Liebesgefühle noch ganz andere Chancen haben als in unserem grauen Alltag. Zumindest gilt das in der Welt dieser Erzählungen, in denen man alles Störende und Ungemütliche z. B. früherer Epochen einfach übergehen und ausblenden konnte.

In ganz ähnlicher Weise können Sie auf solchen Phantasien aber auch Ihr Liebesspiel aufbauen. Das geht in der Regel ganz einfach:

♥   Denken Sie zurück an den letzten Film, den sie gesehen, oder das letzte Buch, das Sie gelesen haben und das in Ihnen wirklich romantische Hochgefühle ausgelöst hat.

♥   Führen Sie sich diese Szene noch einmal bildlich vor Augen. Zuerst durch reines Nachsinnen. Das ist die sicherste Methode, sich an genau jene Elemente zu erinnern, die bei Ihnen die entsprechenden Emotionen ausgelöst haben. Danach blättern Sie vielleicht noch einmal in das Buch hinein, besorgen sich eine DVD des entsprechenden Films oder surfen durchs Internet auf der Suche nach Standbildern und Zusammenfassungen.

♥   Wenn die entsprechende Geschichte in einer bestimmten eigenen Welt oder Kultur spielt (Beispiele siehe unten), dann fallen Ihnen vielleicht auch Aspekte dieser Kultur ein, die Sie als reizvoll empfinden, auch wenn sie in dieser Geschichte gar nicht vorkommen. Um seine Gedanken dabei ein wenig anzuregen, hilft nichts besser als ein kurzer Klick in das Internet-Lexikon Wikipedia. Dort sind die verschiedensten Kulturen ausführlich und oft in liebevoller Detailtreue geschildert.

♥   Gehen Sie jetzt ein wenig auf Shoppingtour und suchen dabei nach Dingen, mit denen Sie ein Szenario ausstatten können, um diese Geschichte nachzuempfinden. Gemeint sind Kleidungsstücke, Accessoires zum Herumspielen, passende Speisen und Getränke, Zimmerausstattung etcetera.

Prinzipiell können Sie hierbei genauso vorgehen wie in dem Kapitel über die Ausstattung eines Boudoirs der Liebe beschrieben: Appellieren Sie an möglichst viele Sinne zugleich. Stellen Sie sich Fragen wie: Was würde optisch zu diesem Szenario passen? Welche Hintergrundmusik wäre geeignet? Welche Gerüche, welche Stoffe und welche Speisen tragen zu einem Gesamterlebnis bei? Hier ist spielerische Kreativität gefragt.

Dabei sollten die Ausgaben keine astronomischen Höhen erreichen: Wenn Sie gerade einen Film über die höfische Liebe gesehen haben, brauchen Sie Ihr Appartement nicht auszustatten wie eine Ritterburg, komplett mit Rüstungen und Schwertern. Andeutungen reichen vollkommen aus, um Ihre Phantasie auf Touren zu bringen und Sie später immer wieder an die Rolle zu erinnern, die Sie verkörpern möchten. Staffieren Sie eine geeignete Ecke Ihrer Räumlichkeiten mit den entsprechenden Dingen aus und drehen Sie im Rest der Wohnung die Lichter ab. So kann sich Ihre romantische Traumwelt in Ihrer Phantasie dort noch weiter erstrecken.

♥   Es ist nicht nötig, dass Sie auf eine Art historischer Exaktheit achten. Das Ganze ist kein Universitätsseminar, sondern ein

Spiel, das auf Ihren Vorstellungen beruht. Wenn Sie z. B. die Phantasie haben, von einem kräftigen Wikinger aufs Lager geworfen zu werden, dann macht es vermutlich mehr Sinn, sich in einem Kostümverleih einen Helm mit eindrucksvollen Hörnern zu besorgen als einen ohne, weil man sich Wikingerhelme heutzutage in dieser Weise vorstellt, auch wenn die echten Wikingerhelme gar keine Hörner hatten.

♥   Selbst wenn Sie alles super ausstaffiert haben, hilft es Ihnen gar nichts, wenn Sie und Ihr Partner nicht in die richtigen Rollen schlüpfen können. Denn dann hätten Sie eine reine Kulisse ohne jede Seele. Tatsächlich haben Sie beide nun die Aufgabe, Hauptdarsteller, Regisseur und Drehbuchautor zugleich zu sein. Aber keine Panik: Es gibt ja kein Publikum, außer Ihnen beiden! Insofern ist das einzige Erfolgskriterium, wie viel Spaß Ihnen das Ganze bereitet. Grundvoraussetzung dafür ist, dass diese Art des Rollenspiels Sie beide anmacht. Wenn nur Sie Lust darauf haben, die weibliche Hauptrolle in Ihrem ganz intimen Schauspiel zu übernehmen, Ihr Lover das aber nur kindisch findet, dann kommen Sie vermutlich nicht dorthin, wohin Sie gerne möchten. Im Zweifel müssten Sie Ihren Liebsten erst einmal ein wenig motivieren und aufs richtige Gleis bringen: Schwärmen Sie ihm vor, wie toll Sie sich das alles vorstellen. Geben Sie ihm die entsprechende Geschichte zu lesen bzw. schauen Sie sich am Abend vorher gemeinsam den fraglichen Film an, damit er sich schon mental darauf vorbereiten und mit seinen eigenen Einfällen vor Ihnen glänzen kann. Machen Sie ihm, wenn er besonders störrisch ist, klar, dass Sie sich gerne um das ganze Drumherum kümmern werden und von ihm nichts weiter erwartet wird, als dass er mitspielt. Fragen Sie ihn aber, ob er bestimmte eigene Wünsche und Phantasien hat, damit er nicht mehr ist als ein Statist in Ihrer Wunschphantasie. Welche Ideen hat er, um einen bestimmten Schauplatz zum Leben zu erwecken? Welche Figur mit welchen Charaktereigenschaften möchte er verkörpern? Wie stellt er sich in der von Ihnen (beiden?) gewählten Welt Erotik vor?

♥   Wenn es schließlich zu dem geplanten Abend kommt, wird es darum gehen, die selbsterschaffene Welt mit Erotik zu verknüpfen. Es kann gut sein, dass Sie anfangs alles eher drollig finden und miteinander herumalbern. Wenn man als Erwachsener miteinander Karneval spielt, kommt einem das zunächst oft völlig schräg vor und man ist gehemmt und befangen. Im Laufe des Abends dürfte sich das aber verlieren: Sie kommen immer mehr in Ihren Rollen an, und diese Rollen beginnen sich mit Ihren eigenen Wesenszügen zu durchmischen. Lassen Sie sich Zeit. Auch hier gilt: Bei romantischem

Sex liegt der Schwerpunkt in der Regel auf dem Vorspiel. Greifen Sie auf all die anderen Vorschläge zurück, die Sie dazu auf den Seiten dieses Buches finden. Je nachdem, wie gut es in die von Ihnen gewählte Welt und Ihre Rollen darin passt, können Sie beispielsweise miteinander speisen oder sich gegenseitig massieren.

♥ Ein Mittel, das Sie auf keinen Fall vernachlässigen sollten, wenn es darum geht, gemeinsame Phantasiewelten zu erschaffen, ist Ihre Sprache. Ein hawaiianisches Hula-Mädchen spricht nun einmal anders als eine Gangsterbraut, ein Piratenkapitän anders als ein Scheich. Wenn Sie Ihren Liebhaber bitten, „dem Jadegarten Regen zu gönnen" erklärt Anne West in ihrem Ratgeber „Der Venus-Effekt" (Knaur 2006) im Zusammenhang mit Geisha-Rollenspielen, klinge das völlig anders als das Kommando „Leck mich". Wenn Sie Schwierigkeiten haben, spontan in einen fremden Jargon hineinzufinden, helfen Ihnen erneut Bücher und Filme. Aber nehmen Sie es nicht zu ernst. Wie gesagt: Das Ganze ist kein Wettbewerb und keine Prüfung, sondern soll in erster Linie Spaß machen.

Ich kann mir vorstellen, so ganz ohne konkrete Beispiele war das alles für Sie noch eher nebulös. So richtig konnten Sie vielleicht noch nicht nachvollziehen, worauf genau ich hinauswollte. In den folgenden Absätzen gebe ich Ihnen ein paar konkrete Beispiele; damit wird vermutlich alles viel klarer.

Gangster und Gangsterbraut. Chicago der zwanziger und frühen dreißiger Jahre. Film noir. Treffen Sie sich an einem besonders heißen, fast schwülen Sommernachmittag. Die Jalousien sind halb heruntergelassen, so dass auf ihren Gesichtern und ihren Körpern ein Wechselspiel aus Licht und Schatten entsteht. Ein Ventilator ist auf das Bett gerichtet. Aus dem CD-Player ertönt Cool Jazz oder Swing. *Sie* trägt zum Beispiel Netzstrümpfe, ein Kleid mit wirklich tiefem Ausschnitt, eine Federboa oder eine Perlenkette; sie kann sich aber auch für etwas Maskulineres wie eine Baskenmütze entscheiden. *Er* ist in einen schicken Anzug gekleidet, mit Hut und eleganten italienischen Schuhen, in denen man sich geradezu spiegeln kann. Sie lassen die Whiskyflasche kreisen (in der sich gerne etwas Harmloseres als Whisky befinden darf) und spielen eine

Runde Strip-Poker. Irgendwann wird es einen Gewinner geben, der den Verlierer aufs Bett – oder wahlweise auf den Fußboden – wirft. Dort geht das Gerangel weiter: Wer von Ihnen behält am Ende die Oberhand? Vielleicht hat einer von Ihnen auch ein Paar Handschellen dabei ...

Aloha Hawaii. In Marc Salnickis Ratgeber „The Art of the Sensual Massage" (Sterling 1999) findet sich ein wunderschönes Szenario für einen hawaiianischen Abend. Es mag überraschen, dieses in einem Massage-Lehrbuch vorzufinden, aber die Verbindung von Massage und Meditation war sozusagen das Markenzeichen der hawaiianischen Kahuna-Priester, die damit Körper und Seele zugleich zu besänftigen suchten. Ein hawaiianischer Abend, so wie Salnicki ihn entwirft, kommt allerdings auch ohne jegliche Massage aus: „Um den Schauplatz eines tropischen Strandes nachzubilden, lassen Sie den Duft exotischer Öle wie Vanille, Kokosnuss und Jasmin in die Luft steigen. Spielen Sie sanfte, leichte Musik, die an den Klang von Meeresrauschen erinnert. Verteilen Sie Muscheln und Schalen mit exotischen Früchten im Raum. Drücken Sie Ihre Liebe aus, indem Sie sich mit Jasmin umgeben, oder entscheiden Sie sich für Orchideen als Zeichen für Schönheit. Ihr Bett sollte weich und bequem sein und überzogen mit Stoffen aus warmen, blassen Farben, die an den Strand von Hawaii erinnern. Drehen Sie die Heizung hoch, so dass Ihr Partner die tropische Hitze spürt, wenn er sich entkleidet. Passen Sie auch das Licht an, so dass das Zimmer in sanftem Lampenlicht gebadet wird oder aber warm und golden von flackernden Kerzen erhellt wird. Eine herrliche, uralte hawaiianische Sitte, um ‚Ich liebe dich' zu sagen, besteht darin, dem anderen einen Lei, einen Kranz aus Blumen oder Muscheln um den Hals zu legen. Grüßen Sie Ihren Partner mit einem liebevollen Kuss auf jede Wange und sagen Sie ‚Aloha', der traditionelle hawaiianische Ausdruck für Liebe und Zuneigung." Eine Riesenauswahl an CDs mit Originalklängen von dieser Insel, finden Sie, wenn Sie beispielsweise bei Amazon.de in der Rubrik „Musik" das Suchwort „Hawaii" eingeben. Unbedingt einmal hineinhören sollten Sie hier in Israel Kamakawiwo'Oles Album „Facing Future". Legen Sie eine solche Scheibe auf - und dann ran an die Pina Coladas!

Liebespiraten der Karibik. Deborah Addington, Autorin des Rollenspiel-Ratgebers „Fantasy Made Flesh", hat es mehr mit Seeräubern und teilt uns sozusagen ihre Einkaufsliste für einen entsprechenden Abend mit. Dazu zählt die passende „piratenmäßige" Garderobe (schauen Sie sich dazu die Filme mit Johnny Depp oder wenigstens Standbilder davon im Internet noch einmal an), einen länglichen Gegenstand aus Stahl, den Sie als „Säbel" an Ihrem Gürtel befestigen, ein Laken an der Wand oder über einem Fenster, um ein Segel zu repräsentieren, einen Beutel mit Schokoladentalern und glitzernder Schmuck. Was die Hintergrundbeschallung angeht, können Sie sich für einen der Soundtracks zu „Fluch der Karibik" entscheiden; aber es gibt auch jenseits davon CDs mit Seemannsgesängen. Der Suchbegriff „Shanties" hilft hier weiter. Zu essen gibt es Fisch, und danach findet rauer, verwegener Sex in einem Badezimmer statt, dem Sie eine Meeresatmosphäre verliehen haben. Im Bereich der sogenannten Thalasso-Kosmetik finden Sie alles, was Sie dazu benötigen: Meersalz, Meeresschlick, Meereswasser mit Algenessenzen zum Aufsprühen und viele ähnliche Produkte sorgen dafür, dass Sie den Ozean riechen und fühlen können.

Orgie zu zweit: Sitten wie im alten Rom kann jeder aufleben lassen, der Sinn für Dekadenz hat. Kleiden Sie sich nur in Bettlaken, die Sie als „Togas" verwenden, lümmeln Sie sich beim Essen auf dem Boden (aber legen Sie sich ordentlich Kissen unter, allzu viel Rumgefläze geht sonst schnell ins Kreuz) und mampfen Sie die unterschiedlichsten zuvor massenweise aufgetischten Köstlichkeiten, wobei Sie Futtern und Sex abwechselnd ineinander übergehen lassen. Wenn Ihre Partnerin Ihnen Trauben über dem Mund baumeln lässt und Sie stattdessen nach den Brüsten Ihrer Liebsten schnappen, wäre das für diese Situation vollkommen normal.

Dschungelzauber. Es erfordert nicht allzu viel Mühe, Ihr Badezimmer in einen kleinen Urwald zu verwandeln, in dem Sie mit Ihrem Lover Tarzan und Jane spielen können. In seiner Ideensammlung „The Romantic's Guide" erklärt Michael Webb, wie es geht. Zunächst einmal sollten Sie dazu alle passenden Pflanzen – vom Gummibaum zur Orchidee - aus dem Rest Ihrer Wohnung ins Bad bringen. Dann drehen Sie dort die alten

Glühbirnen aus der Fassung und ersetzen Sie durch solche, die in Grün- und Blautönen gehalten sind. Außerdem stellen Sie Duftkerzen auf, die tropische Gerüche verströmen: Mango, Papaya, Kiwi, Kokosnuss – und was Ihnen sonst noch so in den Sinn kommt. (Falls Ihnen ein Einkaufsbummel zu umständlich ist, kommen Sie auch hier mit einer Internet-Suche schnell zum Ziel. Ich habe keine Minute gebraucht, um bei Amazon eine „Duftkerze Rain Forest" für unter sechs Euro ausfindig zu machen.) Falls Sie sich gegen die Kerzen entscheiden, stellen Sie eine Schüssel mit Bananen, Beeren und anderen exotischen Früchten zurecht. (Sie können auch beides kombinieren; nur befürchte ich, dass der Geruch den Geschmack der Speisen stark beeinträchtigt.) Wenn Sie einen tragbaren CD-Spieler haben, können Sie auch den in Ihrem Bad platzieren und eine CD mit Urwaldgeräuschen hineinlegen. Beispielsweise finden Sie in Dan Gibsons Reihe „Solitudes" Exemplare wie „Island Paradise" mit Naturaufnahmen eines tropischen Regenwaldes. Aus derselben CD-Reihe könnten „Secrets of the Jungle" und „Spirit of Africa" für Ihre Zwecke dienlich sein. Kleiden Sie sich dazu als Frau in einen Leopardenbikini und als Mann in passende Shorts. Schließlich bringen Sie am Kopf Ihrer Dusche mit Paketklebeband eine (saubere!) Kehrschaufel an, welche die Duschstrahlen so leitet, dass daraus ein künstlicher Wasserfall entsteht. Und zuletzt drehen Sie die Heizung auf volle Pulle. Voila: Schon haben Sie Ihren eigenen kleinen Mini-Dschungel, in dem der Sex ein unvergleichliches Erlebnis darstellen wird.

Lady und Gentleman. Das ist eines der wenigen Rollenspiele, die Sie auch in aller Öffentlichkeit durchführen können, weil es so subtil ist. Gehen Sie an einem Abend miteinander aus und tun Sie dabei so, als hätte es die letzten Jahrzehnte voller Veränderungen im Verhalten von Männern und Frauen nie gegeben. *Sie* benimmt sich also wie eine absolute Lady, *er* wie der perfekte Gentleman: Bevor sie also z. B. seinen Wagen verlässt, steigt er aus, geht um das Auto herum und öffnet ihr die Tür. Auch beim Betreten eines Gebäudes hält er ihr die Tür auf; im Restaurant hilft er ihr beim Abstreifen des Mantels und rückt ihr den Stuhl zurecht, wenn sie sich setzt, und so weiter. Dieses Spiel ist besonders reizvoll, wenn Sie normalerweise ein sehr lässiges Verhalten an den Tag legen, in dem solche altmodischen Umgangsformen gar nicht mehr vorkommen. Um es weiter zu perfektionieren, können Sie sich betont vornehm kleiden, zusammen einen Ort besuchen, zu dem ein solches Verhalten passt (Oper, Theater, Spielbank etcetera) und sehr altmodische Höflichkeitsgesten verwenden: beispielsweise den angedeuteten Handkuss, bei dem der Herr sich tief herabbeugt und mit den Lippen den Handrücken seiner Dame nur gerade so berührt. Wenn Sie irgendwo noch eine Ausgabe des Knigge oder von Gertrud Oheims „Einmaleins des guten Tons" (aus den fünfziger Jahren) auftun können, finden Sie darin noch viele weitere Ideen.

„Lady und Gentleman" geht ganz leicht in den Bereich der Unterwerfungsspiele hinein (Ihnen wird auffallen, dass es grundsätzlich der Mann ist, der etwas für seine Partnerin tut), ist aber für alle Beteiligten noch im deutlich zumutbaren Bereich.

Amore Italia: Hier geht es weniger um den Sex als um das Dinner, das dorthin führen soll. Stellen Sie auf den Esstisch zum Beispiel eine Basilikumpflanze und eine leere, bauchige Weinflasche, in die Sie eine Kerze stecken, die Sie dann abbrennen lassen, bis der Wachs am Flaschenhals herabfließt. Servieren Sie Pizza oder Pasta und legen Sie eine Scheibe von Luciano Pavarotti, Eros Ramazotti oder Nevio Pasado in Ihren CD-Spieler. Sex im katholischen Italien ist ansonsten eine zweischneidige Sache: Einerseits schaffte es dort mit Ciccolina schon mal ein Pornostar ins Parlament, andererseits gilt körperliche Annäherung nur dann als moralisch einwandfrei, wenn sie mit viel Liebe verbunden ist. Wenn Sie „Sex a la italia" haben wollen bedeutet das wohl: Die Dame schiebt dem Herrn ihre Brüste entgegen, der raunt wieder und wieder von „Amore", nimmt sie schließlich kurz, aber heftig und erzählt danach ein paar Stunden, wie gut er war. Okay, den letzteren Teil möchten Sie vielleicht übergehen.

Strangers in the night: Sie und Ihr Partner machen einen Zeitpunkt für ein Treffen in einer Bar aus und tun so, als begegneten Sie dort einander zum ersten Mal. Damit Sie sich in diese Phantasie so richtig schön fallen lassen können, spielt dabei jeder von Ihnen einen Persönlichkeitstyp, der mit seinem wahren Ich wenig zu tun hat, zum Beispiel den Dandy oder die Femme Fatale. Dabei ist es besonders reizvoll, wenn man sich in eine Garderobe kleidet, die man normalerweise nicht trägt, so dass man auf den ersten Blick kaum wieder zu erkennen ist. Wenn Sie sich entsprechend untypisch kleiden, verhalten und sprechen (durch ungewöhnliche Formulierungen oder einen leichten Akzent) kann daraus ein durchaus unterhaltsames Spiel entstehen, das bis in die Bettlaken hinein führt. Bonuspunkte gibt es, wenn auch die Unterwäsche neu und besonders ansprechend ist; kaum weniger gewagt ist eine völlig neue Frisur. Das Pfiffige an diesem Spiel liegt in dem Versuch, den Partner sozusagen neu zu verführen – verbunden mit der durchaus angenehmen Sicherheit, dass das auch gelingen wird.

Geisha: Bei diesem Rollenspiel kleidet sich die Frau in einen Kimono, trägt eine Lotusblüte im Haar und verdeckt ihr Gesicht die meiste Zeit über mit einem Fächer, hinter dem sie nur ab und zu schüchtern hervorlächelt. Ansonsten serviert sie Tee und ist bemüht, eilfertig und geschickt alles zu tun, was ihr Partner von ihr wünscht, der sich selbst vollkommen entspannen kann. Eine gute japanische Geisha weiß, dass Sex mehr umfasst als die rein körperliche Ebene, nämlich z. B. auch Gesang und Konversation. Das bekannte weiß gepuderte Gesicht mit dem strahlend roten Schmollmund wird übrigens nur zu offiziellen Anlässen aufgelegt. Wenn Ihnen das zu viel Umstand ist, können Sie also problemlos darauf verzichten und trotzdem vollkommen in Ihrer Rolle bleiben. Die Erotik der Geisha ist statt wild und leidenschaftlich eher zurückhaltend und subtil. Eine typische Idee wäre zum Beispiel einen Schluck heißen Tees in den Mund zu nehmen und damit ihrem Partner einen zu blasen – oder auch ihn hingebungsvoll zu massieren. Dieses Rollenspiel ist für besonders fürsorgliche Frauen und für Männer, die gerne einfach genießen möchten, gut geeignet.

Orientalischer Liebestempel: Stellen Sie ein paar Kerzenleuchter auf, schmücken Sie die Wände mit farbenfrohen Behängen und Kordeln mit Troddeln und legen Sie überall große, weiche Kissen aus. Die Speisentafel ist mit Köstlichkeiten belegt, die Sie sich aus einem orientalischen Feinkostladen oder Lebensmittelgeschäft besorgt haben: beispielsweise Halvas und Balkavas aus der afghanischen Küche, Dolmades, Nan und Gaz aus der persischen oder Falafel und Fatousch aus dem arabischen Raum. Probieren Sie aber besser vor Ihrem Liebesabend, ob Sie diese Gerichte überhaupt für Ihren westlich geprägten Geschmack genussvoll finden. Auch verschiedene Dufthölzer und Öle (siehe das entsprechende Kapitel) können dann in Ihrem Liebestempel zum Einsatz kommen. Ähnlich wie beim Geisha-Spiel ist auch hier die Frau aktiver als der Mann. Beispielsweise kann sie sich einen Schleier besorgen, der ihr Gesicht verhüllt, während der Rest ihres Körpers bis auf ein paar Arm- und Knöchelketten, einen BH und ein kurzes, um die Hüfte geschlungenes Tuch nur wenig bekleidet ist, und dann einen Bauchtanz vorführen. Kurse dafür gibt es mittlerweile in Volkshochschulen, speziellen Workshops und Tanzstudios; man kann sich das Wichtigste aber auch selbst per Video oder DVD beibringen. Ein nach Postleitzahlen geordnetes Verzeichnis von Bauchtanzlehrerinnen findet man mal wieder im Internet: unter www.bauchtanzinfo.de. Eine andere Idee: Sie bedecken Ihren nackten Körper lediglich mit einer großen Zahl locker festgezurrter Tücher und Schleier und werfen dann als Teil eines erotischen Tanzes einen nach dem anderen von sich.

Wenn Sie zuwenig Zeit für ein Rollenspiel haben, zu dem Sie extra den Raum herrichten und sich selbst entsprechend kleiden müssen, oder wenn Ihnen all dieser Aufwand generell zu viel ist, dann gibt es eine weitere Möglichkeit, Ihre erotischen Wunschvorstellungen gemeinsam zu erleben. Ich spreche von einer Technik, die als „geführte Phantasie" oder „Traumreise" bekannt ist. Normalerweise wird diese Technik im psychotherapeutischen Rahmen eingesetzt, beispielsweise bei Entspannungsübungen wie dem Autogenen Training und der Hypnose. Aber die Grundprinzipien können auch Sie als Laie nutzen, da sie sehr einfach sind und Sie ja nur Ihren Partner ein wenig verwöhnen möchten und keine großen seelischen Veränderungen anstreben.

Für eine „geführte Phantasie" ist nichts weiter erforderlich als dass sich Ihr Partner zunächst einmal so weit wie möglich entspannt. Das können Sie beispielsweise durch eine Massage einleiten und unterstützen. Es reicht aber oft auch, wenn er einfach ein paar Minuten findet, um zur Ruhe zu kommen. Hilfreich ist dabei oft, einige Zeit lang abwechselnd immer wieder von links nach rechts und wieder nach links und wieder nach rechts zu schauen, als würde man einen sehr langen Ballwechsel bei einem Tennisspiel verfolgen. Sobald Ihr Partner einigermaßen zur Ruhe gekommen ist, schließt er die Augen und Sie beginnen, ein kleines Szenario oder eine kurze Geschichte zu erzählen, in der Ihr Partner oder Sie beide die Hauptrolle spielen. Wie Sie sich schon denken können, sollte diese Geschichte weniger spannend sein als vielmehr erotisierend und sinnlich. Entführen Sie Ihren Partner also mit Ihren Worten in ein erotisches Paradies und schildern Sie ihm alles, was er dort vorfindet, so eindrucksvoll wie möglich. Sprechen Sie dabei die unterschiedlichsten Sinneswahrnehmungen an: Wenn Sie Ihren Partner also in einen Garten Eden voller farbenprächtig schillernder Blumen und Blüten führen möchten, beschreiben Sie sehr deutlich, was es dort alles zu sehen gibt. Falls Sie ihn von leckeren Früchten naschen lassen möchten, schildern Sie deren Geschmack. Und wenn Sie ihn auf einer Sänfte tragen oder auf einem Boot dahingleiten lassen möchten, dann erwähnen Sie das sanfte Schaukeln und wie es sich für Ihren Lover anfühlt.

Wie schon angedeutet, können auch Sie selbst sich als Figur in dieser Geschichte einbringen, dort beispielsweise als Piratenkapitän auftreten oder als Geisha. Dann können Sie erzählen, was Sie alles mit Ihrem Liebsten anstellen oder was Sie gemeinsam erleben.

Wenn Sie diese Technik mit Ihrem Partner durchführen, kurz bevor er einschläft, kann es sein, dass ihn diese Phantasie in seine Träume begleitet und diesen eine bislang ungewohnte erotische Pracht verleiht. Falls Sie das allerdings am Anfang der Nacht tun, dürfte Ihr Partner sich am nächsten Morgen nicht mehr daran erinnern: In der Regel bleibt uns ja, wenn überhaupt, nur der letzte Traum kurz vor dem Aufwachen noch im Kopf. Die Chancen an eine Erinnerung stehen größer, wenn Sie eine solche Phantasiereise kurz vor der Mittagssiesta stattfinden lassen.

Sollten Sie Gefallen an diesem Zeitvertreib finden und noch mehr darüber lernen wollen, dann finden Sie darüber weitergehende Ausführungen in Büchern über Themen wie Entspannungsübungen, Hypnotherapie und Neurolinguistisches Programmieren. Darin werden auch Techniken erklärt, die zu einer noch tieferen Trance und damit zu einer noch größeren Aufnahmebereitschaft führen.

Nun kann es sein, dass Ihr Partner eine Abneigung dagegen hat, sich von Ihnen in eine leichte Trance versetzen zu lassen. Vielleicht erinnert ihn das zu sehr an eine Form von Hypnose, und er vertraut Ihnen dazu noch nicht genügend; oder er findet diese Übung albern. In diesem Fall können Sie aber trotzdem an Ihr Ziel gelangen, wenn Sie nur entsprechend subtil vorgehen. Angenommen beispielsweise, Sie besuchen mit Ihrem Partner eine Mittelalter-Ausstellung, ein folkloristisches Festival oder eine andere geschichtsträchtige Veranstaltung. Daraufhin geraten Sie ins Sinnieren, wie das Leben der Leute damals wohl gewesen sein mag. „Stell dir vor", sagen Sie beispielsweise, „wir beide hätten damals schon gelebt und uns in dieser Zeit kennengelernt." Ihr Partner wird seine eigenen Gedanken dazu haben; vielleicht sieht er eher den schweren Alltag der einfachen Bevölkerung damals vor seinem inneren Auge. Sie aber haben schon längst einen Gegenstand oder ein Gemälde entdeckt, das eher Assoziationen an adlige Herrscher weckt, an umherfahrende Zigeuner oder gleich an phantastische Welten mit Elfen und Faunen. Daraufhin malen Sie sich mit immer romantischeren – oder immer erotischeren – Elementen aus, was Sie in dieser Welt wohl miteinander angestellt hätten. Es wird nicht lange dauern, und Ihr Partner steigt ein – schon weil er nicht wie eine Figur in diesem Traum herumgeschubst werden mag, sondern selbst kreativ daran mitwirken möchte. Voila, schon sind Sie beide auf Ihrer gemeinsamen Phantasiereise unterwegs.

Was hier funktioniert, das klappt genauso gut mit anderen Dingen und Situationen, die als Auslöser für solche Phantasien dienen können. Beispielsweise können sie sich ja einmal aus einem Reisebüro ein paar Kataloge mitnehmen, auch wenn Sie momentan gar kein Geld zum Wegfahren haben, und diese dann mit Ihrem Liebsten durchblättern. Sobald Sie Fotos entdecken, die Sie ansprechend finden, können Sie wieder beginnen, laut vor sich hin zu träumen. Die Erfolgsquote, dass Ihr Partner einsteigt, ist dabei umso größer, je besser Sie einen „Aufhänger" finden, der zu seinen eigenen Tagträumen passt.

Nicht nur im Bett: Welche anderen Orte für romantischen Sex in Frage kommen

Außerhalb des eigenen, zauberhaft hergerichteten Boudoirs gibt es noch eine ganze Reihe von Orten, wo Sex besonders romantisch geraten kann. Vielleicht haben Sie längst schon Ihr Lieblingsplätzchen gefunden, aber möglicherweise freuen Sie sich auch über die eine oder andere neue Idee. Wie immer kommt es sowohl für Sie als auch für Ihren Partner einfach auf einen Versuch an. Was dem einen hinreißend romantisch erscheint, empfindet der andere manchmal nur als unbequem – oder er kann einem solchen Ort aus anderen Gründen nicht viel abgewinnen.

Hier sind einige Anregungen und Vorschläge:

In einer Achterbahn. Zu regelrechtem Geschlechtsverkehr wird es dort kaum kommen, aber wenn man durch die rasante Fahrt entsprechend in Wallung gebracht wurde, führt schon geschicktes Fingerspiel zu einem Orgasmus. Machen Sie es Mark Wahlberg nach, der in einer ebensolchen Jahrmarktsattraktion Reese Witherspoon seine Hand in den Schoß legt (in dem Film „Fear – Wenn Liebe Angst macht"). Erotische Stimulation ist noch einmal ein ganz besonderes Erlebnis, wenn Sie dabei kopfüber durch die Kurven sausen. Adrenalin und Endorphine sorgen für ein unvergessliches High. Möglicherweise reicht aber eine Fahrt nicht aus.

In einem Boot. Auch das durch Ihre Bewegungen entstehende Schaukeln auf dem Wasser kann zu dieser Erfahrung lustvoll beitragen. Passen Sie nur auf, dass Sie nicht kentern! Wenn Sie es mit Ihrer Partnerin geschafft haben, auf einem ruhig daliegenden See umzukippen und tropfnass wieder an Land auftauchen, kann sich jeder dort denken, was Sie draußen getrieben haben.

Auf einem Heuboden. Wenn Sie es als zu heikel empfinden, sich an einem öffentlich einsehbaren Ort, möglicherweise den Blicken anderer Leute auszusetzen, könnte Ihnen ein Heuboden eher zusagen. Informieren Sie sich bei Ihrem nächsten Reisebüro oder im Internet doch einmal über „Ferien auf dem Bauernhof" und erzählen Sie Ihrem Partner bei passender Gelegenheit, wie romantisch Sie es fänden, gemeinsam in der Scheune zu übernachten. Natürlich brauchen Sie für die Zeit nach dem Sex eine wirklich große Decke oder einen Doppel-Schlafsack als Schutz vor pieksenden Halmen. Während dem Sex sind diese starken Reize ja gerade das Reizvolle – sonst hätten Sie auch gleich zu Hause bleiben können. Sie können auch Cowboystiefel und einen Strohhut tragen oder „Bauer und Magd" bzw. „Bäuerin und Knecht" spielen ...

Auf einem Dachboden voller Gerümpel. Es ist eng, es ist dunkel und vieles, was man dort findet, atmet den Geist vergangener Jahre oder Jahrzehnte. Welcher Ort unter dem eigenen Dach könnte romantischer sein als dieser? Und vielleicht finden Sie beim Stöbern vor oder nach Ihrem erotischen Tête-à-tête Kleidungsstücke oder Accessoires, die Sie zu einem phantasievollen Rollenspiel anregen?

Nachts auf einem Friedhof. Die Romantik hat auch eine Nachtseite, und die wird heutzutage als „Gothic" bezeichnet. Vielleicht entspricht das ja genau Ihrem Geschmack? Falls Ihnen die Vorstellung von Liebe zwischen Gräbern nicht pietätlos und makaber, sondern aufregend und faszinierend erscheint, können Sie sich dort durchaus zu einem Schäferstündchen treffen. Immerhin ist man dort wirklich noch ungestört, und man kann selbst in unserer Zeit, in der scheinbar alles erlaubt ist, noch einmal das Gefühl haben, etwas wirklich „Verbotenes" zu tun.

Auf einem Teppich oder Fell vor einem prasselnden Kamin. Zugegeben: Die meisten von uns verfügen in ihrer Wohnung nicht über einen solchen Luxus. Aber vielleicht haben Sie Freunde oder gute Bekannte, die einen Kamin haben, und die sich darüber freuen, wenn jemand dauerhaft auf ihr Zuhause aufpasst, während sie im Urlaub sind? Schlagen Sie doch ein Geschäft vor: Ihre Freunde erhalten die Sicherheit, dass niemand bei ihnen einbricht, und im Gegenzug dürfen Sie mit Ihrem Partner das flackernde Feuer genießen ... Natürlich funktioniert das nur, wenn Sie absolut vertrauenswürdig sind und dieses Vertrauen auch nicht enttäuschen.

Im Gebirge. Der Anblick hoher Berge, schroffer Felswände und tiefer Schluchten übt einen besonders majestätischen Eindruck auf das menschliche Gemüt aus. Warum machen Sie nicht einmal eine Bergwanderung zu zweit an einen Ort, der zwar noch hundertprozentig sicher, aber nicht von Touristen überlaufen ist, wo Sie also problemlos ein Schäferstündchen verbringen können – zumal Sie ja von weitem jeden herankommen sehen? Wohlgemerkt: Ich will Sie hier nicht zu waghalsigen Klettertouren verleiten, bei denen die Gefahr besteht, dass Sie sich die Knochen brechen. Kein Orgasmus ist das wert. Aber mit gründlicher Vorbereitung finden Sie bei Ihrem nächsten Urlaub im Hochgebirge bestimmt ein ungefährliches Plätzchen, wo sie Ihren Gipfel der Lust erklimmen können.

Nicht minder erhebend soll übrigens Sex in einer Seilbahn sein. Allerdings erfordert es wohl etwas Geduld und die geschickte Wahl des richtigen Zeitpunktes, damit Sie eine Kabine nur für sich beide erwischen. Und wenn Sie sich von den Urlaubern in entgegenkommenden Kabinen nicht anglotzen lassen wollen, finden Sie wohl am besten eine möglichst unverdächtige Stellung. Ein kurzer Rock, der Verzicht auf Unterwäsche und etwas Üben vor dem heimatlichen Wandspiegel können sehr hilfreich sein.

Am Wasser. Es muss nicht unbedingt ein gischtumspülter Strand sein, wo Sie die Nähe des feuchten Elementes genießen können. Oft genügt dazu bereits ein idyllischer Baggersee. Sex *im* See ist allerdings alles andere als einfach: Der Penis kann nicht so leicht in die Vagina eindringen, weil diese zuerst mit Wasser geflutet wird und dieses noch dazu die natürliche Gleitflüssigkeit des weiblichen Sexualorgans hinwegschwemmt. Es kann also gut sein, dass ihnen die Liebe direkt am Ufer des Sees mehr Freude bereitet.

Vielleicht haben Sie keinen geeigneten See in Ihrer Nähe, dafür aber einen rauschenden, sprudelnden Gebirgsbach? Auch das kann als Geräuschkulisse sehr stimulierend sein. Von Sex im Bach würde ich allerdings ebenfalls abraten, da das Wasser dort in der Regel dermaßen eisig ist, dass es jegliche Lust, einschließlich einer gewünschten Erektion, häufig ruiniert. Sollten Sie und Ihr Partner allerdings vollständig abgehärtete Naturburschen sein, dann wäre es vielleicht der Überlegung wert, ob Sie sich nicht einmal am Rande eines tosenden Wasserfalls miteinander vergnügen möchten. Vielleicht bei einer kleinen Urlaubsreise durch das schottische Hochland? An den dortigen abgelegenen Orten hat man sicher größere Chancen, ungestört zu sein, als bei beliebten und entsprechend belebten Touristenattraktionen. Aber Sie können natürlich auch in heimatlichen Gefilden bleiben. Schon in der Wikipedia gibt es eine umfangreiche Auflistung der schier zahllosen „Wasserfälle in Deutschland".

An einem Moor. Sie sollten hier gut darauf achten, auf festen und sicheren Wegen zu bleiben, aber solange Sie das tun, kann der Romantikfaktor einer Moor- oder Sumpflandschaft beachtlich sein. Nicht umsonst ist das ein beliebter Schauplatz so einiger romantischer Thriller. Dass ein Moor für viele mit einem leichten Grusel verbunden ist, macht es nur noch reizvoller, mit heftig klopfendem Herzen in den Armen seines Geliebten Geborgenheit zu finden.

In einer Kutsche: Ohne Frage ist eine Kutschfahrt für viele Verliebte der Inbegriff von Romantik schlechthin. Das gelegentliche leichte Holpern kann aber auch in erotischer Linie durchaus anregend sein. Angebote für entsprechende Touren – auch mit Planwagen – findet man im Internet recht schnell, beispielsweise unter „www.kutsch-fahrten.de". Damit man kein Wanderporno für die Bevölkerung wird, an der dieses Gefährt vorbeiklappert, sollte man sich allerdings eher für ein geschlossenes Modell entscheiden. Wenn der einzige Kutschen-Service in Ihrer näheren Umgebung nur offene Fahrzeuge im Angebot hat, stoßen Sie jedoch auf ein Problem. Selbst wenn Sie Ihrem Kutscher verdeutlichen würden, dass Sie in den nächsten Minuten nicht gestört werden möchten und sich eine große, flauschige Decke über Ihrer beider Unterkörper legen, woraufhin Sie einander mit Händen und Fingerspitzen verwöhnen – Sie würden Ihren Orgasmus noch immer in aller Öffentlichkeit erleben. Das ist möglicherweise ein netter Kick, falls Sie beide eine exhibitionistische Ader besitzen, aber sonderlich romantisch ist das nicht.

Die Alternative: Sie lassen sich an einen Ort kutschieren, an dem Sie beide völlig ungestört sind, und in der Kutsche beginnt nur das Vorspiel mit Knabbern am Ohr und Küssen in den Nacken. Und sobald Sie endlich alleine sind, legen Sie so richtig los.

In einer Limousine: Wenn Ihnen eine Kutsche für intime Tändeleien zu offen ist – haben Sie dann schon einmal daran gedacht, sich einmal für ein oder zwei Stunden eine Limousine zu mieten? Kein ganz billiges Vergnügen, zugegeben, aber Sie brauchen es ja auch nicht jedes Wochenende zu genießen, sondern eher als einmaligen Luxus. Entscheiden Sie sich für einen Wagen mit getönter Trennscheibe, teilen Sie dem Chauffeur mit, dass Sie beide auf keinen Fall gestört werden möchten und genießen Sie dann edelste Momente der Lust. Eine kleine Cocktailbar, Klimaanlage sowie Video- und Stereogeräte für CDs sind in den meisten Limousinen inbegriffen. Einen entsprechenden Mietservice aus Ihrer Region finden Sie problemlos mit Suchmaschinen im Internet.

Im Riesenrad vom Wiener Prater: Dessen 15 Waggons kann man sich für die verschiedensten Anlässe mieten, mehr erfährt man auf der dazugehörigen Website (www.wienerriesenrad.com): beispielsweise für ein romantisches Dinner zu zweit, Heiratsanträge ... und bestimmt auch für andere Gelegenheiten, bei denen man ganz ungestört bleiben möchte. Ganz billig ist auch dieser Spaß allerdings nicht. Die Mindestmietdauer beträgt eine halbe Stunde, dafür werden in einem „Extrawaggon" knappe hundert Euro fällig; die erste Stunde in einem „Luxuswaggon" kostet sogar 260 Euro. Dafür dürfte die Fahrt aber ganz sicher ein unvergessliches Erlebnis werden.

An einem Aussichtspunkt mit Blick auf die Lichter der Stadt: Es muss nicht immer ein Sonnenauf- oder -untergang sein, dessen erhebender Anblick auch unsere Liebeslust in neue Sphären führt. Vielen wird mindestens genauso wohl ums Herz, wenn sie unter sich eine Unzahl von Großstadtlichtern sehen und an all die ungezählten verschiedenen Menschen dort denken. Vielleicht möchten Sie und Ihr Partner einmal mehr tun, als sich an einem solchen Ort lediglich im Arm zu halten? Wenn hier ein Mann von hinten in seine Partnerin eindringt (und damit ist kein Analverkehr gemeint, da dieser doch einiges mehr an Vorbereitung, Zeit und Konzentration erfordert), können beide noch immer auf die Stadt schauen und trotzdem in Ekstase geraten. Wenn einer den anderen oral befriedigt, kann zumindest der Empfangende dabei den Ausblick genießen. Was den geeigneten Ort angeht, müssten Sie Ihre Nachbarschaft mal ein wenig erforschen. Gibt es einen Stadtberg oder einen anderen Aussichtspunkt, der nach Sonnenuntergang menschenleer sein dürfte? Eine zu bestimmten Zeiten einsame Fußgängerbrücke? Können Sie irgendwie auf das Dach eines besonders hohen Gebäudes gelangen, ohne mit dem Gesetz in Konflikt zu geraten? Auch hier heißt es wieder: Versuch macht kluch.

In einem botanischen Garten oder Obstgarten: Wenn Sie einen frei zugänglichen Garten und dort eine von Blicken ein wenig geschützte Nische finden, haben Sie unter Umständen viel Spaß zwischen Früchten oder Blumen und anderen Pflanzen, die noch direkt mit Mutter Erde verbunden sind. Wer vorausdenkt, wählt einen Abend, an dem die Bäume oder anderen Pflanzen dieses Gartens in prachtvoller Blüte stehen. Unter der Webadresse „www.romantische-gaerten.de" finden Sie viele Landschaftsparks zwischen Rhein und Nahe.

In einem Labyrinth: Welches bessere Symbol gäbe es wohl für die Liebe als einen Irrgarten? Auch hier hilft uns wieder das Internet bei der Orientierung: Unter „www.begehbare-labyrinthe.de" können Sie erfahren, wo es in Ihrer Nähe den nächsten Irrgarten gibt. Nur hinfinden (und wieder hinaus) müssen Sie schon selber. Aber solange sie mittendrin sind, spricht wohl nichts dagegen, in einem Seitenpfad ein kleines Päuschen zu machen und sich einander zuzuwenden ...

Denken Sie daran: Das sind nur einige Vorschläge zur Anregung. Machen Sie nicht den Fehler, diese Auflistung als Begrenzung zu interpretieren, als ob es jenseits davon nichts mehr gäbe. Im Gegenteil: Neben Ihrem Partner zu liegen und gemeinsam mit ihm davon zu träumen, wo ein romantisches Sex-Abenteuer noch überall möglich sein könnte, ist bereits ein anregendes Erlebnis für sich.

Behalten Sie auch im Hinterkopf, dass Orte, die Sie sich in Ihrer Phantasie als sehr romantisch ausmalen, in der Wirklichkeit enttäuschen können. Vielleicht ist der Wasserfall kälter, als Sie es sich vorgestellt hatten, oder der Dachboden starrt dermaßen von Schmutz und Staub, dass für Sie dort an Sex kaum zu denken ist. Womöglich macht Ihnen auch Ihr Partner einen Strich durch die Rechnung, weil ihm in einer Achterbahn vor allem übel wird oder er Sex auf einem Friedhof als Störung der Totenruhe betrachtet. Machen Sie sich, wenn möglich, zuerst alleine und in Ruhe ein Bild von dem entsprechenden Ort und checken Sie dann bei Ihrem Partner behutsam ab, ob ihn Ihr Einfall genau so ansprechen dürfte wie Sie selbst. Damit schützen Sie sich und Ihren Partner vor unliebsamen Überraschungen.

Für welchen Ort auch immer Sie sich entschieden haben: Wichtig ist, dass Sie ihn auch entsprechend würdigen. Lassen Sie sich Zeit, um überhaupt erst richtig dort anzukommen. Dann lassen Sie sich darauf ein, ihn mit all Ihren Sinnen wahrzunehmen: Welche Farben haben die Blumen, welche Gebäude können Sie erkennen? Wie fühlt sich das kühle Wasser auf Ihrer Haut an? Können Sie Vogelstimmen erkennen? Welche Gerüche liegen in der Luft? Und dann widmen Sie sich mit Ihren einmal geöffneten und geschärften Sinnen Ihrem Partner.

Liebe unter freiem Himmel –
was Sie sich vorher überlegen sollten

Egal, an welchem öffentlichen Ort Sie es mit Ihrem Liebsten tun möchten – es gibt einige grundsätzliche Regeln, die es dabei zu beachten gilt. Zwar könnten viele Menschen in angenehmer Weise davon angerührt sein, wenn sie ein Liebespaar in herzlichster Umarmung ineinander vertieft sehen; aber es kann sich immer auch jemand dadurch gestört oder unangenehm berührt fühlen.

Am wichtigsten ist es wohl, dass Sie mit dem unerbetenen Zurschaustellen Ihrer Sinnlichkeit nicht mit dem Gesetz in Konflikt kommen. Beispielsweise gibt es da den berühmten Paragraphen 183a des Strafgesetzbuches. Er macht aus Ihrer Erregung die „Erregung öffentlichen Ärgernisses". Konkret ausformuliert lautet er: „Wer öffentlich sexuelle Handlungen vornimmt und dadurch absichtlich oder wissentlich ein Ärgernis erregt, wird mit Freiheitsstrafe bis zu einem Jahr oder mit Geldstrafe bestraft." Solcherlei ist zwar nur ein Vergehen und kein Verbrechen, aber bei einem drohenden Jahr hinter Gittern ist Ihnen dieser feine Unterschied womöglich schnuppe. Wenn Sie als Mann in aller Öffentlichkeit Ihre Angebetete begatten, könnten Sie außerdem wegen Exhibitionismus belangt werden. (Ihrer Angebeteten als Frau bliebe dies erspart. So sexistisch ist unsere Gesetzgebung.)

„Die Erregung öffentlichen Ärgernisses betrifft sämtliche Handlungen, die in die öffentliche Sphäre hineinragen", teilte mir ein befreundeter, aber namentlich ungenannt bleiben wollender Wiesbadener Anwalt mit. Er erklärte: „Sobald ein Außenstehender etwas mitbekommt, wird es problematisch. Wo kein Kläger ist, ist natürlich auch kein Richter." Man macht sich also nicht schon durch die Handlung allein strafbar, sondern erst, wenn sich wirklich jemand in seinen Anschauungen und Gefühlen verletzt sieht. Der Betreffende muss sich durch Ihre Aktionen gestört fühlen, und er muss Sie deshalb anzeigen.

Und das ist immer möglich, denn wem unverhohlener Sex von wildfremden Leuten auf den Zeiger geht, muss deswegen gar nicht unbedingt furchtbar verklemmt sein. „Leidenschaftliche Berührungen in der Öffentlichkeit als unfreiwilliger

Betrachter miterleben zu müssen, kann Abwehr und widersprüchliche Gefühle erzeugen", erklärte dazu Diplom-Psychologin Sybille Weber im „Cora Romance Report 2002": „Als Außenstehender muss man eine Intimität beobachten, die normalerweise nur mit dem engsten Partner geteilt wird. Wer sich dagegen selbst in einer leidenschaftlichen Situation befindet, macht sich häufig keine Gedanken, wie sein Verhalten auf andere wirkt." Damit sind wir neben der rein juristischen Ebene auf der sittlich/moralischen gelandet, denn schließlich sollte man seinen Mitmenschen auch nicht mit Dingen auf die Füße treten, die rein vom Gesetz her erlaubt sind.

Generell ist es für Sie günstig, wenn Sie Ihre Liebe körperlich nur dann zeigen, wenn das Risiko einer öffentlichen Belästigung äußerst gering ausfällt. Wenn Sie sich zum Beispiel nachts um zwei auf einer abgelegenen Wiese verwöhnen, ist eine solche Gefahr eher gering. Dasselbe gilt, wenn Sie eine Stelle im Unterholz eines benachbarten Waldes gefunden haben, die Sie mit einiger Sicherheit vor Spaziergängern, spielenden Kindern, Förstern, Holzfällern und Pilzesammlern abschotten dürfte.

Hilfreich kann es darüber hinaus sein, einen Tatort auszuwählen, von dem aus man Störenfriede schon von weitem kommen sieht, etwa eine Anhöhe mit Blick auf die dort hinaufführenden Wiesen und Wege, oder auch das einsame Ende eines längeren Badestrandes.

Es gibt allerdings noch eine andere Möglichkeit, Ihren Mitmenschen durch Ihre offensive Form der Sexualität auf die Nerven zu fallen, auch wenn Sie nicht dabei „erwischt" werden: Nämlich wenn Sie dabei Ihre Spuren hinterlassen. So wäre es nett, wenn Sie gebrauchte Kondome, spermabefleckte Taschentücher, leere Dosen mit Gleitmittel oder was auch immer sonst die Überreste der Behandlung Ihres Intimbereichs sind, nicht einfach in der Gegend herumfliegen lassen, nachdem Sie selbst sich schon längst vom Acker gemacht haben. Zum einen ist diese Landschaftsverschandlung an sich schon eine Schweinerei, zum anderen machen Sie damit natürlich Dritte auf einen Ort aufmerksam, den Sie vielleicht noch weitere Male als Liebesnest nutzen möchten. Falls der Förster am zweiten Sonntag hintereinander auf Ihrer Lieblingslichtung Überbleibsel Ihrer Zweisamkeiten entdecken musste, wird er am dritten Sonntag vielleicht schon auf Sie warten.

Sie sollten also möglichst alles wieder mitnehmen, und den Eindruck größtmöglicher Unberührtheit hinterlassen. Aber was genau sollten Sie denn für ein romantisches Abenteuer im Grünen überhaupt alles dabei haben? Obwohl ich das entsprechende Kapitel im Fähnlein-Fieselschweif-Pfadfinderhandbuch gerade nicht finden konnte, plädiere ich für die folgende Ausrüstung:

♥ irgendeine Form von Tüchern, um entstandene Flecken wenigstens notdürftig wieder entfernen zu können: Kleenex, Toilettenpapier oder was immer Sie sonst für die Reinigung von Kleidungsstücken etc. als praktisch empfinden – feuchte Tücher übrigens sind dabei manchmal hilfreicher als fusselnde, trockene Papiertücher;

♥ Kondome, zwecks Safer Sex und Schwangerschaftsverhütung;

♥ eine Decke als Unterlage und vielleicht eine zweite, um die nackten Körper bei Bedarf zu wärmen bzw. - falls doch einmal ungebetene Gäste auftauchen sollten - schnell züchtig zu verhüllen;

♥ eine kleine Plastiktüte, in der Sie den erwähnten Intimmüll unauffällig abtransportieren können, ohne Ihre Handtasche, Ihren Rucksack etc. zu verschmutzen;

♥ falls Sie sich weniger für einen Quickie als für ein längeres Beisammensein einrichten, gehören eine Kleinigkeit zu essen und zu trinken dazu, damit Hunger und Durst Sie nicht von Ihrer Liebe ablenken;

♥ je nach Wetterlage ein Regenschutz in Form von Cape oder Schirm;

♥ je nach Tageszeit eine Taschenlampe oder eine andere Form von Beleuchtung – z. B. damit Sie sich beim nächtlichen Rückweg von der abgeschiedenen Waldlichtung nicht den Knöchel verknacksen (oder weil Sie Probleme haben könnten, im Stockfinsteren die Kondome zu finden);

♥ je nach Ort, Vorlieben, Abneigungen und Phobien ein geeigneter Insektenschutz (selbst wenn Sie auf Gruppensex stehen, dachten Sie bestimmt nicht an Ameisen als Ergänzung Ihrer Zweisamkeit), entweder als Vorbeugung oder als Behandlung bei Stichen/Bissen, und am besten für beides;

♥ unter Umständen einen Fotoapparat oder eine Kamera, damit Sie auch etwas Greifbares herstellen können, um Ihre Erinnerung für spätere Tage zu untermauern.

Nun brauchen Sie für den öffentlichen Personennahverkehr außer den aufgeführten Gegenständen noch eine weitere Sache, die auch nicht immer so ganz leicht zu bekommen ist: einen willigen Partner. Wie bewegen Sie Ihren Schatz zu Outdoor-Sex? Insbesondere wenn es das „erste Mal" ist, empfehlen sich die folgenden Annäherungsmethoden:

♥ Sie knuddeln, kitzeln, knutschen oder liebkosen Ihren Partner außerhalb Ihrer eigenen vier Wände und testen schrittweise aus, wie weit Sie gehen können, ohne dass er sich dabei unwohl fühlt. Geht er bei Zungenküssen noch freudig mit, bei Berührungen unter dem Shirt, bei Griffen zwischen die Beine? Wie scheu oder forsch ist er, wenn es darum geht, an einem schwer einsehbaren Örtchen Kleidungsstücke abzulegen? Wenn ihm das alles überhaupt keine Probleme bereitet, dann ist da sicher auch mehr drin.

♥ Sie tauschen Ihrer beider Lieblingsphantasien miteinander aus. Nachdem Sie Ihren Schatz zum vierten Mal darauf aufmerksam gemacht haben, dass Sie Storys über Sex auf einer Blumenwiese unheimlich anmachen, kommt er vielleicht endlich auf den Einfall, Sie zu fragen, ob Sie so was eigentlich auch selbst gerne einmal erleben möchten. Worauf Sie dann laut vor sich hin sinnieren können, welche Wiese im näheren Umkreis dafür denn überhaupt geeignet wäre … und schon sind Sie mitten im Planen.

♥ Und schließlich können Sie Ihren Lover einfach an einen vorher ausgesuchten, besonders stimmungsvollen Ort bugsieren, abwarten, bis auch er von der Atmosphäre gepackt wird, und ihm dann mitteilen, dass Sie gerade ganz furchtbar gefühlig werden. Wenn Sie so das Feuer geschickt in ihm entfachen, wird *er* sich vielleicht sogar auf *Sie* stürzen. Wichtig bei solchen Aktionen ist, dass es zwar nichts schadet, wenn Sie ganz spontan aussehen, Sie aber besser so viel wie möglich schon vorher überlegt und geplant haben. Denn wenn dieses „erste Mal" katastrophal schief geht, werden Sie Ihren Liebsten wohl so schnell nicht wieder zu einem kleinen Outdoor-Abenteuer überreden können.

Der Vollständigkeit halber sollte man allerdings auch darauf hinweisen, dass es auch für Romantiker gute Gründe geben kann, gerade *keinen* Sex an öffentlich zugänglichen Orten zu haben. So gehören zu romantischem Sex für viele ein ausgiebiges Vorspiel und das Gefühl von Geborgenheit. Die beständige Angst, jeden Moment entdeckt zu werden, führt aber oft eher zu sehr hektischem Sex ohne solche Elemente. Wenn Sie schon der Gedanke an Sex unter freiem Himmel derart nervös macht, dass Sie sich nur eine schnelle Rein-Raus-Nummer vorstellen können, dann wäre es vielleicht am besten, darauf zu verzichten.

Eine heiße Kiste: Sex im Auto

Für manche ist Sex im Auto einfach nur entsetzlich eng und unbequem, und sie können gar nicht nachvollziehen, was andere daran so toll finden. Für andere hingegen ist es absolut romantisch. Das kann zum Beispiel daran liegen, dass sie schon im mittleren Alter sind und Sex im Auto für sie eine tolle Jugenderinnerung darstellt: damals, als man selbst ebenso wie der geliebte Partner noch zu Hause bei den Eltern wohnte und dort keine rechte Gelegenheit hatte, seine Liebe richtig zu feiern. Für andere besitzt Sex im Auto einfach den Geschmack von Abenteuer, oder sie genießen es, mit ihrem Wagen an einen Ort zu fahren, der einen emotional ansprechenden Ausblick bietet. Im Zweifel genügt es schon, dafür das Verdeck zu öffnen bzw. ein Fenster im Wagendach aufgleiten zu lassen und über sich die Sterne zu sehen.

Aber auch bei Sex im Auto gibt es wieder verschiedene Grundsätzlichkeiten zu beachten:

♥ Aus den zuvor erläuterten Gründen sollten Sie einigermaßen sichergehen, dass Ihnen kein zufällig vorbeischlendernder Spaziergänger dabei zusehen kann. Da es bei Autofenstern häufig schwierig ist, Vorhänge oder einen anderen Sichtschutz anzubringen – eine nicht ganz perfekte Ausnahme ist der eher für Kinder gedachte und oft in Form von Tierköpfen angebotene Sonnenschutz -, empfiehlt es sich stattdessen, auf eine möglichst abgelegene Stelle auszuweichen, beispielsweise einen verlassenen Parkplatz (an einer Autobahn, am Wald, nach 20 Uhr und sonntags an einem geschlossenen Supermarkt). Parkhäuser und Tiefgaragen sind eher ungünstig, weil darin jedes Geräusch unverhältnismäßig stark hallt und man immer damit rechnen muss, dass ein Spätheimkehrer direkt neben dem eigenen Auto parkt – allein die ständige Sorge darüber kann einem so einiges vermiesen. Strömender Regen bietet Ihnen deutlich mehr Sicherheit als strahlende Sonne (es wird wohl kein durch die Straßen hastender Passant mal eben neben Ihrem Wagen stehen bleiben, um die Tropfen von den Scheiben zu wischen und hineinzulugen), späte Abend- und Nachtstunden mehr als der helle Mittag. Im Winter beschlagen häufig die Scheiben und machen so den Blick ins Fahrzeug unmöglich. Besonders Umsichtige checken vorher ab, ob der betreffende Parkplatz auch nicht von irgendwelchen Gangstern oder Spinnern frequentiert wird, und überlegen sich für den Fall der Fälle noch bei Tageslicht eine günstige Route zum zügigen Abdüsen. Sollten Sie es lieber in belebteren Gegenden miteinander treiben, ist ein möglichst großer Abstand zur Autohupe keine schlechte Idee, falls Sie nicht versehentlich ein kleines Konzert auslösen möchten, wenn Sie kommen. In jedem Fall gehört der Schlüssel ins Zündschloss, da Sie ja immer in die Situation geraten könnten, sich schleunigst absetzen zu müssen.

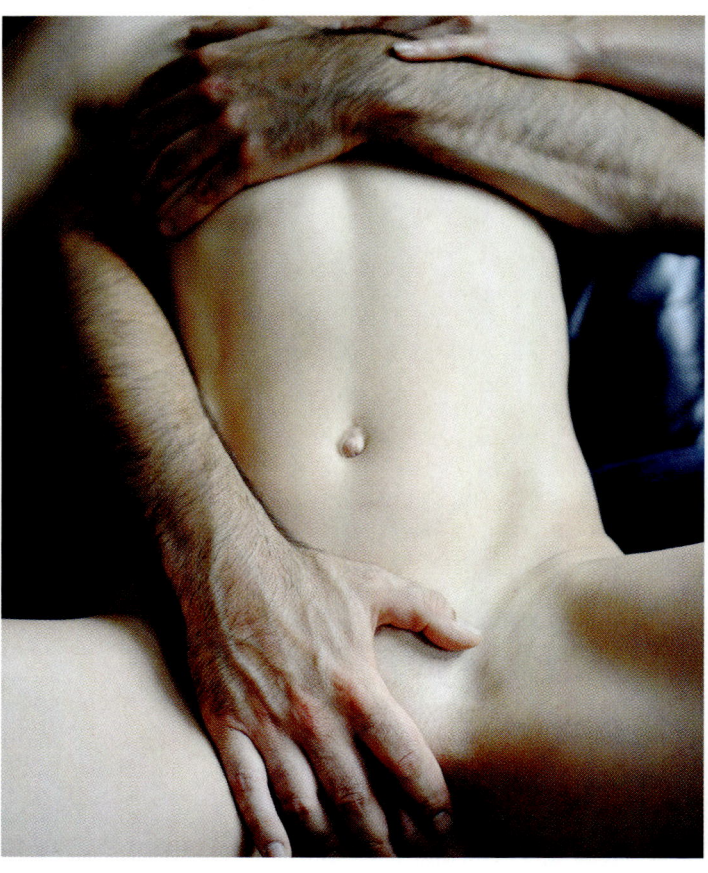

♥ Sex im Auto ist fast von Natur aus mit leichten Schmerzen, auch am nächsten Tag, verbunden: Verrenkungen, leichte Quetschungen oder blaue Flecken bleiben nun mal nicht aus, wenn man auf so engem Raum aufeinander herumturnen muss. Wo gehobelt wird … Nehmen Sie solche Dinge als kleine Andenken in Kauf, statt sich darüber zu beklagen.

♥ Dafür kann Sex im Auto nachts besonders stimmungsvoll sein, wenn Sie auf der Motorhaube oder einem geeigneten Armaturenbrett ein paar Kerzen oder Teelichter aufstellen, bevor Sie sich lieben.

♥ Was das Schaffen der gewünschten Stimmung angeht, vergessen Sie nicht, wie sehr diese durch geeignete Musik gefördert wird, und nehmen Sie passende Tonträger für Ihr Cassetten- oder CD-Deck mit. Sie können Ihren Wagen abends oder nachts auch an einer abgelegenen Stelle parken, die Musik ein wenig aufdrehen und dann mit Ihrer Partnerin ein Tänzchen im Mondschein genießen, bevor sie einander lieben.

♥ Auch in anderer Hinsicht liegt die Kunst gelungener Spontaneität vor allem in der gründlichen Vorbereitung: Ihr Auto sollte nicht unbedingt eine Müllhalde oder ein Lagerschuppen auf Rädern sein. Kein Mensch kann sich auf engem Raum heißem Sex hingeben, wenn er ständig damit rechnen muss, unter seinem Körper Music-Cassetten fürs Autoradio, Hamburgerschachteln, Kleingeld, einen Schirm, Eisspray, ein Brillenetui, Wegbeschreibungen, Landkarten oder was auch immer zu finden. Raffinierter ist es, wenn Sie vor Ihrer geplanten Eskapade sämtlichen Müll beseitigen und dafür in den verschiedensten Ecken und Winkeln Ihres Wagens Accessoires für das Liebesspiel verbergen, die Sie dann eine nach der anderen mit einer schnellen Handbewegung nur noch hervorzuziehen brauchen. Es kann sehr beeindruckend wirken, wenn Sie während dem ersten Austausch heißer Zärtlichkeiten plötzlich eine Sektflasche unter dem Sitz hervorziehen, eine Augenbinde von der Hutablage nehmen und Sex-Toys aus dem Handschuhfach …

♥ Ein Alternativvorschlag: Sie parken Ihren Wagen an einem

Waldrand und unternehmen mit Ihrem Partner einen kleinen Spaziergang. Zwischendurch entschuldigen Sie sich plötzlich und schlagen sich in die Büsche. Statt zu pullern, kehren Sie jedoch zu Ihrem Wagen zurück und machen daraus mit einigen schnellen Griffen eine ideale Liebeslaube (Decke aus dem Kofferraum nehmen und über den Rücksitz breiten usw.). Dann eilen Sie zurück zu Ihrem Partner, tun ganz unschuldig und genießen wenig später seine Überraschung.

♥   Vorausdenken empfiehlt sich schließlich auch, was die Wahl Ihrer Kleidung angeht. Hautenge Jeans z. B. haben sicher ihre Vorteile, allerdings kann man sich davon im engen Innenraum eines Pkws nicht immer ganz einfach befreien.

♥   Schließlich sollten Sie sichergehen, dass Ihr Auto so abgestellt ist, dass es für Sie selbst oder für andere zu keiner Gefahr werden kann. Ziehen Sie die Handbremse besser an. Dass solche Vorsichtsmaßnahmen nicht ganz selbstverständlich sind, belegt der Fall eines jungen Pärchens aus dem niedersächsischen Kreis Verden. Die beiden hatten eine betonierte, abschüssige Fläche an der Weser gewählt, die als beliebter Ort für solche Liebesspiele galt, obwohl schon öfters Autos herab in den Fluss gerollt waren. So ging es im Dezember 2004 auch diesen beiden bei ihrem Liebesakt: Polizeitaucher bargen die Leichen der 22jährige Frau und des 25jährigen Mannes nackt und eng umschlungen in dem Fahrzeug.

Zugegeben: Auch ein solcher Liebestod ist auf düster-tragische Weise romantisch. Aber das ist wohl kaum die Art von Romantik, auf die Sie es abgesehen haben. Es empfiehlt sich also immer, wenigstens teilweise seinen Verstand wach und aufmerksam zu behalten, selbst wenn man ansonsten innerlich auf Wolken schwebt.

Eins mit der Natur: Sex im Wald

Für viele Menschen gibt es nichts, was sie romantischer finden als die Vorstellung von einem lauschigen Tete-a-tete an einer idyllischen Waldlichtung. Die unberührte Natur ist nicht erst seit den Bildern Caspar David Friedrichs ein regelrechter Inbegriff der Romantik. Schon im Mittelalter wurde solche Begegnung von Minnesängern wie Walther von der Vogelweide besungen. Einander auf moosbewachsenem Boden zwischen hohen Bäumen und mit dem Geruch von Harz in der Nase so nackt wie Adam und Eva näherzukommen ist aber noch heute für manchen eine kleine, symbolische Rückkehr ins Paradies.

Damit eine solche Begegnung auch so traumhaft bleibt, wie wir sie uns vorstellen, sollten wir uns allerdings klarmachen, dass sie in der Wirklichkeit stattfindet und dass es deshalb ganz praktische Dinge zu bedenken gibt:

♥   Mehr noch als an jedem anderen Ort gilt in der unberührten Natur besonders, dass Sie danach Ihren Müll bitte wieder mitnehmen. Auch andere Menschen möchten den Wald als kleines Paradies, Zuflucht oder Schutzraum genießen, und wenn irgendwo gebrauchte Kondome oder zusammengeknülltes Papier herumliegen, wird dieser Eindruck doch enorm gestört. Ihren Unrat mal eben zu verscharren, bringt überhaupt nichts; insbesondere gebrauchte Pariser werden von neugierigen Tieren rasch gewittert und wieder ausgebuddelt. Verlassen Sie auch sonst den Ort bitte möglichst genau so, wie Sie ihn vorgefunden haben.

♥   Wenn Sie einigermaßen sichergehen wollen, bei Ihrem Tandaradei ungestört zu bleiben, dann wählen Sie besser kein Plätzchen, das nur wenige Meter von einem Wanderweg entfernt ist, sondern schlagen Sie sich besser ein gutes Stück ins Unterholz (aber natürlich nicht während der Jagdzeit, und auch nicht in abgesperrte oder eingezäunte Bereiche, oder in Naturschutzgebiete). Das wird von vielen Forstwirtschaftlern zwar nicht so gerne gesehen, aber wenn Sie sich nicht wie die Axt im Walde aufführen, mag das um der guten Sache willen noch durchgehen. (Ein zusätzlicher Vorteil: In direkter Nähe von Grillplätzen und anderen öffentlichen Stellen findet man leider häufig Glasscherben und ähnlichen Unrat, den man beim Sex wirklich nicht unter sich haben möchte – das vermeidet man weitab von solchen Stellen.)

♥   Wählen Sie, wenn Sie keine Decke als Unterlage dabei haben, Ihre Liebesstätte nicht ausgerechnet unter einer Kiefer oder Fichte: Deren Nadeln stechen bei trockenem Wetter gerne mal in empfindliche Stellen der Haut.

♥   Allerdings sind Sie selbst mitten im Forst nur vor Sonntagsspaziergängern sicher, aber was ist mit Pilzesammlern, Gotcha- oder Real-Life-Rollenspielern, Holzfällern, Soldaten, Kindern mit Geschmack am Abenteuer, Hobby-Pfadfindern und und und? Reißen Sie sich also nicht gleich die Klamotten vom Körper, sondern lauschen Sie erst einmal ein wenig: Erstens, ob sich auch wirklich niemand in der Nähe befindet, und zweitens, welche Geräusche dieser Wald „normalerweise" macht. Letzteres könnte im Übrigen nicht wenig zu Ihrer beider romantischen Stimmung beitragen. Behalten Sie auch später immer ein wenig die Ohren gespitzt, und Sie werden es merken, ob sich jemand nähert.

♥   Ein günstiger Zeitpunkt für ungestörte Zweisamkeit im Wald dürften die Mittagsstunden mitten in der Woche sein: Auch wenn es keine Garantie gibt, bleiben Sie zu diesem Zeitpunkt wohl am ehesten von morgendlichen Joggern, Spaziergängern nach Feierabend und spielenden Kindern verschont. Falls Sie sich denn zu dieser Zeit im doppelten Sinn freimachen können.

♥   Über größere Sicherheit vor absichtlichen oder unabsichtlichen Voyeuren verfügen Sie in einem Hochsitz. Dort eine Nummer zu schieben, hat durchaus seine Vorteile: Im Zweifelsfall sind Sie schon längst wieder angekleidet, bevor ein Fremder die Leiter erklommen hat, und der Ausblick über die Baumwipfel kann so manchen beim Sex wirklich zum Schweben bringen. Es gibt aber auch Nachteile: z. B. dass es streng genommen illegal ist. Nicht nur als Mitglied der Jagdgenossenschaft meines Heimatortes muss ich mit einigem Nachdruck darauf hinweisen, dass es dem Landeswaldgesetz nach nicht gestattet ist, einfach irgendwelche Hochsitze zu besteigen! Diese gehören dem Revierinhaber, nicht der Öffentlichkeit. Na gut, mögen Sie sich denken, auch hier ist ohne Kläger kein Richter, und man wird uns wohl kaum wegen widerrechtlichem Aufenthalt auf einem Hochsitz verhaften. Die Gefahr liegt aber woanders: Viele Hochsitze werden kaum instand gehalten und sind durch Einflüsse der Witterung schon ziemlich morsch geworden. Sollten Sie und Ihr Partner beim Herumjuckeln dort oben beispielsweise durch den Boden brechen und sich dabei schwer verletzen, können Sie den Eigentümer des Hochsitzes nicht haftbar machen, da Sie eine „widerrechtliche Nutzung" begangen haben. Der Eigentümer muss noch nicht einmal Warnschilder anbringen.

♥   Also zurück auf den Waldboden – welche Stellung ist dort für ein Liebesabenteuer die beste? „Passiert es ungeplant, und ihr seid nicht richtig ausgerüstet, empfehlen wir die Hündchenstellung" befanden dazu zwei Autoren für die Internet-Community Playground. „Auf allen Vieren seht ihr wenigstens, was unter euch keucht und fleucht." Das liest sich vielleicht etwas paranoid, ist aber kein ganz schlechter Vorschlag, falls Sie z. B. Ihre Wolldecke als Unterlage vergessen haben. Andererseits können Sie sich auch auf den Standpunkt stellen, aseptisch können Sie's auch zu Hause haben: Sich in Dreck, Laub und Baumrinde zu wälzen und auch mal ein paar Käfer hinzunehmen, das *sei* ja gerade der Kick.

♥   Was einem die Stimmung schon mehr ruiniert als „ein paar Käfer" sind beispielsweise Zecken, weil diese bekanntlich Borreliose und in manchen Gegenden auch Hirnhautentzündung übertragen können – wogegen Sie sich allerdings impfen lassen können. Eine gute Bekannte von mir ließ sich einmal nackt im Wald fotografieren und wurde von den Biestern auch prompt erwischt. Spötter wandten danach ein, genauso gut hätte das Mädchen auch überall Schilder „Zecken bitte *hier* lang" aufhängen können. Diese kleinen Vampire sind vor allem, aber nicht nur, von Mai bis Juni und August bis September aktiv. Manchmal lassen sie sich kamikazemäßig auf die Opfer fallen, von deren Blut sie sich ernähren, aber weit häufiger lauern sie im Gras, Gebüsch oder Unterholz, um sich dort von jemandem versehentlich abstreifen zu lassen, der z. B. gerade nur seine Lust im Kopf hat. Zecken gehen am liebsten nach Geruch und Körpertemperatur, sie suchen sich vor allem leicht schwitzige Stellen aus. Mit anderen Worten: Sobald Sie im Wald auf schweißtreibende Weise viel Haut zeigen, bieten Sie sich den Tieren in der Tat geradezu an … und bemerken den blinden Passagier erst, wenn er von Ihrem Blut schon ziemlich prall geworden ist. Ziehen Sie ihn möglichst rasch heraus – und zwar entgegen einem nicht totzukriegenden Volksglauben nach heutiger Ansicht vieler Ärzte *ohne* ihn dabei irgendwie zu drehen, (das vergrößert nur das Risiko, dass ein Teil von ihm stecken bleibt), und *ohne* zu versuchen, ihn vorher mit Leim oder Öl zu ersticken. Andernfalls beginnt die Zecke vor lauter Stress zu sabbern, und damit steigt die Gefahr einer Infektion. Ein langsames, geradliniges Herausziehen ist die beste Lösung. Eine speziell dafür geeignete Zeckenzange ist da ganz hilfreich. Sollte überraschend dennoch ein Teil der Zecke im Körper zurückbleiben, warten Sie einfach ein paar Tage: Wenn das Teil von selbst abgestoßen wird, was die Regel sein wird, ist alles in Butter; wenn die Stelle allerdings anschwillt, heiß wird und schmerzt, sollten Sie schleunigst zum Onkel Doktor. Ich drücke Ihnen die Daumen, dass es nicht gerade Ihre Intimregion erwischt hat, wo der Körper aus ganz anderen Gründen heiß werden und anschwellen sollte.

♥ Insektenstiche werden gelindert durch feuchte Umschläge mit Wasser, Salmiak, Alkohol oder essigsaurer Tonerde. Spezielle Gels (Soventol, Fenistil) gibt es in der Apotheke. Kratzen Sie die juckende Stelle möglichst nicht. Sollte ein Stachel stecken geblieben sein, ziehen Sie ihn vorsichtig heraus. Die dafür nötige Pinzette finden Sie spätestens an Ihrem Allzweckmesser, das Sie bei Outdoor-Ausflügen natürlich immer dabei haben. Und lassen Sie sich nicht in den Mund stechen, das bringt Unglück.

♥ Noch umsichtiger ist es natürlich, wenn Sie beide sich schon *vorher* gegenseitig mit einer Anti-Mücken-Lotion einreiben. Was ja auch sehr anregend sein kann.

♥ Verzichten Sie auf Parfüm, das lockt die Viecher nur an.

♥ Sollten Sie versehentlich in Brennnesseln geraten, gelten folgende Verhaltensregeln: 1. Stellen Sie sich nicht so an, das vergeht wieder. 2. Kratzen Sie die juckende Stelle nicht, das macht alles nur noch schlimmer. 3. Hilfreich sind kühlendes Wasser, leicht flüssiges Kieselsäuregel (im Reformhaus als „Silicea" bekannt), und die üblichen Gels gegen Insektenstiche.

♥ Schauen Sie wenigstens ab und zu in den Himmel, damit Sie nicht mittendrin von einem Wolkenbruch überrascht werden. Allerdings kann Sex im Wald besonders stimmungsvoll sein, *nachdem* es gerade geregnet hat.

♥ Verzichten Sie auf die „Zigarette danach". Im Wald gilt Rauchverbot, und das hat wegen der Brandgefahr auch seinen guten Grund.

♥ Ritzen Sie auch bei akuter Verliebtheit kein Herzchen mit Ihrer beider Initialen als „Andenken" in die Baumrinde. Für Sie mag das romantisch sein, für den Baum weniger: Durch solche Verletzungen können Schädlinge eindringen und die Bäume krank werden oder sogar sterben.

♥ Wenn Sie wieder nach Hause kommen, duschen Sie bitte recht bald und suchen Sie dabei Ihren gesamten Körper ab. (Sie erinnern sich: die Zecken.) Das macht natürlich mehr Spaß, wenn jeder seinen Partner untersucht ... damit auch ganz sicher alle Ritzen und Winkel erkundet werden ...

Des Meeres und der Liebe Wellen: Sex am Strand

Meeresrauschen. Fernweh. Gischt umspült nackte Körper, die in der Sonne glänzen. Urlaub. Freiheit. Zeit für Zuwendung und Sinnlichkeit. Es mag ein bisschen klingen wie ein Reklamespot oder wie ein Erotik-Filmchen, bei dem mit wenig Mitteln große Gefühle gezaubert werden sollen, aber dass das überhaupt funktioniert, hat seinen Grund: Die Vorstellung von Sex am Strand ist für viele Menschen erregend und romantisch zugleich. Aber wie gut ist diese erotisierende Idee praktisch umsetzbar? Folgendes gäbe es zu bedenken:

♥ Urlaubsstrände sind ein guter Ort, Hoffnung auf Sex haben zu dürfen, auch wenn man bei der Abreise noch gar keinen Partner hatte. In den Ferien sehen viele Menschen die Dinge etwas lockerer. Suchen Sie einen Ort auf, an dem sich viele Menschen herumtreiben, z. B. miteinander Ball spielen oder sich gegenseitig einen Frisbee zuwerfen. Warten Sie ab, bis das Sportgerät in Ihrer Nähe landet, geben Sie es zurück, und beginnen Sie dabei einen Flirt. Früher oder später dürften Sie auf jemanden stoßen, mit dem mehr geht als nur Reden. Natürlich sollte Ihnen dann auch klar sein, dass für solche Menschen ein kurzes Urlaubsabenteuer keinerlei Verpflichtung für die Zukunft darstellt – so etwas wäre also nichts für Sie, wenn Sie sich in jeden, mit dem Sie Sex haben, immer sofort verlieben.

♥ Eine andere Möglichkeit der Kontaktaufnahme: Finden Sie heraus, wo sich die heißesten Feger aufhalten. Seien Sie am nächsten Tag vor den anderen da, und kommen Sie mit nassem, strubbeligem Haar aus dem Wasser. Treten Sie locker und selbstsicher auf und beginnen Sie so einen Kontakt. Wenn Sie besonders originell sein wollen, bringen Sie ein paar Blumen mit.

♥ Wenn Sie einen Partner gefunden haben, steht der Sache eigentlich nichts mehr im Wege. Bis auf den Umstand, dass die Obrigkeit mancher Staaten es gar nicht so gerne sieht, wenn es an ihren Stränden zu Liebesspielen kommt.

207

Die Zeitschrift „Fit for Fun" hat einmal die gängigen Strafsätze typischer Urlaubsländer zusammengestellt: In Rumänien drohen demnach sieben Jahre Haft bei Sex am Strand, in Dänemark vier, in Ägypten drei, in Griechenland zwei und in Österreich sechs Monate. Andere Länder bessern sich mit liebeshungrigen Urlaubern lieber ihre Staatskasse auf und setzen auf Geldstrafen: Spanien langt mit bis zu 75.000 Euro zu, in Frankreich kostet es 15.000 Euro, in Italien 300 und in Schweden 50. In unserem eigenen Land ist keine maximale Geldstrafe festgesetzt, es droht aber im Wiederholungsfalle unter Umständen ein volles Jahr Knast. Also sollten Sie, wenn Sie im „falschen" Land Urlaub machen, besser alles daran setzen, sich nicht erwischen zu lassen. Aber dass Sie eher ein abgelegenes, schwer einsehbares Plätzchen wählen und nicht mitten zwischen den anderen Urlaubern loslegen, ist ja eigentlich ohnehin klar – hoffe ich.

♥ Eine weitere gute Idee, wenn Sie keinen unerwarteten Wertverlust erleben möchten, ist sicher, dass Sie Ihre abgelegten Kleidungsstücke und andere Besitztümer immer in der Nähe oder zumindest im Auge behalten. Das ist offenkundig einer der Standard-Ratschläge am Strand, aber gerade im Rausch der Liebe und der Wellen verschwindet doch mancher Überblick und manches feine Gehör.

♥ Nackte Körper im Sand und in der herangischtenden Brandung: Das sieht unglaublich erregend aus in Filmklassikern wie „From Here to Eternity" („Verdammt in alle Ewigkeit") mit Burt Lancaster und Deborah Kerr, die es am Strand von Honolulu miteinander tun. Nun ist das wahre Leben allerdings kein Hollywoodfilm, und zwar nicht nur, weil das Orchester mit der Begleitmusik fehlt. Die Realität beglückt Liebespaare außerdem mit allen möglichen störenden Elementen, die im Film so praktisch ausgeblendet werden können. Der Partner, der unten liegt, wird Sand im Bereich sämtlicher Körperöffnungen zu spüren bekommen, das Salzwasser reizt die Haut, und ab und zu krabbelt womöglich Getier vorbei; vielleicht sogar exotisch-gefährliches. Die meisten Mitteleuropäer dürften einigermaßen „bequemen" Sex der wilden, aber unangenehmen Variante vorziehen. Falls Sie auch dazu gehören, müssen Sie eben etwas dafür tun, dass störende Außenreize sich nicht in Ihre Liebesempfindungen einmischen. Legen Sie sich ein großflächiges Handtuch (oder besser noch zwei) unter, suchen Sie sich eine Stelle aus, die nicht gerade von Meeresanwohnern übersät ist, und wählen Sie etwas Abstand zu den Fluten. Der Klang der Wellen bringt vermutlich mehr Stimmung als ihre tatsächliche Berührung – zumal das Seewasser Bakterien in Ihre Vagina bzw. Ihren Harntrakt schwemmen kann. Wenn Sie aber glauben, dass man Sex am Strand ohne Kontakt mit den Meereswellen auch gleich bleiben lassen kann, dann möchten Sie vielleicht statt der Missionars- die Hündchenstellung einnehmen oder gegen Felsen gelehnt in den Fluten stehen. Damit sind dann wenigstens Ihre Weichteile geschützt.

♥   Bleiben wir noch ein wenig beim Thema Sand, da dieser bei Stränden ja doch gelegentlich vorkommen soll. Selbst wenn Sie ein breites Handtuch als Unterlage verwenden, werden Sie ihn beim Beach-Poppen nicht ganz von sich fern halten können. Sie schwitzen noch mehr als ohnehin schon, Sie bewegen sich, Ihre Hände wandern – es wäre zu viel verlangt, dass Ihr Unterleib dabei von Sand völlig unberührt bleibt. Das kann bei der Vagina wie beim Penis ein schmerzhaftes Gefühl auslösen, und es können in den Körperöffnungen winzige Verletzungen entstehen, die wiederum die Gefahr sexuell übertragbarer Krankheiten erhöhen. Als passende Gegenmaßnahmen empfiehlt die Gynäkologin Dr. Sarah Brewer die Frauen-Website „www.ivillage.co.uk": „Eine gute Dusche danach sollte normalerweise wieder alles in Ordnung bringen, aber vermeiden Sie Scheidenduschen – die Vagina verfügt über ausgezeichnete Selbstreinigungs-Mechanismen, und verirrte Sandkörner werden schnell wieder den Weg nach draußen finden. Hilfreich kann es sein, sich den Sand mit feuchten Tüchern abzuwischen, und Urinieren nach dem Sex ist der einfachste Weg, Sand aus seiner Harnröhre zu bekommen."

♥   Eine mögliche Alternative kann es darstellen, dass Sie bis zur Ebbe warten – dort, wo es Ebbe und Flut gibt –, und sich zum Sex eine Stelle aussuchen, wo der Sand nass und fest ist. Dann gelangt zumindest deutlich weniger davon in die Vulva.

♥   Problematisch machen Meer und Sand auch den Gebrauch von Kondomen: Der Sand kann Risse verursachen, die Wellen das korrekte Überstreifen erschweren, und das Wasser spermientötendes Gel davonspülen, falls Sie welches benutzen. Wenn Sie Kondome verwenden, sollten Sie Ihren Penis vorher nicht mit Sonnencreme oder Sonnenmilch verwöhnen (lassen), denn fett- und ölbasierte Produkte zerstören das Gummi. Eine gute Alternative für den Sex am Strand besteht darin, sich für stabilere, wenn auch etwas teurere Kondome zu entscheiden.

♥   Sicherheit bei Sex am Strand bedeutet allerdings nicht nur Kondome, sondern auch Schutz vor Sonnenbrand und

Sonnenstich. Manche Menschen können sich so sehr in Ihren Lover vertiefen, dass Sie die ganze Welt um sich herum vergessen. Während das einerseits bewundernswert ist, kann es auch sehr schmerzhaft werden, sobald sich der Rücken zu schälen beginnt. Besonders sonnenbrandgefährdet sind jedoch vor allem helle, also die Sonne nicht gewöhnte, Brüste und ihre Nippel, deren dunkle Pigmente sie vor Sonnenbrand keineswegs schützen. Ich habe Ihnen ein wenig davon abgeraten, das Einreiben mit Sonnenmilch in Ihre Mädchen-Aufreiß-Versuche einzubauen, aber wenn Sie schon einen Partner gefunden haben, können Sie solcherlei Substanzen natürlich wunderbar in Ihr Liebesspiel integrieren. Denken Sie daran, dass diese Mittel etwa eine halbe Stunde brauchen, um zu wirken – wenn Sie es beim Sex gerne spontan haben, tun Sie es also besser im Schatten oder bei Nacht; oder cremen Sie sich (gegenseitig) ein, bevor sie am Strand ankommen. Generell heißt es ja, dass man seinen Körper nur schrittweise dem Sonnenbaden aussetzen soll, also legen Sie Ihren Strandverkehr nicht ausgerechnet von mittags um elf bis um drei, wenn die Sonnenstrahlen am stärksten sind.

♥   Alternative: Sie treiben es im Schatten. Falls Sie an Ihrem Strand keinen finden, können Sie ja welchen mitbringen, etwa in Form eines Sonnenschirms.

♥   Auch was andere strandtypische Gegenstände und Utensilien angeht, sollten Sie einfach mal Ihre Kreativität spielen lassen: Kann Ihr Bikini für Fesselspiele benutzt werden, wie wäre es mit einem Eis, um es langsam vom Körper Ihres Partners zu lecken, und wie ist das mit dem Liegestuhl für Experimente mit neuen Stellungen? Dem Sprichwort zufolge macht Not erfinderisch, und sexuelles Begehren ist ja durchaus eine Form von Not.

Aufbruch zu zweit

Jeder Partnerschaft, bei der man nicht ohnehin schon den Großteil des Tages aufeinanderhockt, kann es häufig gut tun, wenn Sie sich mitten in Ihrem Alltag einmal eine kurze Auszeit von einem Tag oder einem Wochenende nehmen und ihre gewohnten vier Wände zugunsten einer neuen Umgebung verlassen, in der Sie ganz füreinander da sein können. Auch hierzu gibt es eine ganze Reihe von Tipps und Ideen:

♥ Kümmern Sie sich rechtzeitig um sämtliche Reservierungen. Wenn Sie eine romantische Woche im tiefsten und abgeschiedensten Taunus planen und erst nach Ihrer Ankunft dort erfahren, dass das einzige vernünftige Restaurant in der Nähe gerade wegen Renovierung geschlossen hat, dann ist das etwas arg spät.

♥ Informieren Sie sich gründlich darüber, welche Extras das Hotel zu bieten hat, in dem Sie Ihren Aufenthalt buchen möchten. Wünschenswert für ein Wochenende voller Lust und Liebe wären beispielsweise ein extragroßes Doppelbett, eine Badewanne (eventuell für zwei), eine Sauna, ein Whirlpool, Zimmerservice, eine nette Aussicht und ein Fernseher mit einem angeschlossenen Videorecorder oder einem Kanal für Erotikfilme (wenn Sie auf so etwas stehen). Unter „www.loveroom.eu" finden Sie den „ersten romantisch-erotischen Hotelführer Europas", der speziell auf entsprechende Angebote ausgerichtet ist. Auf einer Checkliste stellt dort jedes verzeichnete Hotel vor, ob das von ihm angebotene Zimmer beispielsweise über eine erotische Ausstrahlung, eine Auswahl an erotischer Literatur, ein Rundbett, einen Kamin im Zimmer, eine aphrodisische Küche, Duftlampen und dergleichen mehr verfügt. Die Räumlichkeiten sind jeweils durch eine Reihe von Fotos bereits zu besichtigen, und die Hotels können darstellen, welche zusätzlichen Freuden (Massageöl, Räucherstäbchen, CD-Player etc.) in ihrem Gesamtpaket enthalten sind. Wie man sich denken kann, ist so viel Romantik allerdings nicht gerade billig.

Überraschend preiswert und trotzdem mega-romantisch kann es werden, wenn Sie ein Doppelzimmer in einem Schloss buchen, in dem mittlerweile Gäste bewirtet werden. Ganz königlich oder wie eine Prinzessin fühlen können Sie sich beispielsweise im Schlosshotel Münchhausen (www.schlosshotel-muenchhausen.de), dem sächsischen Schloss Triestewitz (www.schloss-triestewitz.de), dem in der Märkischen Schweiz gelegenen Schloss Wulkow (www.schloss-wulkow.de), dem fränkischen Wörners Schloss (www.woerners-schloss.de), dem heute als Jugendherberge genutzten Schloss Ortenberg (www.jugendherberge-schloss-ortenberg.de) und der bewohnbaren Schlossruine Hertefeld am Niederrhein (www.hertefeld.de).

♥ Wenn Sie in einem „normalen" Hotel ohne viele Extras unterkommen möchten, können Sie bei der Reservierung aber durchaus erwähnen, dass Sie ein paar liebevolle Tage mit Ihrem Partner verbringen möchten. Damit erhöhen Sie immerhin die Chancen, einen der angenehmeren Räume zugewiesen zu bekommen und nicht z. B. den direkt über der Küche oder an einer dichtbefahrenen Straße.

♥ Wenn Sie ein sehr gästefreundliches Hotel gefunden haben, können Sie den Angestellten dort auch mitteilen, wann Sie z. B. von einem Stadtbummel zurückzukehren gedenken, und eine halbe Stunde vorher eine Flasche Sekt, einen Früchtekorb oder andere Nettigkeiten in Ihr Zimmer bringen lassen.

♥ Sie können ein gewöhnliches Hotelzimmer auch selbst genauso in eine Lusthöhle verwandeln wie Ihre Wohnung daheim, indem Sie diverses Zubehör für Ihren Aufenthalt selbst mitbringen: beispielsweise Massage- und Badeöle, Blumen und Duftkerzen, farbige Glühbirnen, einen tragbaren CD-Spieler mit romantischen CDs, erotische Videos, Snacks und Sekt, Spitzenunterwäsche und Sexspielzeuge. Damit verleihen Sie auch eher biederen Stuben Ihre ganz persönliche Atmosphäre und erleben einen unvergesslichen Aufenthalt.

♥ Falls Sie aus einem „normalen" Raum auf eigene Faust Ihr Liebesnest zaubern möchten, sollten Sie allerdings darauf achten, ihn wieder so zu verlassen, wie Sie ihn vorgefunden haben und keine Schäden zu riskieren. Das gilt vor allem für die Verwendung von Kerzen, die Sie genauso sicher aufstellen sollten wie zu Hause. Erkundigen Sie sich im Zweifel lieber nach ein paar Aschenbechern oder anderen feuerfesten Untersetzern.

♥   Es kann sein, dass die fremde Umgebung eines erotisierenden Hotelzimmers Sie beide dazu anregt, sich schon sehr bald zu lieben. Klüger ist es, das ein wenig aufzuschieben. Nach dem ersten Orgasmus geht viel an erotischem Zauber, Vorfreude und sexueller Spannung verloren. Schwelgen Sie so lange wie möglich in dieser ungewohnten Stimmung und Atmosphäre, bevor Sie es zur ersten Entladung kommen lassen.

♥   Eine Alternative für Paare, die finanziell gerade etwas zu klamm für einen Wochenendausflug sind: Verbringen Sie den Urlaub zu Hause und gehen Sie in Ihrer Heimatstadt oder deren Umgebung bummeln. Breiten Sie eine Karte von Ihrer Region aus und überlegen Sie, wo Sie noch nie waren, obwohl es nur einen Katzensprung von Ihrer Wohnung entfernt ist. Oder informieren Sie sich übers Internet oder über einen Reiseführer, wo es bei Ihnen direkt um die Ecke romantische Flecken gibt, mit denen Sie sich noch nie näher beschäftigt haben. Es ist sehr häufig der Fall, dass man schon in den verschiedensten Winkeln der Welt war, aber nicht weiß, was es in unmittelbarer Nähe zu sehen gibt, wofür andere Leute aber von weither anreisen. Wählen Sie Routen, die Sie noch nie gegangen oder gefahren sind, gehen Sie in einem Restaurant essen, in dem Sie noch nie waren, und übernachten Sie in einem Hotel in Ihrer Heimatstadt. Gerne können Sie dabei Kleidung tragen, die wesentlich aufregender ist, als das, was Sie im Alltag anziehen. Falls Sie doch zu Hause übernachten möchten, haben Sie dort das Telefon abgestellt (oder lassen sämtliche Telefonate auf den Anrufbeantworter eingehen) und probieren eine Form von Sex aus, die völlig neu für sie ist: Ob mit originellem Spielzeug oder mit Dirty Talking. Obwohl Sie keine große Reise unternommen haben, wird Ihnen das Ganze so wie ein kleiner Kurzurlaub vorkommen.

Kurzausflüge im näheren Umkreis können übrigens nicht nur aus finanziellen Gründen sinnvoll sein, sondern auch falls Sie unter Umständen schnell wieder zu Hause sein müssen, zum

Beispiel weil Sie kleine Kinder oder einen kranken Verwandten haben, um den Sie sich kümmern möchten.

♥   Sehr vergnüglich kann es auch werden, einfach mal einen Ausflug ins Blaue zu unternehmen. Statten Sie sich mit der nötigen Ausrüstung aus (ein unterhaltsames oder anregendes Hörbuch fürs Autoradio, ein paar Snacks und Getränke, eine Landkarte, mit der man auch etwas anfangen kann, Kondome ...) und lassen Sie sich einfach vom Zufall treiben. Sobald Sie irgendwo einen abgelegenen Flecken gefunden haben, an dem Sie ungestört miteinander zärtlich sein können, halten Sie an.

♥   Bei einem solchen Trip nach dem Glücksprinzip kann man sicher auch mal einen Reinfall erleben, aber auch bei durchgeplanten Ausflügen kann man Pech haben: zum Beispiel weil das Wetter nicht stimmt, öffentliche Verkehrsmittel unpünktlich oder Hotelzimmer überraschend hässlich. Der Trick besteht in solchen Fällen darin, sich nicht aus der Ruhe bringen zu lassen, sondern stattdessen die Einstellung bewahrt „Wir beide gegen alles Ungemach dieser Welt". In Ihrer Erinnerung wird dann hängen bleiben, dass Sie zusammen all diesen Widrigkeiten getrotzt haben. Und wenn Sie sich auf so einer Reise wegen einer Kleinigkeit ganz fürchterlich miteinander zerstreiten sollten? Tja, dann gibt es kaum etwas schöneres als den Versöhnungssex danach ...

♥   Es gibt ein Experiment, das in der Literatur über das Thema Liebe fast schon zu Tode zitiert wird: Dabei mussten die männlichen Versuchspersonen über eine Brücke zu einer Mitarbeiterin der Versuchsleitung gehen, die von diesen dort noch einige Daten erfragte und ihnen für eventuelle Rückfragen die eigene Telefonnummer überließ. Den Männern war nicht bewusst, dass diese Prozedur keineswegs aus bürokratischen Gründen wichtig war, sondern den eigentlichen Versuch darstellte. Die eine Hälfte der Männer ließ man nämlich über eine stabile, sehr sichere Brücke gehen, die anderen über eine wacklige, wenig Vertrauen erweckende Hängebrücke. Es stellte sich heraus, dass eine ganze Reihe der Männer, die über die Hängebrücke gegangen waren, später telefonisch versuchten, die Versuchsassistentin zu einem Date zu überreden, aber keiner der Männer, die über die stabile Brücke hatten gehen dürfen. Schlussfolgerung: Die leichte Aufregung und das flaue Gefühl im Magen, das sich bei denjenigen Männern eingestellt hatte, die man über die wacklige Brücke geschickt hatte, setzten diese unbewusst in romantische und sexuelle Erregung um und übertrugen es so auf die Assistentin, als ob sie diese starken Gefühle in ihnen ausgelöst hätte. Daraus können Sie praktischen Nutzen ziehen: Wenn Sie Ihrer Liebe und Ihrem Begehren einen zusätzlichen Kitzel verleihen möchten, sollten Sie sich eher für einen Ausflug entscheiden, der mit einem kleinen Abenteuer verbunden ist. Was genau das bedeutet, hängt von Ihrem Naturell ab. Für die einen ist eine wilde Achterbahnfahrt das Richtige, um in Stimmung zu kommen, andere sind durch eine kleine Rundfahrt mit einem Heißluftballon zu begeistern, für wieder andere muss es schon ein Bungee- oder gar ein Fallschirmsprung sein. Sie und Ihr Partner müssen für sich selbst entscheiden, was Ihnen beiden einerseits den nötigen Kick gibt, Sie aber andererseits nicht nervlich komplett überfordert. Wenn Sie Ihrem Partner vor lauter Aufregung vor die Füße kotzen, ist das vermutlich auch nicht gerade der romantischste Moment in Ihrem Leben.

♥ Wenn Ihnen Abenteuer zu aufregend sind, kann es ein ideales Vor-Vorspiel darstellen, mit seinem Partner tanzen zu gehen. Romantische oder anregende Musik, die dazu passende Atmosphäre, liebevolle Berührungen, Gesten zwischen Hingabe und Kontrolle, beschleunigter Puls und schnellere Atmung – was kann man daran nicht mögen? Einzig und allein, wenn einer von Ihnen beiden ein eher unerfahrener Tänzer ist und es ihn unter Stress setzen würde, die richtigen Bewegungen zum richtigen Zeitpunkt zu machen, um in den Augen seines Partners zu bestehen, würde ich davon abraten.

♥ Sehr wirkungsvoll kann es auch sein, aus Ihrem gemeinsamen Ausflug eine Überraschung für Ihren Partner zu machen. Verabreden Sie sich mit ihm zum Beispiel zum Essengehen, woraufhin Sie ihm im Restaurant plötzlich mitteilen, dass Sie für Sie beide bereits die Sachen gepackt, für ein oder zwei Nächte ein Hotelzimmer gemietet und sich auch sonst um alles Notwendige gekümmert haben. Oder aber Sie biegen schon auf dem Weg zum Restaurant in eine ganz andere Richtung ab ... Gehen Sie aber sicher, dass sich Ihr Partner durch so ein Manöver nicht völlig überfahren vorkommt, weil er eigentlich geplant hatte, an den nächsten Tagen ein paar wichtige Dinge zu erledigen.

♥   Eine dritte Methode, um durch gemeinsame Ausflüge Ihren Gefühlshaushalt ein bisschen mehr in Schwung zu bringen ist – nach Abenteuer und Überraschung – das Erleben neuer Eindrücke. Das empfiehlt sich insbesondere für Paare, die schon längere Zeit zusammen sind. „Natürlich können Sie das romantische Gefühl von damals wiederhaben", verspricht die Anthropologin Dr. Helen Fisher in „Secrets of Sexual Ecstasy" (Alpha 2004). „Sie müssen Ihr Gehirn nur ein bisschen austricksen. Das liegt daran, dass sie durch Ihre Langzeitbeziehung zu einem anderen Menschen vermutlich große Mengen an Bindungschemikalien angesammelt haben und dass diese die Chemikalien unterdrücken, die Ihnen das Hochgefühl der Romantik geben." Mit „Bindungschemikalien" meint Dr. Fisher zum Beispiel Vasopressin und Oxytocin, die beide dafür sorgen, dass wir Menschen für längere Zeit bei ein und demselben Partner bleiben. Vasopressin wird als „Monogamiemolekül" bezeichnet und Oxytocin als „Kuschelhormon": Wenn Sie mehrmals Sex mit ein und demselben Partner hatten, steigt Ihr Oxytocinspiegel danach schon bei dessen Anblick. Der unerwünschte Nebeneffekt zu der Sicherheit, den diese Chemikalien langfristig verleihen, liegt darin, dass irgendwann auch jedes Herzklopfen und jede Aufregung wegfallen. Die müssen Sie sich aktiv wiederholen: „Um das romantische Gefühl wiederzuerlangen", verrät Dr. Fisher, „müssen Sie die ‚Romantik-Chemikalien' verstärken; und ein guter Weg, das zu tun, liegt in neuen Aktivitäten mit Ihrem Partner. Neue Erfahrungen stehen in Verbindung mit einem Anstieg von Gehirnchemikalien, die mit Hochstimmung, Erregung, Euphorie und romantischer Liebe verknüpft werden. Wenn Sie also mit Ihrem Partner regelmäßig neue Dinge erleben, können Sie diese Gehirnchemie wieder aktivieren.

Einer der Gründe, warum sich Leute im Urlaub wieder neu ineinander verlieben, liegt darin, dass so vieles dabei neu ist. Und darum ist es aufregend. Aber das klappt nicht nur im Urlaub. Gehen Sie jede Woche in ein anderes Restaurant.

Tragen Sie unterschiedliche Kleidung. Gehen Sie ins Theater. Tun Sie etwas Unerwartetes und ein bisschen Riskantes – nicht unbedingt Fallschirmspringen, sondern indem Sie beim Waldspaziergang einen Weg nehmen, bei dem Sie noch nicht wissen, wo er hinführt."

Der Vorschlag, die eigene Umgebung ein wenig näher zu erkunden, und der Vorschlag, Neues kennenzulernen, müssen einander also keineswegs widersprechen.

♥ Damit Sie nicht in die Verlegenheit kommen, auf solche Ausflüge allzu oft verzichten zu müssen, weil Sie gerade nicht flüssig sind, hilft es, dass Sie ein Sparschwein aufstellen, das extra dafür gedacht ist und in das Sie immer wieder mal Kleingeld stecken, das Sie gerade übrig haben.

♥ Ein gelegentlicher Streitpunkt kann dadurch entstehen, dass Sie sich darüber uneinig sind, wer jetzt gerade an der Reihe ist, den nächsten Ausflug zu planen. Offensichtliche Lösungen sind: Sie machen es abwechselnd, es kümmert sich immer der darum, dem solche Planungen am meisten liegen, oder Sie bereiten einen solchen Ausflug grundsätzlich gemeinsam vor. Etwas einfallsreicher: Jeder von Ihnen schreibt zehn Ideen auf jeweils einen Zettel und wirft all diese in ein Einmachglas. Vierzehn Tage vor dem nächsten Ausflug wird eine davon gezogen, und derjenige, von dem die Idee stammte, ist für ihre Durchführung verantwortlich. (Falls Sie im August die Idee zu einer Schlittenfahrt erwischen, sollten Sie vielleicht noch einmal neu ziehen.) Eine Alternative: Sie planen Ihre Ausflüge abwechselnd, versuchen dabei aber einander immer wieder spielerisch zu übertreffen, also den nächsten Trip noch aufregender, noch romantischer oder noch erotischer werden zu lassen. Sie können dann aufhören, wenn Sie glauben, dass irgendein Konzept nicht mehr zu toppen ist. Gewinner sind dabei automatisch Sie beide.

Romantisch durchs Jahr

Die ideale Jahreszeit, um romantisch ebenso wie sexuell auf Touren zu kommen, ist für die meisten wohl immer noch der Frühling. Von blauem Himmel, anschwellenden Blütenknospen, lebendiger Natur und luftiger Kleidung bleibt kaum jemand unberührt. Umso wichtiger ist es, all dies auch bewusst wahrzunehmen, statt es von der Hektik des Alltags überschatten zu lassen. So zitierte das Magazin „Medi-Report" den Berliner Biopsychologen Professor Peter Walschburger: „Wer im Stress ist, wird sich erotischen Reizen nicht öffnen", erklärte dieser. Dann nütze es auch nichts, dass die längere Lichteinstrahlung im Frühling die Hormone in Schwung bringt. Man müsse sich die Zeit schon bewusst nehmen, die blühenden Bäume ebenso wie den Anblick gebräunter Haut auch so lange wahrzunehmen, bis sich diese Reize bis zum Gehirn „durchgesprochen" hätten, bis echte Frühlingsgefühle entstehen könnten.

Der Bochumer Biopsychologe Onur Güntürkün stimmt Walschburger darin zu: „Bei unserer Sexualität ist die visuelle Stimulation ein ganz wichtiger Punkt". Suchen Sie also am besten auch einen Ort auf, an dem Sie gute Chancen haben, entsprechend angenehme Reize zu empfangen: einen Park etwa, aber gerne auch eine leicht belebte Fußgängerzone mit Eisdielen und Cafés. In jedem Fall, so Güntürkün, leitet die Netzhaut Ihres Auges das im Vergleich zur Winterzeit verlängerte Tageslicht an Ihr Gehirn weiter, das auf diese Art von Bestrahlung mit einer ganzen Kaskade von Hormonen reagiert – und sie dabei mit den erotisch anregenden Anblicken verbindet. Im Frühsommer möchten Sie sich vielleicht sogar einen ganzen Nachmittag frei nehmen, um Ihren Partner zum Beispiel auf eine Wiese zu entführen, die voll mit wilden Blumen bewachsen ist. Natürlich sollten Sie dabei sicher gehen, dass dort bei keinem von Ihnen beiden eine Allergiegefahr besteht – dann wäre es schnell vorbei mit der Glückseligkeit. Einmal angekommen können Sie barfuß durchs Gras laufen, Ihre Körper gegenseitig mit Blüten bestücken oder eine große Decke ausbreiten, auf der Sie vielleicht ein kleines Picknick veranstalten und sich danach gemeinsam nebeneinander legen und hinauf in die Wolken zu schauen, um darin die unterschiedlichsten Figuren zu erkennen. Womöglich sind Sie bald schon so sehr in Stimmung, dass Sie die Decke über sich ziehen und darunter Zärtlichkeiten austauschen.

Wenn endlich die Urlaubszeit gekommen ist, könnten Sie auch eine Reise an einen romantischen Urlaubsort unternehmen, um dort Stunden heißer Leidenschaft zu verbringen. Für Städteliebhaber bieten sich hier natürlich Paris und Venedig an, aber auch Prag und Monte Carlo. Naturfreunde dürften in Norwegen und auf den britischen Inseln auf ihre Kosten kommen. Wer von extremem Fernweh gepackt wird und es sich finanziell leisten kann, mag an Südseeinseln wie Tahiti, Tonga oder Samoa Gefallen finden.

Aber auch in unseren Breiten klettert das Thermometer an vielen Tagen merklich in die Höhe. Je wärmer es wird, desto eher können Sie sich überlegen, ob Sie ein solches Erlebnis statt am Tage nicht auch einmal mitten in der Nacht genießen möchten – irgendwann am Wochenende, wenn am nächsten Tag keiner von Ihnen beiden früh zur Arbeit muss. Dabei können Sie den Flecken, an dem sie miteinander kuscheln, besonders stimmungsvoll gestalten, indem Sie darum herum einen Kreis selbstgebastelter Luminarien (Leuchtkörper) aufstellen. Alles, was Sie dazu benötigen, ist eine Papiertüte (wie die, in die Ihre Mutter früher Ihr Pausenbrot eingepackt hat), die Sie zum Stehen bringen, indem Sie ihren Boden mit Sand bedecken. Mittenrein kommt eine Kerze, die Sie anzünden – fertig.

Statt Wolken können Sie dann zusammen den Sternenhimmel betrachten. Besonders stimmungsvoll gerät dies mit einer im Dunkeln leuchtenden Himmelskarte, auf der sämtliche Sternbilder zu sehen sind. Eine solche Karte erhält man im Buchhandel bereits für weniger als zehn Euro. Vielleicht haben Sie ja auch besonderes Glück und erwischen eine Augustnacht, in der Sie den als Perseiden bekannten Meteorstrom besonders gut am Nachthimmel sehen können: Der 12. August ist dafür besonders gut geeignet, aber Sie können auch an anderen Tagen zwischen dem 17. Juli und dem 24. August Glück haben. Und Sie wissen ja: Wer eine Sternschnuppe sieht, darf sich etwas wünschen – vom Leben oder von seinem Partner.

Wenn Sie den Sternenhimmel besonders romantisch finden, wäre es vielleicht eine Idee, einen Stern zu „kaufen" und Ihrem Partner zu schenken. Das geht tatsächlich. Die Website „www.sternland.de" bietet Ihnen an, einen bisher namenlosen Stern zu taufen – auf einen Namen Ihrer Wahl, beispielsweise den Ihrer Geliebten. Das Ganze ist natürlich rein symbolisch: Da die Sterne glücklicherweise niemandem gehören, kann man sie auch nicht wirklich zum Kauf anbieten. Dem unbenommen ist das Zertifikat, das Sie zusammen mit einer Sternenkarte bei diesem Kauf erhalten, ein Liebesbeweis der ganz besonderen Art.

Auch Sex bei Mondschein kann ein tolles Erlebnis darstellen. Alles, was Sie dazu benötigen, ist ein einfacher Mondkalender, damit Sie wissen, wann der Erdbegleiter voll am Himmel steht. Von diesen Kalendern gibt es eine ganze Reihe im Internet. Unter der Webadresse „www.jagd.de" können Sie sich auch genau informieren, um wieviel Uhr morgens die Sonne aufgeht – falls Sie es als besonders erhebend betrachten, die ersten Strahlen mit einem heißen Liebesakt zu begrüßen.

Es gibt die verschiedensten Varianten, einen Ausflug in die Natur mit einem sexuellen Abenteuer zu verbinden. Manche Romantiker schwören auf Sex neben einem prasselnden Lagerfeuer. Andere genießen ihn am liebsten, wenn sie dabei vom warmen Glanz der untergehenden Sonne beschienen werden. Oder wie wäre es mit dem Alternativangebot für Frühaufsteher: nämlich einander beim Anblick der aufgehenden Sonne zu lieben, während die gesamte Natur um einen herum zu neuem Leben erwacht? Danach können Sie frische Brötchen holen und so richtig gut gelaunt und motiviert durchstarten in den Tag.

Einen besonders romantischen Service bietet übrigens die „Pension Kamerichs" im nordrhein-westfälischen Bad Laasphe an: Dort kann man bei trockenem Wetter die Nacht in einem Doppelbett verbringen, das in einem idyllischen Garten steht. Dann sieht man über sich nur tanzende Glühwürmchen und den Sternenhimmel! Geweckt wird man am nächsten Morgen von Vogelgezwitscher, und auf Wunsch gibt es ein Sektfrühstück. Was allerdings zwischen dem Zu-Bett-Gehen und dem morgendlichen Aufwachen passiert, geht, solange es kein anderer mitbekommt, nur Sie beide etwas an. Das alles ist dabei noch gar nicht mal teuer.[2]

Aber muss es denn unbedingt ein richtiges Bett sein? Im Spätsommer entdecken Sie stattdessen vielleicht das eine oder andere Kornfeld in Ihrer Nähe – und dann kommt Ihnen auch wieder der Schmuse-Schlager von Jürgen Drews in den Sinn. Schließlich ist es geradezu ein Klassiker, dort im Freien und doch im Sichtschutz der hohen Ähren ein Nümmerchen zu schieben. Allerdings hat Delia Kramer in ihrem Ratgeber „Sexplosions" hierzu einiges zu sagen: „Wenn Sie sich erst

---

2   Alles Nähere erfahren Sie im Internet unter http://www. pensionkamerichs.de/bettimfreien

einmal im Feld niedergelassen haben, werden Sie sofort das Problematische bei diesem Ort verspüren. Der Ackerboden ist uneben, zwischen den goldgelben Halmen wachsen immer wieder gerne Disteln, und die Ähren selbst können so wunderbar pieksen. Selbst wenn das Feld auf den ersten Blick trocken scheint: Der Boden speichert die Feuchtigkeit relativ lange. Eine gewisse Klammheit breitet sich aus. Meiner Erfahrung nach ist das beste Terrain daher das Maisfeld – und zwar im Spätsommer. Der Sichtschutz ist perfekt. Ungeziefer gibt es wenig. Und man muss noch nicht mal die Ernte beschädigen, da es unnötig ist, eine Decke auszubreiten. Hier kann man ungesehen im Stehen verkehren."

Wenn im Herbst die Tage regnerischer werden, scheint das auf den ersten Blick unsere Aussichten auf sexuelle Freuden etwas zu dämpfen. Aber dem ist nicht so. In dieser Jahreszeit nämlich – und nicht etwa im Frühling – haben männliche Sexualhormone wie Testosteron ihren Höchststand. Für eine Frau bedeutet das, dass sie ihren Lover mit wenig Mühe in die gewünschte Laune versetzen kann. Tragen Sie zum Beispiel nichts anderes am Körper als feste, wasserdichte Schuhe und einen Regenmantel, den Sie für einen winzigen Moment aufreißen, wenn Sie Ihrem Liebsten begegnen – nachdem Sie sich vergewissert haben, dass sonst niemand in der Nähe ist natürlich. Oder ziehen Sie sich beide die Schuhe aus und machen Sie barfuß einen Wettlauf durch den Regen – der Gewinner bekommt in der folgenden Nacht sämtliche erotischen Wünsche erfüllt. Vielleicht sinken Sie danach völlig außer Atem in nasses, anregend duftendes Gras – oder Sie haben besonders viel Glück und während noch die letzten Tropfen fallen, kommt die Sonne bereits wieder heraus und am Himmel über Ihnen zeigt sich ein Regenbogen ...

Stattdessen können Sie aber auch Pech haben und es geht ein regelrechter Wolkenguss auf Sie nieder, während es am Himmel blitzt und donnert. Völlig durchnässt vergeht Ihnen doch ein wenig die Lust; außerdem würden Sie sich gerne in Sicherheit bringen. Tun Sie das, suchen Sie sich ein trockenes Plätzchen, ob Ihren Wagen oder zu Hause. Aber das bedeutet ja nicht, dass der Sex jetzt keine Chance mehr hat. Im Gegenteil: *Er* sieht mit den nassen Haaren genauso ansprechend aus wie *sie* mit der inzwischen fast durchsichtigen Bluse, vom Spurt ins Trockene sind Sie sowieso noch in Fahrt – warum öffnen Sie also nicht ein Fenster, so dass Sie den Donner krachen und den Regen prasseln hören, lecken einander die Regentropfen vom Gesicht und lieben sich vor dieser Kulisse gerade besonders leidenschaftlich? Im Winter allerdings wird es dann wirklich langsam Zeit, sich dauerhaft in die Geborgenheit der eigenen vier Wände zurückzuziehen – es sei denn, Sie stehen auf verrückte Experimente wie Sex im Novembernebel oder Sex in einer Schneehöhle, die Sie selbst geschaffen haben. Für meinen Geschmack wäre das allerdings doch ein wenig zu kalt. Aber es soll ja abenteuerlustige Naturburschen da draußen geben ...

Irgendwann schließlich ist es soweit, und die Heilige Zeit des Jahres beginnt. Ich spreche natürlich von Weihnachten. Wie wäre es da mit einer nicht weniger heiligen Begegnung unter dem Tannenbaum? Vielleicht möchten Sie sich vorher entkleiden und als Geschenk einpacken, bevor Sie sich in Ihrer Wohnung vom Kerzenglanz beschienen unter eine stimmungsvoll geschmückte Fichte setzen, um dort auf das Erscheinen Ihres Liebsten zu warten. Möglicherweise befürchten Sie aber auch, dass das albern aussehen oder dass Sie sich in den bunten Bändern verheddern könnten. Dann kann es ausreichen, wenn Sie sich für eine Unterwäsche in roten und weißen Farben entscheiden, um entsprechend weihnachtlich zu wirken. Aber die Nadeln pieksen doch so arg? Nun wirft ein Baum in der Regel erst dann seine Nadeln ab, wenn sie ausgetrocknet sind, weil er schon einige Zeit lang gestanden hat. Um den Vorgang des Austrocknens hinauszuzögern, können Sie die Heizung im Bescherungszimmer herunterfahren, den Baum in einen Wasserständer stellen (wobei Sie das Wasser mit Zucker oder Glycerin anreichern) oder die Nadeln mit einer Blumenspritze ständig besprühen. Alternative: Sie entscheiden sich für eine Nordmanntanne. Die nadelt und piekt fast gar nicht – und noch dazu riecht sie besonders angenehm und stark. Unter ihr würde Weihnachtssex zu einem ganz besonderen Fest für die Sinne.

Bis das Jahr irgendwann schließlich zu seinem Ende findet: in der Silvesternacht. Sehr häufig trifft man sich bei dieser Gelegenheit mit guten Freunden und stößt auf das kommende Jahr an. Das allerdings können Sie sehr gut auch zu zweit machen. Und wenn draußen überall sprühende Feuerwerkskörper in die Höhe steigen, fällt Ihnen beiden ja womöglich die passende Beschäftigung dazu ein ...

Der Zauber der Nostalgie

Es mag für manche sentimental wirken, aber häufig werden bei uns starke Gefühle angestoßen, wenn wir uns an vergangene Erlebnisse erinnern. Unser Gehirn hat die Empfindungen von damals noch immer abgespeichert, und es genügt mitunter ein kleiner Auslöser, um sie wieder hervorzurufen. Die so entstandene sehnsuchtsvolle Nostalgie können wir aber auch an das koppeln, was wir im Hier und Heute empfinden, um es so besonders intensiv werden zu lassen. Ein paar Beispiele:

♥   Suchen Sie mit Ihrem Partner die Orte auf, wo er draußen als Kind herumgetollt ist. Hat er sich damals ein Baumhaus gebaut oder an bestimmten Lieblingsplätzen gerne seine Zeit verbracht? Wenn Sie einander dort körperlich näherkommen, dürfte das eine ganz besondere Erfahrung für ihn werden. Dasselbe gilt umgekehrt natürlich auch für Sie und Ihre früheren Lieblingsorte.

♥   Wenn es keinen bestimmten Ort gibt, der prägend für Sie oder für Ihren Partner war, dann gibt es vielleicht bestimmte Aktivitäten, die das Damals in die Gegenwart holen? Lassen Sie gemeinsam Steine über das Wasser springen, blasen Sie Pusteblumen, machen Sie eine Kissenschlacht, veranstalten Sie mit dem Schein Ihrer Taschenlampe Schattenspiele an der Zimmerdecke oder tun Sie, was Ihnen sonst so alles einfällt, um Ihre Zeit der Unschuld wiederzubeleben. Und danach widmen Sie sich einander auf eine Weise, die klar macht, dass auch eine Zeit jenseits der Unschuld sehr schön sein kann.

♥   Selbst wenn Sie Momente Ihrer Kindheit und Jugend auf diese Weise nicht direkt nacherleben möchten, mögen Sie einander vielleicht wenigstens davon erzählen, während Sie einander im Arm halten und so erneut Geborgenheit geben. Abgesehen von den heftigen Gefühlen, die dabei entstehen können, gibt Ihnen das auch die Möglichkeit, sich voreinander zu öffnen und zu verstehen, wie der andere zu dem Menschen wurde, der er heute ist.

♥   Wer älter ist als 15, denkt vermutlich nicht nur an Momente seiner Kindheit, sondern auch an die Zeit seiner Jugend oder seines frühen Erwachsenseins zurück. Auch hier bietet sich ein Revival alter Zeiten an. Wenn Ihr ehemaliges Jugendzimmer noch existiert, wie wäre es dann wohl, dort noch einmal mit Ihrem heutigen Partner Sex zu haben, während Ihre Eltern aus dem Haus sind? Oder im Auto, so wie damals, weil Sie noch keine eigene Bude hatten? Vielleicht möchten Sie mal wieder in einem Hauseingang miteinander auf Tuchfühlung gehen, wie Sie das in Ihrer Sturm-und-Drang-Zeit gemacht haben, in der letzten Reihe eines Kinosaals oder auf dem Gelände Ihrer ehemaligen Universität oder Schule (nicht während der Unterrichtsstunden natürlich). Gibt es andere Orte, an denen Sie äußerst aufregenden Sex hatten und denen Sie gerne noch einmal einen Besuch abstatten würden? Zugegeben, das mag nicht jedem liegen: Manche mögen es als eine kleine „Entweihung" empfinden, andere finden es nicht so toll, an einen Ort geführt zu werden, wo ihr Partner mit einem anderen Menschen himmlische Ekstase genossen hat. Aber wenn Sie solche Bedenken nicht plagen, können Sie ja zumindest einmal ausprobieren, was so eine Rückkehr in die Vergangenheit bei Ihnen oder Ihrem Partner auslöst.

♥   Auf der sicheren Seite sind Sie, wenn Sie nur solche Erfahrungen nacherleben, die Sie mit Ihrem Partner gemeinsam erlebt haben. Gehen Sie zum Beispiel zurück an den Ort, an dem Sie Ihr erstes Date miteinander hatten, Ihr erstes Wochenende zusammen verbrachten, Ihren ersten Urlaub oder irgendeine andere tolle Zeit. Schauen Sie, ob die Erinnerungen Ihre Verknalltheit von damals neu auflodern lässt.

♥   Wenn Sie jetzt gerade frisch verknallt sind, machen Sie es sich leichter, später mit Ihrem Gefühlsleben zu dieser Phase zurückzukehren, indem Sie sich Erinnerungsstücke aufheben. Das rät zumindest die wohl bekannteste amerikanische Sexpertin Ruth Westheimer.[r] Heben Sie Ihre Liebesbriefe auf (wenn es Liebes-Mails sind, drucken Sie sie aus) und tun Sie dasselbe mit Tickets für Theaterbesuche oder Schiffsfahrten, Streichholzbriefchen von Restaurants oder Hotels, dem Blatt eines Baumes, unter dem Sie sich geliebt haben, und dergleichen mehr.

♥ „Nostalgie für Fortgeschrittene" besteht darin, vergangene Zeiten mit einigem Aufwand an Garderobe, Accessoires etc. wieder lebendig werden zu lassen. Rufen Sie sich in Erinnerung, was so typisch an der von Ihnen bevorzugten Phase war, und überlegen sie sich, wie Sie das am besten neu inszenieren. Wenn Sie zum Beispiel den Hauch der achtziger Jahre noch einmal in die Gegenwart zurückholen möchten, dann können Sie sich zum Beispiel Leggings, Schweißbänder, Sweatshirts im Stil von „Flashdance", riesige Ohrringe und fingerlose Spitzenhandschuhe im New-Romantic-Look besorgen – oder was immer Sie sonst damals getragen haben. Sie könnten in dieser Kleidung eine Eighties-Revival-Party besuchen, CDs aus dieser Zeit hören oder Junk Food mampfen, als ob Sie noch ein Teenager wären. Wenn Sie dasselbe mit den neunziger Jahren tun, haben Sie sogar gute Chancen eine allgemeine Nostalgiewelle loszutreten, denn die zu den Neunzigern hatten wir noch nicht.

Und woher nehme ich die Zeit für all das?

Einer der größten Feinde von Romantik ist der Zeitdruck. Gefühle brauchen ein wenig, um sich entfalten zu können, und von jetzt auf gleich mal eben schnell auf Intimität umzuschalten, um zwanzig Minuten später in die Alltagshektik zurüc zu kehren, dürfte in den seltensten Fällen funktionieren. Nicht umsonst sind die meisten sexuellen Ideen, die in diesem Buch ausgebreitet werden, solche, die Zeit brauchen: erotische Bäder und Dinners, lange Vorspiele, Massagen und vieles mehr. Gleichzeitig nennen Menschen in Umfragen immer wieder als einen ihrer größten Wünsche in Zusammenhang mit Ihrer Liebesbeziehung, dass entweder sie selbst oder ihr Partner sich mehr Zeit füreinander nehmen können.

Da fehlende Zeit eines der größten Hindernisse für romantische Stunden ist, möchte ich diesem Problem hier ein eigenes Kapitel widmen. Dabei hat es zwar wenig Sinn, sich etwas vorzumachen: Wenn Sie zwei Jobs gleichzeitig ausüben müssen, um sich und Ihre Lieben über Wasser zu halten, oder aber Ihre Familie sehr viel Aufwand erfordert, haben Sie natürlich weniger Spielraum, als wenn Sie kinderlos sind, wenig Hobbys haben und nur einige Stunden am Tag arbeiten. Aber zumindest ein wenig Spielraum sollte man sich eigentlich immer schaffen können, wenn man die klassischen Ratschläge des Zeitmanagements beherzigt. Und nicht zuletzt erwartet auch niemand von Ihnen, dass Sie ausschweifende Aktionen mehrmals die Woche in Ihren Tagesplan einbauen. Im Gegenteil: Schnell würde dadurch der Reiz des Besonderen verloren gehen, anstatt dass sich eine wachsende Vorfreude über längere Zeit hinweg aufbauen kann. Es ist schließlich auch nicht jede Woche Weihnachten.

Die folgenden Anregungen helfen Ihnen vielleicht ein wenig dabei, wenn Sie sich in Ihrem Alltag Raum für Romantik und Zweisamkeit schaffen wollen.

♥   Mit am wichtigsten ist es, Prioritäten zu setzen. Für die meisten von uns hat unsere Arbeit oberste Priorität. Das ist verständlich, denn wir müssen auf irgendeine Weise das Geld verdienen, um uns zu ernähren und vielleicht noch zusätzlich, um uns all die Dinge leisten zu können, die zu einem romantischen Liebesleben beitragen. Allerdings kann die Einstellung „Arbeit ist das Wichtigste" auch zu einem bedenkenswerten Automatismus führen: dann nämlich, wenn man schon längst einen ganz ordentlichen Verdienst hat und trotzdem Überstunde auf Überstunde häuft, um beruflich voranzukommen. In solchen Fällen kann es helfen, wenn man sich selbst einmal die Frage stellt, weshalb man das eigentlich tut. Arbeiten um zu leben macht Sinn, aber leben um zu arbeiten? Immer mehr Geld heranzuschaffen, um später mehr vom Leben zu haben, ist möglicherweise keine gesunde Einstellung, wenn sich das „später" immer weiter verschiebt. Möchten Sie gemeinsame Stunden mit Ihrem Partner nicht lieber in der Gegenwart genießen als in zehn oder zwanzig Jahren?

Mittlerweile gibt es einen Fachbereich, der halb aus der Glücksforschung und halb aus der Wirtschaftsforschung stammt und der als „Happiness economics" bezeichnet wird. Eines der interessantesten Erkenntnisse dieses Forschungszweigs ist, dass sich bereits ab einem Jahreseinkommen von 10.000 Dollar der Zuwachs an Glück, den weiterer Wohlstand eigentlich bedeuten müsste, verflüchtigt. Die Leute verdienen dann zwar mehr, aber mit dem wachsenden Einkommen steigen auch ihre Wünsche und Ansprüche immer weiter. Darüber hinaus bedeuten mehr Geld und mehr Anschaffungen häufig auch neue Sorgen. Ein befreundeter Psychotherapeut berichtete mir einmal, dass ihm beispielsweise ein reicher Immobilenbesitzer mit derselben Niedergeschlagenheit und Verzweiflung über entgangene Gewinne beim Häuserverkauf berichtet wie ein kleiner Angestellter, der sich Sorgen macht, wenn er nicht über die Runden kommt.

Im Sommer 2006 sorgte auch eine Studie der amerikanischen Elite-Universität Princeton für einiges Aufsehen, die belegte, dass die von vielen wie selbstverständlich angenommene Verbindung zwischen einem hohen Einkommen und Lebenszufriedenheit zu einem großen Teil Illusion ist. Ein hohes Einkommen erarbeiten zu müssen bedeutet nämlich fast unweigerlich, weniger Zeit für die eigenen Bedürfnisse zu haben. Wer weniger als 15.000 Euro pro Jahr verdient, hat dieser Untersuchung zufolge im Schnitt 34,7% des Tages frei, bei mehr als 74.000 Euro sind es nur noch 23,6%. Laut Alan Krueger, dem Leiter der Studie, bedeutet das: „Da Glücksempfinden und Freizeit eng zusammenhängen, haben Geringverdiener mehr Spaß am Leben."

Wenn Sie selbst zu den Arbeitstieren dieser Welt gehören, sollten Sie sich also vielleicht noch einmal gründlich überlegen, wie sinnvoll diese Vorgehensweise wirklich ist. Die wenigsten Menschen sagen sich, wenn sie mit siebzig auf ihr bisheriges Leben zurückblicken: „Ich wollte, ich hätte mehr Stunden im Büro verbracht!" Gehört Ihr Partner zu denjenigen, denen ihr Job über alles geht, können Sie ihn ja einmal auf diese Dinge ansprechen. Wobei es sicher hilfreich wäre, wenn Sie nicht zu jenen Frauen gehören, bei denen ein Mann sich bei nachlassendem Verdienst immer wieder Sorgen machen muss, dass sie zu einem „besseren Versorger" wechseln, der ihnen scheinbar „mehr bieten" kann.

Ein spezielles Problem sind allerdings Menschen, die genau deshalb so viel arbeiten, weil sie so vor Intimität und Nähe flüchten möchten. Ich hatte selbst einmal eine Beziehung mit einem weiblichen Workaholic und weiß daher, wie schwer ein solches Verhaltensmuster aufzubrechen ist. Hier sinnvolle Ratschläge zu übergeben, würde aber den Rahmen dieses Buches sprengen.

♥ Lernen Sie nein sagen: Wenn man einen auch nur einigermaßen kompetenten Eindruck macht, versuchen einen die verschiedensten Bekannten immer wieder in die Pflicht zu nehmen: „Du kannst das doch so gut", heißt es dann oder „Ich brauche unbedingt Hilfe, könntest du vielleicht mal ganz schnell ..?" Man möchte hilfsbereit sein, will niemanden verprellen, fühlt sich vielleicht auch geschmeichelt – und stellt zum Schluss fest, dass man zu seinen eigenen Bedürfnissen überhaupt nicht mehr kommt. Im schlimmsten Fall platzt Ihnen irgendwann der Kragen, und Sie fertigen Leute schroff ab, die „doch nur mal um Hilfe gebeten haben". Lernen Sie besser rechtzeitig, klare Grenzen zu ziehen, und sich vor Anforderungen von allen Seiten zu schützen.

♥ Umgekehrt bedeutet das nicht, dass Sie nicht auch dann Aufgaben an andere delegieren können, wenn Sie ein Anrecht darauf haben oder es sinnvoll ist. Kann Ihr Partner Ihnen etwas vom Einkaufen mitbringen, statt dass Sie selbst noch mal losziehen, kann Ihr Sohn auf sein kleines Schwesterchen aufpassen oder seinem jüngeren Bruder bei den Hausaufgaben helfen? Wäre es vielleicht fairer, manche Aufgaben der Arbeit im Haushalt auf mehrere Schultern zu verteilen?

♥ Sie müssen nicht in allem perfekt sein. In Ratgebern über Arbeitseffizienz liest man häufig, dass in der Regel mit 20 Prozent des täglichen Aufwandes für 80 Prozent des Erfolges verantwortlich sind. Der Trick hierbei ist herauszufinden, welche 20 Prozent das sind, was manchmal längere Analysen notwendig macht. Aber so weit brauchen Sie ja gar nicht zu gehen. Es genügt schon, wenn Sie nicht ewig viel Zeit aufwenden, nur um irgendeine Arbeit um ein bloßes Minimum zu verbessern. Lassen Sie auch mal fünfe gerade sein, ohne dass Sie sich gleich schlampig oder ungenügend vorkommen.

♥ Eines allerdings ist Ihnen beim Zeitsparen ein klarer Vorteil: größtmögliche Ordnung in all Ihren Angelegenheiten. Ja, ich kenne den Spruch „Wer Ordnung hält, ist nur zu faul zum Suchen." Dummerweise ist dieses Suchen aber auch immer wieder sehr zeitaufwändig. Lassen Sie Ihren Schreibtisch beispielsweise nicht in einem Chaos von Papierbergen untergehen. Wenn Sie etwa einen Brief erhalten, der für Sie mit einer Aufgabe verbunden ist (z. B. einer Antwort oder einer Überweisung), dann lassen Sie ihn nicht liegen, um ihn in den nächsten Tagen immer wieder mal in die Hand zu nehmen, sondern schaffen Sie ihn gleich vom Tisch.

♥ Planung ist auch dann sinnvoll, wenn sie Ihnen dabei hilft, mehrere Erledigungen miteinander zu verbinden. Wenn Sie zum Beispiel zu einem Arzt müssen, bei dem Sie wissen, dass Sie dort in der Regel längere Zeit warten müssen, bis Sie drankommen, dann verknüpfen Sie das mit dem Einkaufen und fragen Sie die Sprechstundenhilfe, ob Sie noch einmal eine halbe Stunde wegkönnen, statt untätig im Wartezimmer herumzuhocken.

♥ Verwechseln Sie das aber bitte nicht mit dem zu Unrecht in populärwissenschaftlichen Artikeln immer wieder hochgelobten Multitasking, also der Fähigkeit, sich um verschiedene Aufgaben gleichzeitig zu kümmern. Wie man seit einiger Zeit aus einer ganzen Reihe von Artikeln über neuere Forschungsergebnisse erfährt, bringt das an Zeitgewinn überhaupt nichts. „Der Mensch ist nicht in der Lage, erfolgreich mehrere Dinge auf einmal zu tun", meldete beispielsweise am 1. Juli 2007 der Wissenschaftsteil von „Spiegel Online". Dort heißt es weiter: „Zwar beharren viele Unternehmer und Betriebsberater auf der Ansicht, verschiedene Aufgaben zugleich zu erledigen, sei das Patentrezept gegen Dauerstress, gegen zu viel und zu langsam erledigte Arbeit. (...) Doch Psychologen, Neurowissenschaftler und Ökonomen widersprechen mittlerweile einhellig: Der Mensch mache bei solchem Vorgehen haufenweise Fehler, sein Gehirn sei der Doppelbelastung nicht gewachsen. Er verplempere sogar Zeit, und zwar mehr als ein Viertel, weil er Fehler wieder ausbügeln und sich an die jeweils nächste Aufgabe erinnern müsse." Ja, das gilt sogar dann, wenn Sie eine Frau sind und daher der gängigen Meinung zufolge von Natur aus bestens mit den verschiedenartigsten Tätigkeiten gleichzeitig zurande kommen sollten. Konzentriert eines nach dem anderen zu erledigen und dabei die erwähnten klaren Prioritäten zu setzen, macht glücklicher, schützt vor dem Burn-Out – und spart Zeit.

♥ Was ebenfalls vor Überlastung schützt ist der beliebte Mittagsschlaf, neudeutsch nicht ohne Grund „power nap" genannt. Wie, da haben Sie keine Zeit für? Umgekehrt wird eher ein Schuh daraus: Ich habe über Jahrzehnte hinweg festgestellt, dass, wenn ich mir mittags fünfzehn bis zwanzig Minuten nehme, um all meine Programme kurz herunterzufahren, mir die Arbeit am Nachmittag deutlich zügiger und energievoller von der Hand fließt. Dass es vielen anderen Menschen ähnlich geht, wird unter anderem dadurch belegt, dass auch in immer mehr Büros die Gelegenheit zur Mittagssiesta geboten wird. Falls das in Ihrem Tageslauf also möglich ist, z. B. weil Sie zu Hause arbeiten, sollten Sie das unbedingt nutzen. Wichtig ist es aber, sein Nickerchen kurz zu halten. Wenn Sie für eine volle Stunde wegpennen, kann es gut sein, dass Sie danach einige Zeit nicht mehr aus einem trägen Dämmerzustand herauskommen.

♥ Lassen Sie sich nicht allzu sehr von Zeitschluckern verführen. Manche Beschäftigungen sind so angenehm, dass man damit wesentlich längere Zeit verbringen kann, als einem eigentlich gut täte. Im Internet herumsurfen beispielsweise: Man braucht nur dasitzen und die Maus zu bewegen und wandert von einer interessanten Website zur anderen. Klar, das gehört auch zu meinen Lieblingsbeschäftigungen, hat aber den Nachteil, dass man sich manchmal so gar nicht davon lösen kann, bis man irgendwann entsetzt auf die Uhr schaut. Endlose Telefonate mit guten Freunden oder Freundinnen beinhalten dasselbe Problem: Natürlich ist es schön und wichtig, soziale Kontakte zu den Menschen zu pflegen, die einem am Herzen liegen, aber nur allzu leicht schwatzt man sich fest, und die dafür investierte Zeit fehlt einem später für die Stunden mit seinem Partner.

Sie können leicht herauszufinden, ob Sie sich selbst um Ihre wertvolle Zeit betrügen. Führen Sie dazu einmal für ein paar Tage oder Wochen eine Art Tagebuch, in dem Sie stichpunktartig Stunde für Stunde aufzeichnen, womit Sie sich wie lange beschäftigt haben. Stellen Sie sich dann vor, Sie müssten aus finanziellen Gründen einen zweiten Job annehmen und hätten plötzlich nur noch halb so viel Zeit zur Verfügung. Was sind die Beschäftigungen, von denen Sie sich am ehesten trennen könnten? Wenn Sie das herausgefunden haben, machen Sie sich tatsächlich daran, immer mehr von diesen nachrangigen Tätigkeiten zu streichen. Überprüfen Sie Ihre Fortschritte anhand Ihres Tagebuchs.

♥ Spontaneität ist schön und gut, aber manchmal kann etwas Planung auch nicht schaden. Wenn Sie in einem Kalender oder einem Schreibheft eine zeitlich geordnete Liste anlegen, bis wann welche Dinge erledigt werden müssen, vermeiden Sie damit unliebsame Überraschungen: Etwa dass Ihnen an genau dem Tag, an dem Sie eigentlich einen romantischen Abend miteinander verbringen wollten, einfällt, dass Ihre Mutter morgen Geburtstag hat und Sie noch gar kein Geschenk haben.

Wenn alles andere nichts hilft, müssen Sie Ihre Stunden zu zweit eben genauso planen wie einen Geschäfts-, Arzt- oder Friseurtermin. Gut, für manchen sieht es vielleicht albern aus, wenn im Terminkalender jeden Donnerstag „romantischer Abend" eingetragen ist. Aber damit schaffen Sie sich eine Zeitzone, die Sie bewusst von allen Störungen und Beeinträchtigungen freihalten, an der Sie keine Schuldgefühle haben, dass Sie sich eigentlich um etwas anderes kümmern sollten, und die Sie lange genug vorhersehen können, so dass Sie nicht ausgerechnet an diesem Abend erschöpft oder übermüdet sein müssen. In diesem Zeitraum gibt es nichts, was höhere Priorität hat als Ihr Partner. Schließlich kann es ja auch sehr anregend sein, wenn man sich schon über längere Zeit auf einen Abend freut, der immer näher heranrückt, bis man endlich weiß: „Heute ist es soweit ..."

Möglicherweise stellen Sie fest, dass Sie den Abend besser auf einen anderen Wochentag schieben sollten oder er nur alle 14 Tage stattfinden kann – dann treffen Sie eben die notwendige Entscheidung. Sollten Sie in dieser Hinsicht auf gar keinen grünen Zweig kommen, dann ist es Ihnen offenbar auch nicht beiden so wichtig, dass ein solcher Abend überhaupt Sinn hätte.

Falls es für Sie von Bedeutung ist, das Element der Überraschung nicht völlig zu verlieren, können Sie Ihrem Partner ja mitteilen, dass Sie zu einem bestimmten Zeitpunkt gerne etwas mit ihm unternehmen möchten, ihm aber nicht verraten, was genau Sie dabei vorhaben.

Sieben Ideen für die Liebe

Dieses Buch neigt sich nun seinem Ende zu. In diesem Kapitel möchte ich Ihnen zum Abschluss sieben ganz besondere Ideen vorschlagen, um der Romantik und dem Sex in Ihrem Leben ein wenig mehr Pfiff zu geben.

I.

Ausgangssituation: Sie sind allein zu Hause, wissen aber, dass Ihr Partner in Kürze ebenfalls heimkommen wird. Markieren Sie einen Pfad von der Wohnungstür zum Schlafzimmer, beispielsweise indem Sie rechts und links davon brennende Teelichter aufstellen. Drehen Sie dann die Glühbirnen aus der Fassung, damit Ihr Partner beim Heimkommen nicht wie gewohnt die Deckenbeleuchtung einschalten kann. Im Schlafzimmer stellen Sie einen CD-Player auf, in dem eine CD mit romantischer Musik läuft, die Ihrem Partner zusätzlich zu den Lichtern den Weg weist. Sie selbst liegen bereits in verführerischen Dessous oder auch völlig nackt erwartungsvoll im Bett ...

Wenn Sie etwas ähnliches z. B. an einem frühen Sommernachmittag planen, wenn es noch nicht dunkel ist, können Sie sich anstelle der Teelichter auch für eine Spur aus Rosenblättern entscheiden, die ins Schlafzimmer führt. Und wenn Sie noch Rosenblätter übrig haben, bestreuen Sie damit die Laken oder formen um Ihr Bett ein riesiges Herz.

Päckchen mit Rosenblättern gibt es übrigens in Hochzeit-Shops (auch hier ist, wie so oft, das Internet eine große Hilfe) und im Erotik-Fachhandel. Beate Uhse etwa bietet zum Zeitpunkt, da dieses Buch entsteht, ein Päckchen mit parfümierten Rosenblättern für 7,50 Euro an. Sie können sich aber auch gleich an die Quelle wenden: „Um besonders günstig an Rosenblätter zu kommen, würde ich im Schnittblumengroßhandel oder in einem großen Blumenladen fragen, ob man mir die Rosen, die nicht mehr frisch genug für den Verkauf sind, günstig oder umsonst geben kann", verrät mir eine befreundete Floristin. „Und dann muss man halt die Blätter abzupfen. Das geht bei ‚überreifen' Rosen aber recht einfach. Ansonsten wirst du im Blumenladen keine günstigen Rosenblätter bekommen. Du kannst sie da natürlich ganz normal bestellen, aber ich denke, dass das schon recht teuer sein dürfte."

II.

Falls Sie das Glück haben, zum Beispiel im Hotel Ihres Urlaubsorts, an ein Zimmer zu geraten, in dem sich ein großer Deckenventilator befindet, dann haben Sie damit schon die ideale Rahmenbedingung für ein romantisches Erlebnis der besonderen Art. Legen Sie, wenn Ihr Partner einkaufen oder sich sonnen ist, heimlich viele Rosenblätter auf die Flügel des ausgeschalteten Ventilators. Wenn Sie später mit Ihrem Partner darunter Liebe machen, schalten Sie das Gerät ein, so dass Sie beide von den Rosenblättern bestreut werden. Eine kleine Generalprobe zuvor könnte nicht schaden, damit Sie sehen, ob alles funktioniert und wo genau die Blätter landen. Danach sollten Sie aber jedes einzelne finden und aufsammeln, damit die Überraschung funktioniert.

III.

Wenn Sie einen guten Freund als Verbündeten haben, können Sie die Idee eines romantischen Dinners und Sex unter dem Sternenzelt verbinden. Dazu stellen Sie einen leicht transportablen Klapptisch beispielsweise auf einer Wiese oder in einer Waldlichtung auf und schmücken ihn so hübsch mit Tischdecke, Geschirr und so weiter, als wäre es bei Ihnen zu Hause. Sie können eine Kerze und eine Blumenvase mit einer Rose hinzufügen und neben dem Tisch einen tragbaren CD-Spieler samt CDs mit Lovesongs platzieren. Nicht weit davon entfernt bereiten Sie eine kleine Kuschelecke vor. Während Ihr Freund auf all diese Dinge aufpasst, holen Sie Ihren Partner zu einem Abend der ganz besonderen Art ab.

IV.

Viele Paare machen sich einen Spaß daraus, eine eigene Sprache geheimer Zeichen zu entwickeln, mit denen Sie sich unbemerkt untereinander verständigen, wenn sie in der Gesellschaft anderer Leute sind. Es gibt Paare, die beispielsweise wenn Sie mit mehreren Bekannten zusammen sitzen, scheinbar harmlose Bemerkungen fallen lassen wie: „Wir müssen unbedingt daran denken, neues Schreibpapier zu besorgen" – was aber in Wahrheit ein Code ist für „Du machst mich gerade so heiß, dass ich am liebsten auf der Stelle Sex mit dir haben möchte!" Ähnliche Botschaften können Sie aber auch völlig ohne Worte vermitteln: So kann ein Zupfen am eigenen Ohrläppchen „Ich liebe dich bedeuten", ein Streichen über die Augenbraue „Du siehst so heiß aus in diesem Shirt" und ein Reiben am Kinn „Ich kann es gar nicht erwarten, bis wir endlich alleine sind ...". Eine solche Geheimsprache wirkt auf angenehme Weise verspielt, und sie unterstreicht die stillschweigende Verbundenheit mit Ihrem Liebsten.

An die Stelle körpersprachlicher Signale können auch andere stille Hinweise treten – beispielsweise indem Sie das Kissen Ihres Partners leicht mit Ihrem Parfüm besprühen, wenn Sie in der folgenden Nacht mit ihm Liebe machen möchten.

V.

Eine sehr hübsche Idee zu einer romantischen Überraschung entwickelt Liz Lampkin in ihrem Buch „Recipes for Romance" (Bloomington 2006). Sie benötigen dafür einiges an Zubehör und Zeit, aber umso effektvoller dürfte die erzielte Wirkung sein. Und so geht´s: Backen oder kaufen Sie als erstes ein herzförmiges Gebäck oder eine entsprechende Torte. Hier müssten Sie unter Umständen ein wenig suchen, bis Sie etwas Passendes gefunden haben. Dieses stellen Sie auf ein Tablett und streuen darum herum ein paar Erdbeeren, Trauben oder andere Früchte. Sie können auch einige Rosen dazulegen, wenn Sie möchten. Danach leeren Sie Ihren Kühlschrank komplett aus, einschließlich der Gitter oder Scheiben, die ihn in verschiedene Fächer unterteilen. (Wenn Sie dort leicht verderbliche Nahrungsmittel verstaut haben, müssten Sie diese solange bei einem Nachbarn, Freund oder Verwandten unterbringen.) Kleiden Sie die Wände des Kühlschranks mit farbenfroh schillerndem Papier Ihrer Wahl aus (metallisch-rot, gold und silber bieten sich an) und/oder tauschen Sie die Glühbirne gegen eine farbige. Stellen Sie jetzt eine Flasche Sekt oder Champagner und zwei Gläser in den Kühlschrank. Davor kommt das Tablett mit dem Naschwerk darauf; darum herum streuen Sie viele Rosenblätter. Wenn Sie oder Ihr

Partner besonders vernascht sind, können Sie ins Gefrierfach zusätzlich eine Packung Eiscreme legen (seine Lieblingssorte) und auch dort noch ein paar Rosenblätter auslegen. Danach wickeln Sie Geschenkband so um Ihren Kühlschrank, dass möglichst zentral eine große Schleife sitzt. Dazu heften Sie eine Karte, in der Sie Ihrem Liebsten mitteilen, dass er mit den Dingen, die er im Kühlschrank findet, ins Schlafzimmer kommen solle, wo Sie ihn bereits sehnsüchtig erwarten.

Natürlich können Sie sämtliche Elemente dieser Überraschung so anpassen, dass Sie besser zu Ihrem eigenen Geschmack, Ihrer Wohnsituation etc. passen.

VI.

Es gibt sogenannte Leuchtkreide, die im Dunkeln sichtbar ist und die man leicht mit Wasser abwischen kann. Wenn Sie damit über Ihrem Bett eine Botschaft wie „Uli, ich liebe dich!" an die Zimmerdecke schreiben, dann kann Ihr Partner sie dort sehen, sobald er beim Sex unten liegt. Statt Leuchtkreide können Sie auch selbstklebende Glitzersterne verwenden.

VII.

Überraschen Sie Ihren Liebsten doch einmal mit einer romantischen Schnitzeljagd. Davon gibt es eine kleinere und eine größere Variante.

Die kleine: Wenn Ihr Partner nach Hause in die gemeinsame Wohnung kommt, erwartet ihn drinnen auf der Fußmatte ein Brief von Ihnen, er möge doch einmal im Kühlschrank nachschauen. Dort findet er eine eisgekühlte Flasche Sekt und einen weiteren Brief, der ihn zum Wohnzimmertisch leitet, wo er eine Schachtel Pralinen oder eine andere Köstlichkeit entdeckt, die seinem Geschmack entspricht – zusammen mit einem dritten Brief, der ihn zum nächsten Ort lotst, an dem Sie ein neues Sex-Toy hinterlegt haben. So geht das einige Zeit weiter, bis der letzte Brief ihn endlich ins Schlafzimmer führt, wo Sie ihn bereits sehnsüchtig im Bett erwarten ...

Wenn Sie nicht so viel Geld für diversen Schnickschnack ausgeben möchten (Sekt, Pralinen, Sex-Toy und so weiter – da läppert sich einiges zusammen), können Sie auch auf jeder einzelnen Etappe der Schnitzeljagd lediglich eine rote Rose bereitlegen und als vorletzte Etappe Ihre CD-Anlage wählen, die beim Einschalten den Lieblings-Kuschelsong Ihres Partners spielt.

Die große Variante funktioniert nach demselben Prinzip, lotst Ihren Lover aber quer durch die Stadt. Sie kann mit einer Mail beginnen, die Sie ihm an den Arbeitsplatz schicken und sich von einer Videothek, aus der Ihr Partner einen vorher ausgesuchten heißen Film mitbringen soll, über einen Blumenladen bis in ein Dessousgeschäft und schließlich nach Hause erstrecken. Natürlich sollten Sie darauf achten, dass Sie sich nicht hauptsächlich selbst ein Geschenk machen, indem Sie Ihren Schatz jedes Mitbringsel teuer bezahlen lassen, sonst wird er statt immer erwartungsfroher am Ende nur immer entnervter. Davon abgesehen lässt Ihnen eine solche Schnitzeljagd aber großen Spielraum in einem Spektrum, das von „sehr romantisch" bis „super-erotisch" reicht. Alternative Zwischenstationen bei der großen Tour können zum Beispiel auch eine Parfümerie sein, eine Weinhandlung, ein Geschenkladen und die CD-Abteilung eines Kaufhauses. Und als alternativer Endpunkt bietet sich neben dem Lotterbett beispielsweise auch ein nettes Bistro oder Restaurant an, in dem Sie bereits warten. Falls es an irgendeiner Stelle dieser Schnitzeljagd zu unerwarteten Schwierigkeiten oder Verzögerungen kommen sollte, können Sie einander ja per Handy schnell darüber in Kenntnis setzen. Aber auch sonst sind kleine Zwischeninfos sinnvoll, damit der jeweils Wartende weiß, wieviel Zeit er sich bis zu seinem eigenen Aufbruch lassen kann.

Und damit ist dieses Buch auch schon zu Ende. Ich wünsche Ihnen von Herzen, dass Sie auf seinen Seiten zumindest die eine oder andere Anregung gefunden haben, damit Sie ein wenig mehr von einem „Liebesleben" sprechen können, das diese Bezeichnung auch verdient.

Quellenangaben:

Bücher und Zeitschriften:

Addington, Deborah: Fantasy Made Flesh. Greenery Press 2003

Beer, Hugh de: Neue Liebesspiele. Goldmann 2008

Biddulph, Steve und Shaaron: Wie die Liebe bleibt. Beust 2003

Bierhof, Hans W. und Grau, Ina: Romantische Beziehungen. Bindung, Liebe, Partnerschaft. Huber 1998

Brater, Jürgen: Lexikon der Sexirrtümer. Eichborn 2003

Broder, Michael S.: Psychology Today Here to Help: Secrets of Sexual Ecstasy. Alpha 2004

Cane, William: The Art of Kissing. St. Martin´s Griffin 2004

Cane, William: The Art of Kissing Questions and Answers. St. Martin´s Griffin 1998

Coleman, Paul: The Complete Idiot´s Guide to Intimacy. Alpha 2005

David, Frank und Jepsen, Helge: First Date – das Kochbuch für das erste Mahl. Hädecke 2001

Decker, Joy: Romantic Antics. Adams Media Corporation 2003

Drews, Tobias: Amore, amore. Beust 2001

Edmark, Tomima L.: The Kissing Book. Summit Publishing Group 1997

Em & Lo: Nerve´s Guide to Sexual Etiquette for Ladies and Gentlemen. Plume 2004

Wolfgang Fassbender: 50 einfache Dinge, die Sie über Restaurantbesuche wissen sollten. Westend 2006

Fillion, Kate: Lip Service. Harper Collins 1996

Froböse, Gabriele und Rolf: Lust und Liebe – alles nur Chemie? Wiley 2004

Fulbright, Yvonne: The Hot Guide to Safer Sex. Hunter House 2003

George, Nina: Sex im Freien. In: Cosmopolitan, Juli 2005

Godek, Gregory: 1001 Ways to be Romantic. Casablanca Press 1991

Godek, Gregory: 1001 More Ways to be Romantic. Casablanca Press 1992

Godek, Gregory: 10,000 Ways to Say I Love You. Sourcebooks Casablanca 1999

Goodman-Davies, Mara: The Best Romantic Ideas for Every Day of the Year. Sourcebooks Casablanca 2006

Haynes, Cyndi und Edwards, Dale: 2002 Things To Do on a Date. Adams Media Corporation 1999

Headley, Sarah: Sex on the Beach. In: Sun Woman, 20. Juni 2001

Hodgson, Helen: The Complete Idiot´s Guide to Sensual Massage. Alpha Books 2003

Hoffmann, Arne: Sind Frauen bessere Menschen? Schwarzkopf & Schwarzkopf 2001

Hoffmann, Arne: Sex für Fortgeschrittene. Marterpfahl 2006

Holstein, Lana und Taylor, David: Your Long Erotic Weekend. Quiver 2004

Hooper, Anne: Erotic Massage. Dorling Kindersley 2005

Hooper, Anne: Mehr Spaß am Sex. Dorling Kindersley 2001

Hunter, L.A.: Romeo´s Playbook. 1st Books Library 2003

Inkeles, Gordon: The Art of Sensual Massage. Arcata Arts 2006

Inkeles, Gordon: The New Sensual Massage. Arcata Arts 2006

Inkeles, Gordon: Sensual Massage for Couples. Arcata Arts 2001

Johnson, Cam: Eat Chocolate Naked. Sourcebooks 2003

Kramer, Delia: Sexplosions. Heyne 2005

Kreidman, Ellen: Light Her Fire. Dell 1992

Kreidman, Ellen: Light His Fire. Dell 1991

Lampkin, Liz: Recipes for Romance. AuthorHouse 2006

Lange, Katja: Erotic Food. Gräfe & Unzer 2001

Love, Tamar: The Sensual Bath. Sterling 2008

Lowndes, Leil: How to Make Anyone Fall in Love With You. McGraw-Hill 1997

Mischke, Roland: Nur Mut, Männer! Lübbe 1990

Moline, Gabriella: Wie Mann jede Frau weichkocht. Eichborn 2001

Moline, Gabriella: Wie Sie jeden Mann weichkochen. Ullstein 2002

Oertel, Liya Lev: 52 Romantic Evenings. Meadowbrook 2001

ohne Namen: Bitte tief einatmen. In: Funk Uhr Nr. 27/2007, S. 14-15

O'Neal, Janet: The Complete Idiot´s Guide to the Art of Seduction. Alpha 1998

Paget, Lou: Die perfekte Liebhaberin. Goldmann 2000

Reis, Jeremy: Creative Romance. Write That Press 2004

Rose, Robert und Tilton, Buck: Outdoor-Handbuch, Basiswissen für draußen: Sex. Vorbereitung, Technik, Varianten. Conrad Stein Verlag 2004

Rösler, Nicole: Vernascht. Verlag Nicole Rösler 2001

Rubel, Robert: Squirms, Screams and Squirts. A Guide for Advanced Sexual Play. Nazca Plains 2007

Salinger, Eve: The Complete Idiot´s Guide to Pleasing Your Woman. Alpha 2006

Salnicki, Marcus: The Art of Sensual Massage. Sterling 2004

Sanna, Lucy: How to Romance the Man you Love. Gramercy 1999

Sanna, Lucy: How to Romance the Woman you Love. Gramercy 1999

Schönmayr, Sab: Wellness der Erotik. Fischer 2006

Schwartz, Pepper: The Great Sex Weekend. Perigee Trade 2000

Stains, Laurence Roy und Bechtel, Stefan: What Women Want. Ballantine 2002

Stubbs, Kenneth Ray: Erotic Passions. Tarcher 2000

Sussman, Lisa: 100 Best Foreplay Tips Ever. Carlton Publishing 2007

Sussman, Lisa: 500 Great Dates. Hearst 2007

Taeschner, Marcus: Erotic Drinks & Appetizers. Gräfe & Unzer 2002

Tavris, Carol: The Mismeasure of Woman. Peter Smith Publisher 1999

Thiel, Frank und Drücker, Ansagar: Auf Tour in der Natur. Das andere Wanderbuch. Deutscher Wanderverlag 2000

Triffin, Molly: Sexy Things To Do With Food. In: Cosmopolitan June 2007, S. 136

Unseld-Baumanns, Christine: Erotic Partner Massage. Sterling 1990

van Amstel, Jan: Sex-Knigge für Frauen. Knaur 2004

Wachs, Kate: Relationships for Dummies. For Dummies 2002

Webb, Michael: The Romantic´s Guide. Hyperion 2000

West, Anne: Handbuch für Sexgöttinnen. Droemer/Knaur 2007

West, Anne: Der Venus-Effekt. Droemer/Knaur 2006

Westheimer, Ruth: Rekindling Romance for Dummies. For Dummies 2000

Winks, Cathy und Semans, Anne: The Good Vibrations Guide to Sex. Cleis Press 1994

Websites:

http://www.theromantic.com

http:// www. romance.lovingyou.com

http://www.beromantic.com

http:// www. romancetips.com

http://www.lovingyou.com

http://www.kissingbooth.com

http://www.sexinfo101.com

http://www.romancestuck.com

http:// www. dating.lovetoknow.com

http://www.loversguide.com

http://www.sexuality.org

http://www.howtohavegoodsex.com

http://www.askmen.com

http:// www. love.ivillage.com

Endnoten

a   In: „Relationships for Dummies" (For Dummies 2002)

b   Vgl. Lowndes, Leil: How to Make Anyone Fall in Love With You. Chicago 1996, S. 260; Cox, Tracy: Hot Sex. Auf den Höhe-Punkt gebracht. München 1999, S. 439; Mischke, Roland: Nur Mut, Männer! Zum neuen Selbstverständnis einer gefährde-ten Spezies. Bergisch Gladbach 1990 sowie Fillion, Kate: Lip Service: The Truth About Women´s Darker Side in Love, Sex and Friendship. New York 1996, S. 288.

c   Vgl. Lowndes, Leil: How to Make Anyone Fall in Love With You. Chicago 1996, S. 260.

d   Vgl. Jamin, Peter und Vögeli, Thomas: Männer wollen im-mer, Frauen können immer. Mvg 2005, S. 46.

e   Vgl. Peggy Giordano, Monica Longmore, Wendy Man-ning: Gender and the meanings of adolescent romantic re-lationships: A focus on boys, American Sociological Review, Band 7½, 2006.

f   Vgl. Lowndes, Leil: How to Make Anyone Fall in Love With You. Chicago 1996, S. 260; Fillion, Kate: Lip Service: The Truth About Women´s Darker Side in Love, Sex and Friendship. New York 1996, 287-288; Cox, Tracy: Hot Sex. Auf den Höhe-Punkt gebracht. München 1999, S. 439 sowei Farrell, Warren: Mythos Männermacht. Frankfurt am Main 1995, S. 205.

g   Vgl. Mischke, Roland: Nur Mut, Männer! Zum neuen Selbstverständnis einer gefährdeten Spezies. Bergisch Glad-bach 1990, S. 29 sowie 322-323.

h   Vgl. Wiesbadener Kurier vom 21.1.2009: Die Deutschen heiraten immer später ... und Männer sagen öfter „Ich liebe dich". Online unter http://www.wiesbadener-kurier.de/nach-richten/5145547.htm.

i   Vgl. Tavris, Carol: The Mismeasure of Woman. New York u. a. 1992, S. 267.

j   Vgl. Fillion, Kate: Lip Service: The Truth About Women´s Darker Side in Love, Sex and Friendship. New York 1996, S. 14-17 sowie Tavris, Carol: The Mismeasure of Woman. New York u. a. 1992, S. 251 und 255.

k   Vgl. Tavris, Carol: The Mismeasure of Woman. New York u. a. 1992, S. 64 sowie Young, Cathy: Ceasefire! Why Women and Men Must Join Forces to Achieve True Equality. New York 1999, S. 24.

l   Das Buch ist auf deutsch erschienen als „Der Knigge fürs Bett" (Goldmann 2005). Die folgenden Zitate sind jedoch meine eigene Übersetzung der Passagen im amerikanischen Original (Plume 2004); dabei habe ich diese leicht gekürzt.

m   Veröffentlicht in seinem „The Art of Kissing Book of Questions and Answers", St. Martin´s Griffin 1999.

n   Ausführlicher findet man diese Tipps im Internet unter www.sexuality.org – eine auch in vielerlei anderer Hinsicht empfehlenswerte Website.

o   In ihrem „The Complete Idiot´s Guide to Sensual Massage", Alpha Books 2003, S. 135.

p   In ihrem „The Complete Idiot´s Guide to Sensual Massage", Alpha Books 2003, S. 121.

q   Quellen und viele weitere Übersetzungen: www.infantologie.de/love/blumen.php, www.fantasia-blumen.de/blumensprache.htm, www.hausgarten.net/news/gartennews/bedeutung-von-blumen.html, http://www.blumen-gartenpflanzen.de/praxis/bedeutung.htm, http://www.blumenversand-deutschland.de/blumen/blumenfarben.php

r   In ihrem Ratgeber „Rekindling Romance for Dummies" (For Dummies 2000).

Bildnachweis

Bilder von Roman Kaspersky, außerdem:

Seite 2/3: Anja Roesnick © Fotolia
Seite 6, 177: Juri Arcurs © Fotolia
Seite 10, 22, 24, 40, 160, 220: Forgiss © Fotolia
Seite 15: cede © Fotolia
Seite 16: Olga Ekaterincheva © Fotolia
Seite 18: dancerP & AF Hair © Fotolia
Seite 21: 47media © Fotolia
Seite 28: Imagery Majestic © Fotolia
Seite 32: Jane Doe © Fotolia
Seite 35: Nerlich Images © Fotolia
Seite 36: Lörschi © Fotolia
Seite 47, 108: ParisPhoto © Fotolia
Seite 54: Dreadlock © Fotolia
Seite 56: VladGavriloff © Fotolia
Seite 64: Gina Sanders © Fotolia
Seite 71: Lev Olkha © Fotolia
Seite 72, 80, 112: vgstudio © Fotolia
Seite 76: Julija Sapic © Fotolia
Seite 82: godfer © Fotolia
Seite 90: PAU © Fotolia
Seite 97: Designer_Andrea © Fotolia
Seite 100: Vasina Nazarenko © Fotolia
Seite 119: Kzenon © Fotolia
Seite 128: Igor Stepovik © Fotolia
Seite 134: Katarzyna Leszczynska © Fotolia
Seite 136: Lev Dolgatsjov © Fotolia
Seite 142: Coka © Fotolia
Seite 148, 156: Ivan Grlic © Fotolia
Seite 162: covado © Fotolia
Seite 164: Angie Lingnau © Fotolia
Seite 194: yanlev © Fotolia
Seite 198: ZeljkoDobrosavljevic © Fotolia
Seite 228: Ivan Bliznetsov © Fotolia
Seite 232, 238: bartekwardziak © Fotolia
Seite 240: Studio-54 © Fotolia
Seite 252/253: olly © Fotolia